옛 일본은 백제고을

한비 남신웅

2

Publishing Corporation

잘못된 역사가 정정되어야 미래지향적인 한일관계가 구축된다.

목차
첫 일본은 백제고을

2

11	하소
13	사꾸라
14	서무 가시(서)
16	요(ㄹ)로 꼬바!
18	아! 무나!
20	머슴애
21	자삐, 타리
22	우미 기
23	미바
25	미바에
27	물어
29	문장을 봐야 뜻을 알 수 있는 "바께 → (와께)"
31	박아래
33	박아
35	(이런 짓) 하무
36	寢嶺峰音哭
38	樹生黃
40	바가야로
43	볶어버려
44	"곧"과 "고도"

46	쉬고도
48	나오사매
50	가라
52	本当
53	끄이누
55	히 나부리
57	회장, 홍윤기 교수는 왕인문화협희를 폐쇄하라!
61	싸-께
63	가 다무아 와
66	沙羅樹
68	사시미, 쭈구리미
71	조아시
73	아시다
75	조아사
77	죠아 줘
79	足早
81	足出
82	(오)와비
84	혀가 다찌
85	"다께"와 "당께"는 같은 뜻임을 입증하는 또 다른 예
87	째마 쓰리
88	역사의 열쇠
89	포르트갈 인들은 여인에 鹿兒 가고
92	"울아"와 삼별초 ①
94	"울아소에"와 삼별초 ②
97	성덕태자가 신라 간첩 "가마다(迦摩多)"를 잡았다고?
100	피어 났을까
102	수루매
103	사 왔다, 고 시어
105	싸시부리
106	저아까
108	부쓰마
110	YTN이 방영한 劍岳산에 대하여
112	아나
114	아나따

116	그런건 떼내라
118	아다라시-
120	"名"자를 "나"라고 읽는 이유
122	소하에미
124	아야 하고
126	차 처아오
128	훈도시
130	(날 보고) 야! 라해
132	日 정가 '야카마시이' 논쟁
134	야, 끼燒
136	야들아
138	太安万侶
140	야 야
142	어떠나?
143	(날) 오래
145	御洒落
146	おしゃま(=업세마)
148	오모 시로며
150	烏帽, 子
152	오미야게
154	대구 달성고원의 성주는 "奈麻克宗"
155	대오비
156	오시이소
157	여 온나
158	"아스카"는 "무쇠 터"인가
161	"明日香"도 "아스카(あすか)"라고 읽는 이유
162	와이로?
164	가까 하고
166	왜, 보까?
167	요미우리
172	(나) 왔다, 감아 봐!
174	烏等孤의 비밀
177	또 울고
178	우에 끼아서

180	우에노(역)
181	銀座와 御座는 원래, 의미하는 바가 같았던 이두
184	끼이꾸라
185	いく와 ゆく
189	유끼
191	이개지
193	가미 카제
196	일본학자들이 "足日木"의 뜻을 알 리가 없다
199	이야(서) 밀어 여
201	易優야
203	까이지매
205	"一"을 "이찌"라 하는 이유
206	囃子林
208	잠 와
210	조오와
211	찌라시
213	저미세
215	'조쏘' 하야
217	住相 撲쓰면
219	조하요-
221	蜘蛛雲
222	取立
223	取敢
225	"贅澤(췌택)"을 왜 "사치"라고 할까?
226	찌어 가라
228	찔려도 매
230	(찌)하 주까
232	"(뭐라)고 카는가에?"
234	"澤庵"은 일본의 중 이름이 아니다
236	痛 傷悼
238	八百屋을 왜 "채소가게"라 할까?
240	~하거라, 시(어)
242	하나는
243	빨리 하나 봐

245	부하라우
247	쬬하지매
249	"鳩山"을 "하토야마"라 읽는 이유
252	"한소대"가 진짜 뭐꼬?
254	(원래대로) 해놔 죠고
256	해 놔졌지?
258	해 나부리
260	통신사 황윤길과 부사 김성일의 우화
262	흐미하다께
264	미고 또…
266	사주미에
268	혹 "뽀모"라는 사투리를 아십니까?
270	우외구마
272	"구마나리"가 임나국의 읍인가?
277	니, 하지?
279	일본인의 政体 -소바-
282	일본 역사 ①
287	일본 역사 ②
291	애도 막부시대 ③ [1803~1867년(순조3~고종4년)]
295	명치(초대천황)시대 ④ [1867~1911년(조선26대고종 1863~1907년)]
296	야꾸자

옛 일본은 백제고을
2

하소

1 연구하는 교실

일본말을 만들 때 모델이 된 말은 "하세요(했더니), (많이하면) 체합니다, (라고) 했다" 이다. 이 말을 왜인들은 사투리로 '하수(했더니), 체여, 해따'라고 말했다. 하라고 했더니, 먹은 것이 소화가 안되고 체한다기보다 싫다는 뜻이다. 이 말을 현대 일본인들이 사용하는 이두한자와 백제글자로 써보면 아래와 같다.

    下手,   蔕饜,   へた
    하수,   체염,   해따   (이 말에서 '염'자의 종성을 없애면)
    하수,   체여,   했다.   (현대인이 알기 쉽게 고치면)
    하소!   체해요,   했다.   (의 뜻이 된다)

- 하수 : 하소(사투리)
- 체여 : '체해요, 체합니다'의 낮은말, 사투리.

2

초대 천황, 명치(1867년 : 고종 15년) 이후 일본정부 산하 조선어 비밀연구원들이 위의 말의 띄어쓰기를 무시하고 함부로 갈라서 아래와 같은 사전적 단어를 만들어 내었다. 사실은 여기서 부터가 백제말(조선말)과 일본말?과의 경계선이다.

    へた [下手] : (솜씨, 기술 등이) 서투름
        [蔕] : 열매의 꼭지   (蔕 : 과일꼭지 체)
        [饜] : (소라 등의) 딱지   (饜 : 게딱지 염)

3 언어로 확인한 참 역사

- 위 단어는 이두인 '下手. 蔕. 饜'자를 정책적으로 뜻으로 해석하여 백제 말 "해따"가 "서투름. 열매의 꼭지" 등의 뜻으로 바뀌고 말았다.
- 위와 같은 방법으로 일본어?의 단어를 만든 결과 下手. 蔕. 饜자를 'へた'라고 읽는 웃지 못할 꼴이 되었다. 이런 것을 우리는 지금까지 "명치식 읽기"라고 명명해 왔다.
- <u>백제 말을 한자로 기록해 놓은</u> '下手. 蔕. 饜'자가 없었다면 'へた'가 원래 무엇을 의미

11

했던 백제 말인지 영영 몰랐을 것이다.
- 일본인들이 "へた"를 어떻게 발음하든 간에 어원상으로 보면 최소한 "해따"라고 발음해야 한다.
- 일본정부와 그 어용학자들은, 조선사람들이 "下手. 蔕. 鬐"가 조선말 이두인 줄 몰라 보도록 글자사이에 점을 찍어 두기도 하고 각각 다른 단어를 만들어 두기도 했다.

4 국어사전의 오류

下手: (바둑 등에서) 수가 아래임, 또는 그 사람.
이 단어도 사전에서 삭제되는 것이 바람직하다.

- 모든 일본말?은 이렇게 만들어졌다.

 # 사꾸라

1 연구하는 교실

일본말을 만들 때 모델이 된 말은 '(어느 날 한꺼번에) 사그라져요!'이다. 이 말을 일본인들은 사투리로 '사구라 (져)애!'라고 했다. 이 사투리를 현대 일본인들이 주로 사용하는 백제글자와 이두로 써보면 아래와 같다.

  さくら櫻
  사꾸라앵 (이두 '앵'자의 종성을 없애면)
  사구라애 (이 일본지방 사투리를 현대인이 알 수 있게 고치면)
  사그라(져)애 (의 뜻이 된다)

- 사꾸라 애 → 사구라 애 : '사그라져요'의 일본지방 사투리.
- ~져애 : '~져요'의 사투리.

2 명치이후 일본정부 산하 조선어 비밀 연구원들이 위의 말을 함부로 갈라서 아래와 같은 사전적 단어를 만들어 내었다. 사실은 여기서 부터가 백제 말(조선 말)과 일본말?과의 경계선이다.

  さくら [櫻] : 벚나무, 벚꽃. (櫻 : 벚나무 앵, 앵두나무 앵)

3 우리의 꽃을 왜 일본 꽃이라 하는가?

- 여기에서 백제 말이라고 하는 것은, 정체성이 백제에 있었기 때문에 여러 지방 사투리가 나와도 '백제 말'이라고 하였다.
- 위 단어는 이두인 '櫻'자를 뜻으로 해석하여 '사그라'라는 백제말이 '벚꽃'이라는 뜻으로 바뀌어버렸다. 이렇게 단어를 만든 결과 '櫻'자를 "さくら"라고 읽는 웃지 못할 꼴이 되었다. 이런 것을 우리는 지금까지 **명치식 읽기**라고 명명해 왔다.
- '櫻'자가 없었다면 さくら"가 원래 무엇을 의미했던 백제말인지 영영 몰랐을 것이다.
- 모든 일본말?은 이렇게 만들어졌다.

 # 서무 가시(서)

1 연구하는 교실

일본말을 만들 때 모델이 된 말은 "서면, 가셔서 끼우지"이다. 아주 끔찍한 말을 모델로 삼았다고 하겠다. 이 말을 일본인들은 사투리로 "서무, 가시서 끼지"라고 했다. 이 말을 다시 현대 일본인들이 주로 사용하는 "백제글자"와 "이두"로 써보면 아래와 같다.

<u>昔む</u>, かし昔 氣質
석무, 가시석 기질   (이두한자의 종성을 없애면)
<u>서무, 가시</u>서 기지   (한자에는 "끼"자가 없으므로 "기"자로 대용)
서무, 가시서 끼지   (이 말을 현대인이 알기 쉽게 고치면)
서면, 가셔서 끼우지   (의 뜻이 된다)

- 昔む(석무) → 서무 : '서면'의 이두, 사투리.
- 기지(氣質) : "끼지"의 이두.

2

초대 천황, 명치(1867년 : 고종 15년) 이후 일본정부 산하 조선어 비밀연구원들이 위의 말의 띄어쓰기를 무시하며 함부로 갈라서 아래와 같은 사전적 단어를 만들어 내었다. 사실은 여기서 부터가 백제말(조선말)과 일본말?과의 경계선이다.

むかし [昔] : 옛날   (昔 : 옛 석)

(위에서 모델로 삼은 말 중에서 **昔氣質**은 따로 떼어내어서 새로운 단어를 만들었으나 여기에서는 생략한다.)

3 언어로 확인한 참 역사

- 위 단어는 昔자를 뜻으로 해석하여 백제말 '(서)무 가시'라는 말이 '옛날'이라는 뜻으로 바뀌어버렸다. 이렇게 단어를 만든 결과 "昔"자를 "むかし"라고 읽는 웃지 못할 꼴이 되었다. 이런 것을 우리는 지금까지 "명치식 읽기"라고 명명해 왔다.

- '昔'자가 없었다면 'むかし'가 원래 무엇을 의미했던 백제말인지 영영 몰랐을 것이다.
- 일본인들이 "むかし"를 어떻게 읽든 간에 어원상으로 보면 일본어?라는 것을 감안하더라도 "무가시"하고 발음해야 한다.

4 위의 설명을 명확하게 이해하기 위하여, 위에서 설명하던 글을 이어서 보면 도움이 될 것이다.

  昔む, かし 取杵柄
  석무, 가시 취저병 (이두 한자의 종성을 없애면)
  서무, 가시 취저벼 (한자에는 '찌'자가 없으므로 '취자'로 대용)
  서무, **가시** 찌저벼 (이 사투리를 현대인이 알기 쉽게 고치면)
  서면, 가시어 찢어버려 (의 뜻이 된다)

4-1 그런데 일본의 어용학자들은 "取杵柄"의 뜻을 이렇게 바꾸었다.

  昔(むかし) 取(とっ)た 杵柄(きね-づか) : 옛날에 익힌 솜씨는 지금도 자신 있음.

- きね-づか [杵柄] : "공이자루" (杵 : 공이 저, 柄 : 자루병)
(물론 "きね-づか"니 "むかし" 등은 명치식 읽기를 한 것이다.)

5 이런 것을 보면 일본인들은 모든 면에서 한국인을 뛰어 넘을 수가 없다. 우리가 선진국이 되고, 이념싸움에서 벗어난다면 우리의 미래는 만주까지 뻗어나갈 것이다. (국민 여러분! 기지개를 폅시다!)

 ## 요(ㄹ)로 꼬바!

1 연구하는 교실

"이리로 꼽아, 끼어버려!" 이 말을 일본인들은 사투리로 "욜로 꼬부, 껴삐여!"라고 했다. 그러나 平仮名(백제 글자)에는 'ㄹ'과 같은 종성을 표기할 방법이 없으므로 오늘날 실지로 기록된 말은 "요로 꼬부, 껴삐여!"로 변하였다. 어디가 어디인지도 모르는 깜깜한 밤길을 더듬고 있는데, "요로 꼬부, 껴삐여!"라는 말을 들으면, 남자들은 즐거움을 넘어 희열에 빠지게 마련이겠다. 이 말을 현대 일본인들이 주로 사용하는 "백제 글자"와 "이두"로 써보면 아래와 같다.

　　よろこぶ, 慶喜悦!
　　요로꼬부, 경희열!　　(이두인 한자의 종성을 제거하면)
　　요로꼬부, 겨희여　　(한자에는 "겨" "삐"자가 없으므로 "경" "희"자로 대용)
　　요로꼬부, 껴삐여!　　(이 말을 백제 말로 바꾸면)
　　욜로꼬브, 껴삐여!　　(현대인이 알 수 있게 고치면)
　　이리로 꼽아, 끼어버려!　　(의 뜻이 된다.)

- 요로 → 욜로 : '이리로'의 일본지방 사투리.
- 꼬부 : '꼽아'의 일본지방 사투리.
- 겨희여 → 껴삐여 : '끼어버려'의 사투리, 이두 표현.

2
초대 천황, 명치(1867년 : 고종 15년) 이후 일본정부 산하 조선어 비밀연구원들이 위의 말의 띄어쓰기를 무시하고 함부로 갈라서 아래와 같은 사전적 단어를 만들어 내었다. 사실은 여기서 부터가 백제말(조선말)과 일본말?과의 경계선이다.

　　よろこぶ [慶ぶ. 喜ぶ. 悦ぶ] : 기뻐하다, 즐거워하다.
　　　　　　　　　　　　　　(慶 : 경사 경, 喜 : 기쁠 희, 悦 : 기쁠 열)

3 언어로 확인한 참 역사

- 위 단어의 뜻은 이두인 "慶喜悦"의 한자 뜻과 관계없이 "욜로 꼬부"라는 말에 이미

'기쁘하다'라는 뜻을 잔뜩 품고 있다.
- 위와 같은 방법으로 일본어?의 단어를 만든 결과 "慶ぶ. 喜ぶ. 悅ぶ"를 '요로꼬부'라고 읽는 웃지 못할 꼴이 되었다. 이런 것을 우리는 지금까지 "**명치식 읽기**"라고 명명해 왔다.
- 마침 '慶喜悅'자가 없었다면 'よろこぶ'가 원래 무엇을 의미했던 백제말인지 정확하게 알아내기가 어려웠을 것이다.
- 이 단어는 "백제 글자" "이두" "단어의 뜻"까지 백제 말로 구성된 case이다.
- 한 가지만 더, "요로 꼬부"를 "요로 코부"로 발음하는 것은 말도 안되는 발상이다. 이제는 일본정부도 떳떳하게 일본말은 백제말을 변형시켜 만든 말이라고 밝힐 때가 되었다고 본다.
- 모든 일본말?은 이렇게 만들어졌다.

 # 아! 무나!

1 연구하는 교실

"아! 무나! (하고), 아시기도 (했어)" 이 말을 일본인들은 사투리로 "아! 무나! (하고), 아시아기도 (했어)"라고 했다. 이 말을 다시 현대 일본인들이 주로 사용하는 백제글자와 이두로 써보면 아래와 같다.

齶! 門齶! 顎腮あぎと
악! 문악! 악시아기도　(이두한자의 종성을 없애면)
아! **무나**! 아시<u>아기</u>도　(이 사투리를 알기 쉽게 고치면)
아! **무나**! 아시<u>기도</u>　(의 뜻이 된다)

▶▶▶ 문악(門齶) → "무나"의 이두. "문"자의 "ㄴ"이 아래로 연철되어 "나"로 바뀌었다.

2

초대 천황, 명치(1867년 : 고종 15년) 이후 일본정부 산하 조선어 비밀연구원들이 위의 말의 띄어쓰기를 무시하고 함부로 갈라서 아래와 같은 사전적 단어를 만들어 내었다. 사실은 여기서 부터가 백제말(조선말)과 일본말?과의 경계선이다.

<u>あぎ-と</u> [齶門. 齶. 顎. 腮] : ①턱 =あご
　　　　　②(물고기의) 아가미　(齶 : 잇몸 악, 顎 : 턱 악, 腮 : 뺨 시)

3 언어로 확인한 참 역사

▶▶▶ 위 단어는 이두인 '齶門. 齶. 顎. 腮'자를 정책적으로 뜻으로 해석하여 백제 말 "(아시)<u>아기도</u>"가 "턱" 등의 뜻으로 바뀌고 말았다.

▶▶▶ 위와 같은 방법으로 일본어?의 단어를 만든 결과 '齶門. 齶. 顎. 腮'자를 '<u>あぎ-と</u>'라고 읽는 웃지 못할 꼴이 되었다. 이런 것을 우리는 지금까지 "**명치식 읽기**"라고 명명해 왔다.

▶▶▶ '齶門. 齶. 顎. 腮'자가 없었다면 '<u>あぎ-と</u>'가 원래 무엇을 의미했던 백제 말인지 영영 몰랐을 것이다.

▶▶▶ 일본정부와 그 어용학자들은, 조선사람들이 "齶門. 齶. 顎. 腮"가 조선말 이두인 줄

몰라보도록 글자사이에 점을 찍어 두었다.
● 모든 일본말?은 이렇게 만들어졌다.

 # 머슴애

1 연구하는 교실

임진왜란 때 일본군이 거동이 수상한 남자를 잡고 보니 남장을 한 여자였다. 이 여자가 일본군에게 잡히자 '머슴애'라고 했다는 이야기는 웬만한 한국 사람은 다 알고 있는 이야기다. 그래서 'むすめ(무수매)'라는 일본말이 생겨났다는 이야기도 익히 알고 있다. 이쯤에서 실지로 그런지 일본어의 사전을 살펴 볼 필요가 있다.

　　むすめ [娘] : 딸, 처녀.　　(娘 : 각시 낭)

이 말의 모델은 원래 "나, 머슴애(야)"라는 말이었다. 이 말을 일본인들은 사투리로 "나, 무수매"라고 했다. 이 말을 다시 현대 일본인들이 주로 사용하는 백제 글자와 이두로 써보면 아래와 같다.

　　娘, むすめ
　　낭, 무수매　　(이두인 '낭'자의 종성을 없애면)
　　나, 무수매　　(이 일본지방 사투리를 현대인이 알 수 있게 고치면)
　　나, 머슴애(야)　　(라는 뜻이 된다.)

2

초대 천황, 명치(1867년 : 고종 15년) 이후 일본정부 산하 조선어 비밀 연구원들이 '나, 무수매'라는 말을 함부로 갈라서 위와 같은 반쪽 말을 만들어 일본사전에 실었던 것이다. 또한 '나'라는 의미의 이두, '娘'자를 뜻으로 해석하여 '딸, 처녀'라는 뜻으로 만들어 버린 것이다.

 # 자삐, 타리

1 연구하는 교실

"자삐(고), 타리" 이 말을 현대 일본일들이 주로 사용하는 "백제 글자"와 "이두"로 써보면 아래와 같다.

<u>左ひ</u>,　　<u>たり</u>　　(제거할 종성이 없으므로 그대로 백제말이다)
<u>좌히</u>　　<u>타리</u>　　(백제글자에는 "삐"자가 없었으므로 "히"자로 대응)
좌삐　　　타리　　(이 사투리를 현대인이 알기 쉽게 고치면)
자버리고　타리　　(의 뜻이 된다)

2
초대 천황, 명치(1867년 : 고종 15년) 이후 일본정부 산하 조선어 비밀연구원들이 위의 말의 띄어쓰기를 무시하고 함부로 갈라서 아래와 같은 사전적 단어를 만들어 내었다. 사실은 여기서 부터가 백제말(조선말)과 일본말?과의 경계선이다.

　　ひたり [左] : 왼쪽　　(左 : 왼 좌)

3 언어로 확인한 참 역사

- 위 단어는 이두인 '左'자를 정책적으로 뜻으로 해석하여, 백제말 "(자)히, 타리"가 "왼쪽"이라는 뜻으로 바뀌고 말았다.
- 위와 같은 방법으로 일본어?의 단어를 만든 결과 '左'자를 'ひたり'라고 읽는 웃지 못할 꼴이 되었다. 이런 것을 우리는 지금까지 **"명치식 읽기"**라고 명명해 왔다.
- '左'자가 없었다면 'ひたり'가 원래 무엇을 의미했던 백제 말인지 영영 몰랐을 것이다.
- 이 단어도 일본정부가 백제말의 띄어쓰기를 무시하고 악랄하게 만든 단어이다.
- 그리고 일본정부가 "ひたり"를 어떻게 읽든 간에, 어원상으로 보면 일본어?라는 것을 감안 하더라도 "히타리"라고 읽어야 한다.
- 모든 일본말?은 이렇게 만들어졌다.

 우미 기

1 연구하는 교실

일본말을 만들 때 모델로 삼은 말은 "울면서 기어"이다. 이 말을 일본인들은 사투리로 "우미 기"라고 했다. 이 말을 현대일본인들이 주로 사용하는 "백제 글자"와 "이두"로 써보면 아래와 같다.

<u>右み ぎ</u>　　　(이두 '우'자에는 종성이 없으므로 그대로 백제말이다)
<u>우미 기</u>　　　(이 사투리를 현대인이 알기 쉽게 고치면)
울면서 기어　　(의 뜻이 된다)

2

초대 천황, 명치(1867년 : 고종 15년) 이후 일본정부 산하 조선어 비밀연구원들이 위의 말의 띄어쓰기를 무시하며 함부로 갈라서 아래와 같은 사전적 단어를 만들어 내었다. 사실은 여기서 부터가 백제말(조선말)과 일본말?과의 경계선이다.

　　みぎ [右] : 오른쪽

3 언어로 확인한 참 역사

- 위 단어는 "右"자를 정책적으로 뜻으로 해석하여 '(우)미 기'라는 말이 '**오른쪽**'이라는 뜻으로 바꾸고 말았다.
- 위와 같은 방법으로 일본어?의 단어를 만든 결과 "右"자를 'みぎ'라고 읽는 웃지 못할 꼴이 되었다. 이런 것을 우리는 지금까지 "**명치식 읽기**"라고 명명해 왔다.
- '右'자가 없었다면 'みぎ'가 원래 무엇을 의미했던 백제 말인지 영영 몰랐을 것이다.
- 이 단어도 백제말의 띄어쓰기를 무시해가며 함부로 갈라, 가장 악랄하게 만든 단어 중의 하나이다.
- 모든 일본말?은 이렇게 만들어졌다.

 미바

1 연구하는 교실

일본말을 만들 때 모델이 된 말은 "(팔짱을) 끼자 미워 (라고 해)"이다. 이 말을 일본인들은 사투리로 "껴자, 미바"라고 했다. 이 말을 다시 현대 일본인들이 주로 사용하는 백제 글자와 이두로 써보면 아래와 같다.

  見場 みば
  견장 미바 (이두한자의 종성을 없애면)
  겨자 미바 (한자에는 "껴"자가 없으므로 "겨"자로 대용)
  껴자 미바 (이 사투리를 현대인이 알기 쉽게 고치면)
  껴자 미워 (의 뜻이 된다)

- 껴다 : "끼다"의 사투리.
- 끼다 : 끌어안거나 겨드랑이 같은 데에 넣어 빠지지 않게 죄다.
- 미바 : "미워"의 사투리.

2
초대 천황, 명치(1867년 : 고종 15년) 이후 일본정부 산하 조선어 비밀연구원들이 위의 말의 띄어쓰기를 무시하고 함부로 갈라서 아래와 같은 사전적 단어를 만들어 내었다. 사실은 여기서 부터가 백제말(조선말)과 일본말?과의 경계선이다.

  みば [見場] : 겉모양, 외관.

3 언어로 확인한 참 역사

- 위 단어는 이두인 "見場"자를 정책적으로 해석하여 백제 말, '미바'가 '겉모양, 외관'이라는 뜻으로 바뀌고 말았다.
- 위와 같은 방법으로 일본어?의 단어를 만든 결과 "見場"자를 "みば"라고 읽는, 웃지 못할 꼴이 벌어지게 된 것이다. 일본정부는 이런식으로 백제말과 조선말을 말살하고 새로운 일본말을 창조?해 내었다.

◈ '見場'자가 없었다면 '미바'가 원래 무엇을 의미했던 백제말인지 영영 몰랐을 것이다.
◈ 파생

　　ば [場] : 곳, 장소.

◈ 모든 일본말?은 이렇게 만들어졌다.

미바에

1 연구하는 교실

일본말을 만들 때 모델이 된 말은 "끼워 넣고, 끼워 넣고 (하더니, 혼자 가서) 씻어요, 미워요!"이다. 이 말을 일본인들은 사투리로 "껴 여, 껴 여, 시새에, 미바에!"라고 했다. 이 말을 다시 현대 일본인들이 주로 사용하는 백제글자와 이두로 써보면 아래와 같다.

　　見 映, 見 榮, 實生え, みばえ
　　견 영, 견 영, 실생에, 미바에　　(이두한자의 종성을 없애면)
　　겨 여, 겨 여, 시새에, 미바에　　(한자에는 "껴"자가 없으므로 "겨"자로 대용)
　　껴 여, 껴 여, 시새에, 미바에!　 (이 사투리를 현대인이 알기 쉽게 고치면)
　　끼워 넣고, 끼워 넣고 (하더니) 씻어요, 미워요!　(의 뜻이 된다)

- 見(겨) → 껴 → 끼어 : "끼워"의 이두, 사투리.
- 映(여) : "넣고"의 이두, 사투리.
- 實生え(시새에) : "씻어요"의 이두, 사투리.
- 미바에 : "미워요"의 사투리.

2 명치(1867년 : 고종 15년) 이후 일본정부산하 조선어 비밀연구원들이 백제말의 띄어쓰기를 무시하고 함부로 갈라서 아래와 같은 사전적 단어를 만들어 내었다. 사실은 여기서부터가 조선말(백제말)과 일본말의 경계선이다.

　　みばえ [見映え, 見榮え] : 좋게 보임, 볼품이 좋음.
　　　　　　　　　　　　　　　　(見 : 볼 견, 映 : 비출 영, 榮 : 영화 영)
　　[實生え] ⇒ 實生(みしょう) : (꺾꽂이 한 것이 아니고) 씨에서 싹터 자람.
　　　　　　　　　　　　　　　　(實 : 열매 실, 生 : 날 생)
　　(* 위 단어는 "껴 넣으니 미워요!"라고 했지만 실상 "그렇게 좋을 수 없어요!"라는 뜻이 내재되어 있다. 그 결과 "좋게 보임"이라는 사전의 뜻이 나왔다.)

3 언어로 확인한 참 역사

- 위 단어는 원래의 백제말 뜻을 단어의 뜻으로 삼았고, 아래 단어는 한자의 뜻으로 단어의 뜻을 삼았다. 그 결과 백제 말 "미바에"가 "좋게 보임" 또는 "씨에서 자람"이라는 뜻으로 바뀌고 말았다.
- 위와 같은 방법으로 일본어?의 단어를 만든 결과 '見映え. 見榮え. 實生え'자를 'みばえ'라고 읽는 웃지 못할 꼴이 되었다. 이런 것을 우리는 지금까지 **"명치식 읽기"**라고 명명해 왔다.
- '見映. 見榮. 實生え'자가 없었다면 '미바에'가 원래 무엇을 의미했던 백제 말인지 영영 몰랐을 것이다.
- '見映. 見榮'자 옆의 'え'자는 'みばえ'와 균형을 맞추기 위하여 일본정부와 어용학자들이 써넣은 字이다.
- 파생

    みる [見る] ： 보다.
    はえ [映え] ： 빛남, 돋보임.
         [榮え] ： 영광, 영예.
    み [實] ： 열매.

- 모든 일본말?은 이렇게 만들어졌다.

 물어

1 연구하는 교실

'(깨)물어 봤죠, (그리고) 구웠죠.' 이 말을 일본인들은 사투리로 '무라 바죠, 구죠.'라고 했다. 이 말을 다시 현대 일본인들이 주로 사용하는 백제글자와 이두로 써보면 아래와 같다.

　　むら 班村, 群叢
　　무라 반촌, 군총　　(이두한자에서 종성을 없애면)
　　무라 바초, 구초　　(한자에는 '죠'자가 없으므로 '초'자로 대용.)
　　무라 봐죠, 구죠　　(이 사투리를 현대인이 알 수 있게 고치면)
　　물어 봤죠, 구웠죠.　(의 뜻이 된다.)

2 역사를 보는 눈

- 무라 : '물어'의 일본지방 사투리.
- 바초 → 봐죠 : '봤죠'의 사투리. 이두.
- 구초 → 구죠 : '구웠죠'의 사투리. 이두.
- 일본서기나 고사기, 만엽집 등의 한자도 위와 같이 읽으면 백제 말로 된 원래의 백제 말뜻을 알아낼 수 있다. 명백히 일본서기는 백제 말을 이두로 기록한 '(깨)물어' 이야기이다. 역사책이 아니다.

3
초대 천황, 명치(1867년 : 고종 15년) 이후 일본정부산하 조선어 비밀연구원들이 위의 말을 함부로 갈라서 아래와 같은 사전적 단어를 만들어 내었다. 사실은 여기서 부터가 백제 말(조선 말)과 일본 말?과의 경계선이다.

　　むら [班] : 얼룩　　　　(班 : 얼룩 반)
　　　　 [村] : 마을, 시골.　(村 : 마을 촌)
　　　　 [群, 叢] : 무리, 떼.　(群 : 무리 군, 叢 : 떼 총)

4 잘못된 역사는 정정되어야 한다.

- 위 단어는 이두인 '班. 村. 群. 叢'자를 정책적으로 뜻으로 해석하여 백제 말 "**무라**"가 "얼룩, 마을" 등의 뜻이 되었다.
- 위와 같은 방법으로 일본어?의 단어를 만든 결과 '班. 村. 群. 叢'자를 'むら'라고 읽는 웃지 못할 꼴이 되었다. 이런 것을 우리는 지금까지 "**명치식 읽기**"라고 명명해 왔다.
- 다행히 <u>백제 말을 한자로 기록해 놓은</u> '班. 村. 群. 叢'자가 없었다면 'むら'가 원래 무엇을 의미했던 백제 말인지 영영 몰랐을 것이다.
- 지방에 따라, 시대에 따라, 또는 사람에 따라 'むら(무라)'라고 하기도 했고 '物語(물어)'라고 하기도 했다는 것을 알 수 있다. 그러나 일본어에는 '語(어)' 발음이 없으므로 '물어'를 후일에 'むら(무라)'라고 발음했다고 볼 수도 있다.
- 모든 일본말?은 이렇게 만들어졌다.

문장을 봐야 뜻을 알 수 있는
"바께 → (와께)"

1 연구하는 교실

"비비어 넣어 박게" 이 말을 일본인들은 사투리로 "부벼 여 바께"라고 했다. 그러나 실지로 일어사전에 실린 말은 "바께"를 연음 화 한 "와께"이다. 이 말을 현대 일본인들이 주로 사용하는 백제글자와 이두로 써보면 아래와 같다.

分別	譯	わけ	
분별	역	와께	(이 이두에서 종성을 제거하면)
부벼	**여**	**와께**	(연음 화 된 말을 원래대로 환원 시키면)
부벼	여	바께	(이 사투리를 현대인이 알기 쉽게 고치면)
비비어	넣어	박게	(의 뜻이 된다.)

- ~게 : 명령형 종결어미 (예 : 가까이 오게)
- 부비어 → 부벼 : '비비어'의 사투리.
- 앞에서도 설명한 적이 있지만 "ㅂ"을 "ㅇ"으로 바꾸어 표기한 예는 대단히 많다. 항상 문장을 보고 확인해야 한다.

2 초대 천황, 명치(1867년 : 고종 15년) 이후 일본정부 산하 조선어 비밀연구원들이 위의 말의 띄어쓰기를 무시하고 함부로 갈라서 아래와 같은 사전적 단어를 만들어 내었다. 사실은 여기서 부터가 백제말(조선말)과 일본말?과의 경계선이다.

わけ [分け. 別け] : ①나눔, 분배 ②비김 　(分 : 나눌 분, 別 : 나눌 별)
[譯] : ①까닭 ②도리, 이치 ③속사정 　(譯 : 통역 역)

3 언어로 확인한 참 역사

- 위 단어는 일본정부가 이두인 分, 別, 譯자를 정책적으로 또는 한자의 뜻으로 해석하여 백제말 "와께(=바께)"가 "분배, 도리" 등의 뜻으로 바뀌고 말았다.
- 分자, 別자 옆에 있는 け자는 'わけ'와 균형을 맞추기 위하여 일본정부와 어용학자들이 만들어 넣은 글자이다.

29

- 위와 같은 방법으로 일본어?의 단어를 만든 결과 '分け. 別け. 譯'자를 'わけ'라고 읽는 웃지 못할 꼴이 되었다.
- 그러나 '分. 別. 譯'자가 없었다면 'わけ'가 원래 무엇을 의미했던 백제말인지 영영 몰랐을 것이다.
- 모든 일본말?은 이렇게 만들어졌다.

박아래

1 연구하는 교실

"비비어 박아래" 이 말을 일본인들은 사투리로 "부벼 바가래"라고 했다. 그러나 명치 이후 일본정부가 실지로 사전에 실은 말은 "바가래"를 연음화 시키면서, 조선 사람들이 조선말인줄 알아듣지 못하도록 "와가래 → 와까래"라고 발음했다. 이 말을 다시 현대 일본인들이 주로 사용하는 平仮名과 이두로 써보면 아래와 같다.

　　分別 わかれ
　　분별 와까래　　(이 이두에서 종성을 제거하면)
　　부벼 와가래　　(연음 화된 말을 원래대로 환원시키면)
　　부벼 바가래　　(이 사투리를 현대인이 알 수 있게 고치면)
　　비벼 박아래　　(의 뜻이 된다)

- 부비어 → 부벼 : '비비어'의 사투리.
- ~래 : '~라고 해'가 줄어서 된 말.
　남의 말을 인용하여 전하는 뜻을 나타내는 종결형 조사. (예 : 빨리 오래)
- 'ㅂ'음을 'ㅇ'음으로 발음한 예는 대단히 많다. (바이마르 → 와이마르)

2 초대 천황, 명치(1867년 : 고종 15년) 이후 일본정부 산하 조선어 비밀 연구원들이 위의 말을 함부로 갈라서 아래와 같은 사전적 단어를 만들어 내었다. 사실은 여기서 부터가 백제 말(조선말)과 일본 말? 과의 경계선이다.

　　わかれる [分(か)れる] : 갈라지다. 분리되다.　(分 : 나눌 분)
　　　　　　 [別れる] : 헤어지다.　　　　　　　　(別 : 나눌 별)

3 언어로 확인한 참 역사

- 위 단어는 이두인 分, 別자를 뜻으로 해석한 결과 백제말 "바가래 → 와까래"가 "분리되다, 헤어지다" 등의 뜻으로 바뀌고 말았다.
- 위와 같은 방법으로 일본말을 만든 관계로 分, 別자를 わか라고 읽는 웃지 못할

31

꼴이 되었다.
- 또한 위 分, 別자가 없었다면 "わかれ(る)"가 원래 무엇을 의미했던 백제말인지 영영 몰랐을 것이다.
- "分. 別"자 옆에 있는 "れる"는 "わかれる"와 균형을 맞추기 위하여 일본정부와 어용학자들이 써넣은 글자이다.
- 일본인들이 "わかれる"를 어떻게 발음하든 간에 어원상으로 보면 일본어라는 것을 감안 하더라도 "와가래루"라고 발음해야 한다.
- 모든 일본말?은 이렇게 만들어졌다.

박아

1 연구하는 교실

"해! 박아! 파버려!" 이 말을 일본인들은 사투리로 "해! 바가! 파부!"라고 했다. 그러나 실지로 일본정부가 사전에 실은 말은 "바가"를 연음화 하고 조선 사람들이 조선말인 줄 알아보지 못하게 "와가→ 와까→ わか(る)"로 바꾸어버렸다. 이 말을 다시 백제글자와 이두로 써보면 아래와 같다.

解! わか! 判分!
해! 와까! 판분!　　(이 이두에서 종성을 제거하면)
해! 와가! 파부!　　(연음화 된 말을 원래대로 환원시키면)
해! 바가! 파부!　　(이 사투리를 현대인이 알 수 있게 고치면)
해! 박아! 파버려!　(의 뜻이 된다.)

••• 파부 : '파버려'의 사투리.

2 초대 천황, 명치(1867년 : 고종 15년) 이후 일본정부 산하 조선어 비밀연구원들이 위의 말의 띄어쓰기를 무시하고 함부로 갈라서 아래와 같은 사전적 단어를 만들어 내었다. 사실은 여기서 부터가 백제말(조선말)과 일본말?과의 경계선이다.

わかる [解る. 判る. 分(か)る] : ①알다 ②판명되다 ③이해심이 있다.
(解 : 깨달을 해, 判 : 판단할 판, 分 : 분별할 분)

3 언어로 확인한 참 역사

••• 위 단어의 뜻은 이두인 解, 判, 分자를 뜻으로 해석한 결과 백제말 "(바가→ 와가→ 와까) → わか(る)"가 "**알다**" 등의 뜻으로 바뀌고 말았다.
••• 백제글자와 이두부분에 'る'자를 붙여 새로운 단어를 만들었다.
••• 위와 같은 방법으로 일본어?의 단어를 만든 결과 '解. 判. 分(か)'자를 'わか'라고 읽는 웃지 못할 꼴이 되었다.
••• '解. 判. 分'자가 없었다면 'わか'가 원래 무엇을 의미했던 백제말인지 영영 몰랐을

것이다.
- 일본인들이 "わかる"를 어떻게 읽든 간에 어원상으로 보면 일본어라는 것을 감안하더라도 "와가루"라고 발음해야 한다.
- 모든 일본말?은 이렇게 만들어졌다.

 (이런 짓) 하무

1 연구하는 교실

"(또 이런 짓) 하면, 너는 못 써" 이 말을 일본인들은 사투리로 "하무, 니, 모 써"라고 했다. 이 말을 다시 현대 일본인들이 주로 사용하는 백제글자와 이두로 서보면 아래와 같다.

荷物, に, も つ
하물, 니, 모 쓰   (이두한자의 종성을 없애면)
하무, 니, 모 쓰   (이 사투리를 알기 쉽게 고치면)
~하면, 너, 못 써   (의 뜻이 된다)

2

초대 천황, 명치(1867년 : 고종 15년) 이후 일본정부 산하 조선어 비밀연구원들이 위의 말의 띄어쓰기를 무시하고 함부로 갈라서 아래와 같은 사전적 단어를 만들어 내었다. 사실은 여기서 부터가 백제말(조선말)과 일본말?과의 경계선이다.

にもつ [荷物 : 짐, 하물.

3 언어로 확인한 참 역사

- 위 단어는 이두인 '荷物'자를 정책적으로 뜻으로 해석하여 백제 말 "**니모쓰**"가 "**짐**"이라는 뜻이 되었다.
- 위와 같은 방법으로 일본어?의 단어를 만든 결과 '荷物'자를 'にもつ'라고 읽는 웃지 못할 꼴이 되었다. 이런 것을 우리는 지금까지 "**명치식 읽기**"라고 명명해 왔다.
- 다행히 <u>백제 말을 한자로 기록해 놓은</u> '荷物'자가 없었다면 'にもつ'가 원래 무엇을 의미했던 백제 말인지 영영 몰랐을 것이다.
- 모든 일본말?은 이렇게 만들어졌다.

 # 寢嶺峰音哭

1 연구하는 교실

일본말을 만들 때 모델이 된 말은 "내 것, 처넣어버리고 지지자"이다. 이 말을 일본인들은 사투리로 "내 끄, 치여보으고 찌지자"라고 했다. 이 말을 다시 현대 일본인들이 주로 사용하는 백제글자와 이두로 써보면 아래와 같다.

```
ね  根,  寢嶺峰音哭      値直子
내  근,  침영봉음곡       치직자       (이두한자의 종성을 없애면)
내  그,  치여보으고       치지자       (한자에 "끄,찌"자가 없으므로 "그, 치"자로 대용)
내  끄  치여보으고       찌지자       (이 사투리를 알기 쉽게 고치면)
내  것,  처넣어버리고  지지자         (의 뜻이 된다)
```

- ね 根(내 끄) : "나의 것"의 이두, 사투리.
- 寢嶺峰音哭(치여보으고) : "처넣어버리고"의 이두 사투리.
- 値直子(치지자) : "지지자"의 이두, 사투리. (다른 예) 까마귀 날자 배 떨어진다.

2

초대 천황, 명치(1867년 : 고종 15년) 이후 일본정부 산하 조선어 비밀연구원들이 위의 말의 띄어쓰기를 무시하고 함부로 갈라서 아래와 같은 사전적 단어를 만들어 내었다. 사실은 여기서 부터가 백제말(조선말)과 일본말?과의 경계선이다.

```
ね  [根] : 뿌리.                      (根 : 뿌리 근)
    [寢] : 잠, 수면.                   (寢 : 잠잘 침)
    [嶺, 峰] : 산봉우리, 산정.          (嶺 : 재영, 峰 : 봉우리 봉)
    [音. 哭] : 음, 소리.               (音 : 소리 음, 哭 : 울 곡)
    [値. 直] : 값, 가격                (値 : 값 치, 直 : 곧을 직)
    [子] : 자, 12지의 첫째. 11시~13시 사이.
```

3 언어로 확인한 참 역사

- 위 단어는 이두인 '根. 寢嶺峰音哭. 値直子'자를 정책적으로 뜻으로 해석하여 백제 말 "내"가 "뿌리, 잠" 등 이라는 뜻으로 바뀌고 말았다.

- 위와 같은 방법으로 일본어?의 단어를 만든 결과 '根. 寢. 嶺 峰. 音 哭. 値 直. 子' 자를 'ね'라고 읽는 웃지 못할 꼴이 되었다. 이런 것을 우리는 지금까지 "**명치식 읽기**"라고 명명해 왔다.
- '根. 寢. 嶺 峰. 音 哭. 値 直. 子'자가 없었다면 'ね'가 원래 무엇을 의미했던 백제 말인지 영영 몰랐을 것이다.
- 일본정부와 그 어용학자들은, 조선사람들이 "根. 寢. 嶺 峰. 音 哭. 値 直. 子"가 조선말 이두인 줄 몰라보도록 글자사이에 점을 찍어 두었다.
- 이제 일본서기도 위 이두한자처럼 읽어야 하는 이유를 깨달았을 줄 믿는다.
- 모든 일본말?은 이렇게 만들어졌다.

 樹生黃

1 연구하는 교실

일본말을 만들 때 모델이 된 말은 '끼(우)면 쑤셔버려'이다. 이 말을 일본인들은 사투리로 '끼모 수세빠'라고 했다. 이 말을 다시 현대 일본인들이 주로 사용하는 백제글자와 이두로 써보면 아래와 같다.

 き木, 樹生黃
 끼목, 수생황 (이두한자에서 없애면)
 끼모, 수새화 (한자에는 '빠'자가 없으므로 '화'자로 대용)
 끼모, 수세빠 (이 사투리를 현대인이 알기 쉽게 고치면)
 끼우면 쑤셔버려 (의 뜻이 된다.)

2 역사를 보는 눈

- 끼모 : '끼우면'의 사투리.
- 수세빠 : '쑤셔버려'의 일본지방 사투리.
- 쑤시다 : 구멍 같은 데를 꼬챙이나 막대 따위로 찌르다.

3

초대 천황, 명치(1867년 : 고종 15년) 이후 일본정부산하 조선어 비밀 연구원들이 위의 말을 함부로 갈라서 아래와 같은 사전적 단어를 만들어 내었다. 사실은 여기서 부터가 백제 말(조선 말)과 일본 말?과의 경계선이다.

 き [木. 樹] : 나무, 수목.
  [生] : ①잡것이 섞이지 않음, 순수함. ②자연 그대로 임.
  [黃] : 노랑, 황색.

4 언어로 확인한 참 역사

- 위 단어는 이두인 '木. 樹. 生. 黃'자를 정책적으로 뜻으로 해석하여 백제 말 "끼"가 "나무, 노랑" 등의 뜻이 되었다.

- 위와 같은 방법으로 일본어?의 단어를 만든 결과 '木. 樹. 生. 黃'자를 'き'라고 읽는 웃지 못할 꼴이 되었다. 이런 것을 우리는 지금까지 "명치식 읽기"라고 명명해 왔다.
- 다행히 백제 말을 한자로 기록해 놓은 '木. 樹. 生. 黃'자가 없었다면 'き'가 원래 무엇을 의미했던 백제 말인지 영영 몰랐을 것이다.
- 모든 일본말?은 이렇게 만들어졌다.

 # 바가야로

1 연구하는 교실

우선 "바가"부터 살펴보자. "바가"의 모델이 된 말은 "(칼 대신에) 마로 바꾸어 막아"이다. 적군이 칼로 쳐오는데 칼 대신에 삼으로 막는다면 이것은 '바보'나 그렇게 할 것이다. 이 일을 두고 일본인들은 사투리로 "마로 바까 마가"라고 했다. 이 말을 다시 현대 일본인들이 주로 사용하는 "백제 글자"와 "이두"로 써보면 아래와 같다.

```
馬鹿    ばか    莫迦
마록    바까    막가    (이두 한자의 종성을 없애면)
마로    바까    마가    (이 사투리를 현대인이 알기 쉽게 고치면)
마로    바꾸어  막아
삼으로  바꾸어  막아    (의 뜻이 된다)
```

- 馬鹿(마록) → 마로 : "삼으로"의 이두 표현.
- 바까 : "바꾸어"의 사투리
- 莫迦(막가) → 마가 : "막아"의 이두 표현, 일본지방 사투리.

혹시라도 진나라의 고사 "指鹿爲馬"를 연상해서는 안 되겠다. 노파심에서 설명해 두면, 진시황이 죽고 난후 '호해'가 二世 皇帝가 되었는데 당시 실권을 잡고 있던 '조고'가 자기의 권세가 어느 정도인지 알아보기 위하여 '호해'와 신하들이 모여 있는 자리에 사슴을 끌고 와서는 말이라고 한다. 사슴인줄 뻔히 아는 신하들도 '조고'가 겁이 나서 말이라고 한다. 그러나 사실대로 사슴이라고 한자는 그 밤을 넘기지 못하고 살해 되었다고 한다. 분명히 '馬鹿'은 "指鹿爲馬"와는 아무런 상관이 없다.

2 초대 천황, 명치(1867년 : 고종 15년) 이후 일본정부산하 조선어 비밀 연구원들이 위의 말의 띄어쓰기를 무시하고 함부로 갈라서 아래와 같은 사전적 단어를 만들어 내었다. 사실은 여기서 부터가 백제말(조선말)과 일본말?과의 경계선이다.

   ばか [馬鹿. 莫迦] : 바보   (鹿 : 사슴 록, 莫 : 아닐 막, 迦 : 부처이름 가)

3 언어로 확인한 참 역사

- 위 단어 "바까"는 이두인 "馬鹿. 莫迦"라는 말처럼 "바보"라는 뜻을 함축하고 있다. 한자의 뜻에는 "바보"라는 뜻이 없다. 따라서 이 단어는 "단어명" "이두한자" "단어의 뜻" 모두가 백제말로 구성되어 있다. 이른바 "일본말"이라는 것은 하나도 없다. 아직도 이런 단어들이 많이 남아 있다.
- 위와 같은 방법으로 일본어?의 단어를 만든 결과 "馬鹿. 莫迦"자를 "ばか"라고 읽는, 웃지 못할 꼴이 벌어지게 된 것이다. 이런 것을 우리는 지금까지 "명치식 읽기"라고 명명해 왔다. 일본정부는 이런 식으로 백제말과 조선말을 말살하고 새로운 일본말을 창조? 해 내었다.
- 만약 "馬鹿. 莫迦"자가 없었다면 'ばか'가 원래 무었을 의미했던 백제말인지 영영 몰랐을 것이다.
- 특히 조선사람(한국사람)들이 "馬鹿. 莫迦"가 이두"라는 사실을 깨닫지 못하도록 가운데 점을 찍어 두었다.
- 또한, 일본인들이 "ばか"를 어떻게 읽든 간에 어원상으로 보면 "바까"라고 발음해야 한다.

4 이제 이두 "野郞"에 대하여 알아볼 차례이다.

일본인들은 "ばか野郞"을 "바보자식"이라고 가르치고 있다. 어원을 분석해 보면 그 까닭을 금방 알 수 있다.

 ばか野郞
 바까야랑 (이두 '랑'자에서 종성을 없애면)
 바까야라! (이 사투리를 현대인이 알기 쉽게 고치면)
 바꾸어야! (의 뜻이 된다)

- 郞(랑) → 라 : 어감에 감탄을 나타내는 맺음 끝, 이두 표현.
- 그러므로 "바까야라"는 "(빨리 칼로) **바꾸어야 해**! (이 바보자식아)"라는 뜻이 된다.
- 일본인들은 "野郞"을 "명치 식 읽기"로 "やろう(야로-)"라고 읽고 있다

やろう [野郎] : 놈, 자식.

일본인들은 남의 역사와 공로를 가로채어 가서 자기네 역사를 빛내고 있다. 따라서 우리 교과서에, 일본은 옛날부터 한국땅이라고 실어야 한다.

 # 볶어버려

1 연구하는 교실

일본말을 만들 때 모델이 된 말은 "볶어버려"이다. 이 말을 일본인들은 사투리로 "보꾸보"라고 했다. 이 사투리를 현대 일본인들이 주로 사용하는 "백제글자"와 "이두"로 써보면 아래와 같다.

　ぼく僕
　보꾸복　　(이두인 "복"자의 종성을 없애면)
　보꾸보　　(이 사투리를 현대인이 알기 쉽게 고치면)
　볶어버려　(의 뜻이 된다)

- 복(僕)자를 "보꾸"라고 읽는 것은, 이두한자의 종성을 없애는 한편, "복"자의 종성 "ㄱ"이 아래로 "연철"되는 것과 같은 효과를 내기 때문이다.
- ~보 : "~버려"의 사투리.

2

초대 천황, 명치(1867년 : 고종 15년) 이후 일본정부산하 조선어 비밀 연구원들이 위의 말의 띄어쓰기를 무시하고 함부로 갈라서 아래와 같은 사전적 단어를 만들어 내었다. 사실은 여기서 부터가 백제말(조선말)과 일본말?과의 경계선이다.

　ぼく [僕] : 종, 나. (남자가 동등하거나 손아래의 상대에 대해 쓰는 허물없는 말)
　　　　　　　　　　　　　　　　　　　　　　(僕 : 종 복, 저 복)

3 언어로 확인한 참 역사

- 위 단어는 이두인 "僕"자를 뜻으로 해석하여 백제말 "보꾸"가 "종"과 "나"라는 뜻으로 바뀌고 말았다.
- 위와 같은 방법으로 일본어?를 만든 결과 "僕"자를 "ぼく"라고 읽는 **웃지 못할 꼴이** 되었다. 이런 것을 우리는 지금까지 "**명치식 읽기**"라고 명명해 왔다.
- "僕"자가 없었다면 "ぼく"가 원래 무엇을 의미했던 백제말인지 영영 몰랐을 것이다.
- 모든 일본말?은 이렇게 만들어졌다.

 # "곧"과 "고도"

1 **연구하는 교실**

일본말을 만들 때 모델이 된 말은 "곧 이어서 할 것이지?"이다. 이 말을 일본인들은 사투리로 "고도, 이사어 그재?"라고 했다. 이 말을 다시 현대 일본인들이 주로 사용하는 백제글자, 즉 平仮名[이 이두의 뜻은, 신민의 뜻을 실어 (펴가며)임 : 명치이후 훈민정음을 보고 흉내 낸 말이라고 판단됨]과 이두로 써보면 아래와 같다.

```
こと  異事言   琴箏
고도  이사언   금쟁        (이두인 한자의 종성을 없애면)
고도  이사어   그재?       (이 일본지방 사투리를 알기 쉽게 고치면)
곧    이어서   (할) 꺼지?
곧    이어서   (할) 것이지?  (의 뜻이 된다.)
```

- こと(고도) : 平仮名으로는 "곧"이라고 표기할 수가 없어서 "こと"라고 썼지만 백제인들이 실생활에서는 "곧"이라고 말했다고 판단된다. 다시 말하면 글자에 의하여 말까지 변했다고 보면 되겠다.
- 이사어 : '이어서'의 일본지방 사투리.
  ('잇다'의 일본지방 사투리는 이외에도 여러 가지가 있다.)
- 琴箏(금쟁) : → ~그재→ ~꺼지 : "~것이지"의 이두 표현, 사투리.
- 이사어 그재? : 사투리이지만 **"이사얼 그재"**가 정확한 표현이지만 일본인들은 이 'ㄹ' 발음을 할 수 없었다.

2 초대 천황, 명치(1867년 : 고종 15년) 이후 일본정부산하 조선어 비밀 연구원들이 위의 말을 함부로 갈라서 아래와 같은 사전적 단어를 만들어 내었다. 사실은 여기서 부터가 백제 말(조선 말)과 일본 말? 과의 경계선이다.

```
こと [異] : 다름.              (異 : 다를 이)
     [事] : ①것 ② 사건, 일.   (事 : 일 사)
     [言] : 말, 이야기.         (言 : 말씀 언)
```

[琴箏] : 거문고.　　　　　(琴 : 거문고 금, 箏 : 쟁소리 쟁)

3 언어로 확인한 참 역사

- 위 단어는 이두인 "**異事言 琴箏**"자를 정책적으로 뜻으로 해석하여 백제 말 "**고도(=곧)**"가 "**다름, 일**" 등의 뜻으로 바뀌고 말았다.
- 위와 같은 방법으로 일본어?의 단어를 만든 결과 "**異. 事. 言. 琴箏**"자를 "こと"라고 읽는 웃지 못할 꼴이 되었다. 이런 것을 우리는 지금까지 "**명치식 읽기**"라고 명명해 왔다.
- "**異. 事. 言. 琴箏**"자가 없었다면 "こと"가 원래 무엇을 의미했던 백제 말인지 영영 몰랐을 것이다.
- 일본정부와 그 어용학자들은, 조선사람들이 "**異. 事. 言. 琴箏**"가 조선말 이두인 줄 몰라보도록 각각의 단어를 만들어 두었다.
- 그러므로 일본서기, 고사기, **만엽집** 등도 위의 이두 "**異事言琴箏(이사어그재)**"처럼 읽고 해석해 나가야 한다. 일본의 고서들은 **한문의 문장**으로 쓰여 진 것이 아니라 백제 말을 **이두한자**로 기록해둔 것이다.
- [万葉集(만엽집) → 마 여지 → 모아 여지 : '(온 힘을) 모아 넣었지'의 이두, 일본지방 사투리.]
- 모든 일본말?은 이렇게 만들어졌다.

쉬고도

1 연구하는 교실

일본말을 만들 때 모델이 된 말은 "쉬고도 싸버리사"이다. 이 말을 일본인들은 사투리로 "시고도 싸비사"라고 했다. 이 말을 다시 현대 일본인들이 주로 사용하는 백제 글자와 이두로 써보면 아래와 같다.

しごと	仕爲事	(이두한자에 종성이 없으므로 그대로 백제말이 됨)
시고도	사위사	('위'자는 '비'자가 연음화 된 것임.)
시고도	사비사	(이 말을 현대인이 알기 쉽게 고치면)
쉬고도	싸비사	
쉬고도	싸비시어	
쉬고도	싸버리시어	(의 뜻이 된다.)

- 시고도 : '쉬고도'의 일본지방 사투리.
- 사위(仕爲) : "싸비"의 이두. "싸버리"의 사투리.
- 사비 : 한자에는 "싸"자가 없으므로 "사"자로 대용했다.
- 싸버리사 : '싸버리시어'의 줄인 말.
- 일본의 원주민들은 백제 본토인들을 이렇게 존칭어로 모셨다.
  일본어 전부에 이런 존칭어가 깔려있다.

2
초대 천황, 명치(1867년 : 고종 15년) 이후 일본정부산하 조선어 비밀연구원들이 위의 말을 함부로 갈라서 아래와 같은 사전적 단어를 만들어내었다.
사실은 여기서 부터가 백제 말(조선말)과 일본 말? 과의 경계선이다.

　　しごと [仕事. 爲事] : 일, 작업, 업무, 작업.　　(仕 : 벼슬 사, 섬길 사)

3 언어로 확인한 참 역사

- 원래는 '仕爲事(싸비사)'라는 이두이나 일본정부가 어용학자들에게 지시하여 [仕事. 爲事]와 같이 만들어버렸다. '仕事'의 '事'자는 '爲事'와 균형을 맞추기 위하여 써넣은

글자이다.

- 위 단어는 이두인 '仕事. 爲事'자를 정책적으로 뜻으로 해석하여 백제 말 "시고도"가 "일, 작업" 등의 뜻으로 바뀌고 말았다.
- 위와 같은 방법으로 일본어?의 단어를 만든 결과 '仕事. 爲事'자를 'しごと'라고 읽는 웃지 못할 꼴이 되었다. 이런 것을 우리는 지금까지 "**명치식 읽기**"라고 명명해 왔다.
- '仕事. 爲事'자가 없었다면 'しごと'가 원래 무엇을 의미했던 백제 말인지 영영 몰랐을 것이다.
- 앞 회에서 설명했던 것처럼 '곧'을 부득이 '고도'라고 발음하다 보니 '쉬고도'의 '고도'와 발음이 같아지게 되었다. 그 결과 한국말에서는 '곧'과 '~(하)고도'의 뜻이 완전히 다르지만 일본어에서는 "こと[事]"처럼, 그 뜻이 같아지고 말았다. 일본어?란, 이런 것이다.

 # 나오사매

1 연구하는 교실

일본말을 만들 때 모델이 된 말은 "(예, 물론) 찧었수, (그러나 그 때마다 빨리) 나와 쌓으매..."이다. 쩔쩔매는 남자의 얼굴이 보이는 듯하다. 이 말을 일본인들은 사투리로 '찟수, 나오싸매...'라고 했다. 이 말을 현대 일본인들이 주로 사용하는 백제글자와 이두로 써보면 아래와 같다.

<u>治修收　納おさめ</u>
치수수　납오사매　　　　('납'자의 종성을 없애면)
<u>치수</u>수　나오사매　　　　(한자에는 '찌'자가 없으므로 '치'자 로 대용함. 또한 '修'자는 '治' 자의 종성으로 사용된 자임. 이 이두말을 백제 말로 고치면)
찟수,　나오싸매　　　　(이 사투리를 현대인이 알기 쉽게 고치면)
찧었수, 나와 쌓으매...　(의 뜻이 된다.)

2 역사를 보는 눈

- 치수수 → 찟수 : '찧었수, 찧었소'의 더 심한 일본지방 사투리. (이두 표현)
- 나오사매 → 나오싸매 : '나와 쌓으매'의 일본지방 사투리.
- ~쌓다 : 앞말이 뜻하는 행동을 반복하거나 그 행동의 정도가 심함을 나타냄. (울어 쌓다)
- 平仮名에는 '싸'자가 없으므로 'さ(사)'자로 대용하고 있다.

3
초대 천황, 명치(1867년 : 고종 15년) 이후 일본정부산하 조선어 비밀연구원들이 위의 말을 함부로 갈라서 아래와 같은 사전적 단어를 만들어 내었다. 사실은 여기서 부터가 백제 말(조선 말)과 일본 말? 과의 경계선이다.

　　おさめる [治める] : (소란, 감정 등을) 진정시키다. (治 : 다스릴 치)
　　　　　　 [修める] : ①(심신, 행실을)닦다. ②(학문, 기예 등을)익히다. (修 : 닦을 수)
　　　　　　 [收める. 納める] : ①넣다. 담다. ②받다. 받아들이다. ③납부하다. 바치다. ④끝내다, 마치다. (收 : 거둘 수, 納 : 들일 납)

4 언어로 확인한 참 역사

- 위 단어는 이두인 '治. 修. 收納'자를 정책적으로 뜻으로 해석하여 백제 말 "(나)오사매(루)"가 "닦다, 납부하다" 등의 뜻이 되었다.
- 위와 같은 방법으로 일본어?의 단어를 만든 결과 '治. 修. 收納'자를 'おさ'라고 읽는 웃지 못할 꼴이 되었다. 이런 것을 우리는 지금까지 "명치식 읽기"라고 명명해 왔다.
- 다행히 <u>백제 말을 한자로 기록해 놓은</u> '治, 修. 收納'자가 없었다면 'おさめ(る)'가 원래 무엇을 의미했던 백제 말인지 영영 몰랐을 것이다.
- 한편, '治. 修. 收納'자 옆에 있는 'める'는 "おさめる"와 균형을 맞추기 위하여 일본정부와 어용학자들이 만들어 넣은 字이다.
- 모든 일본말?은 이렇게 만들어졌다.

5 'おさめ'가 사용된 다른 예

(1) 연구하는 교실

모델이 된 말은 '(쉬고도 싸버리시어) 나와 쌓으매…'이다. 이 말을 일본인들은 사투리로 '(시고도 싸비사) 나오싸매…'라고 했다. 이 말을 다시 현대 일본인들이 주로 사용하는 平仮名과 이두로 써보면 아래와 같다.

```
しごと (仕爲事)     納おさめ
시고도 (사비사)    나오사매     (이 말을 현대인이 알기 쉽게 고치면)
쉬고도 (싸버리시어) 나와 쌓으매… (의 뜻이 된다.)
```

(2) 명치이후 일본정부의 어용학자들은 위의 말을 함부로 갈라서 아래와 같은 단어들을 만들어 내었다.

しごと おさめ [仕事. 納め] : 종무, 종무식.

임진왜란과 한말에 일본이 침략해온 것은 덕망있고, 학식있는 어른이 깡패들에게 얻어터진 꼴이다.

가라

1 연구하는 교실

일본말을 만들 때 모델이 된 말은 "오라, 가라 해버려!"이다. 지체 높은 백제여인이라고 말이 서툰 원주민 남자를 마음대로 '오라, 가라 했다.'는 뜻이다. 이 말을 일본인들은 사투리로 "와라, 가라벼"라고 했다. 이 말을 다시 현대 일본인들이 주로 사용하는 백제글자와 이두로 써보면 아래와 같다.

 瓦落, がら柄
 와락, 가라병   (이두한자의 종성을 없애면)
 와라, 가라벼   (이 사투리를 현대인이 알기 쉽게 고치면)
 오라, 가라 (해)버려 (의 뜻이 된다.)

2 사색하는 교실

- 瓦落(와락) → 와라 : '오라'의 일본지방 사투리. 이두.
 왜지방에서 사용된 백제말을 연구하다 보면 재미있는 현상을 발견할 수 있다. "해버려"를 "하버려"라고 한다든가, 위에서처럼 "오라"를 "와라"라고 말하는 사실이다. 이때만 해도 말에 변화가 없고 고정화 될 때가 많다.
- 가라벼 : '가라 (해)버려'의 일본지방 사투리.

3
초대 천황, 명치(1867년 : 고종 15년) 이후 일본정부산하 조선어 비밀연구원들이 위의 말을 함부로 갈라서 아래와 같은 사전적 단어를 만들어 내었다. 사실은 여기서 부터가 백제 말(조선 말)과 일본 말?과의 경계선이다.

 がら [瓦落] : 'がら落(お)ち'의 준말.
   [柄] : ①(옷감 등의) 무늬. ②품격, 품위. ③분수, 주제. ④몸집, 체격.
 がらおち [瓦落落ち] : 시세의 폭락. (瓦 : 기와 와, 落 : 떨어질 락)

4 언어로 확인한 참 역사

- 위 단어는 이두인 '瓦落, 柄'자를 정책적으로 뜻으로 해석하여 백제 말 "가라"가 "시세

의 폭락, 무늬" 등의 뜻으로 바뀌고 말았다.
- 위와 같은 방법으로 일본어?의 단어를 만든 결과 '瓦落(와라), 柄(벼)'자를 'がら'라고 읽는 웃지 못할 꼴이 되었다. 이런 것을 우리는 지금까지 **"명치식 읽기"**라고 명명해 왔다.
- 또한, '瓦落. 柄'자가 없었다면 'がら'가 원래 무엇을 의미했던 백제 말인지 영영 몰랐을 것이다.
- 게다가 일본정부와 그 어용학자들은, 조선사람들이 "瓦落. 柄"자가 조선말 이두인 줄 몰라보도록 각각 따로 단어를 만들어 두었다.

5 일본이 "시세의 폭락"이라는 단어의 뜻을 만들어 낸 경위

'瓦落落ち'는 이두로서 '와라, 라찌', 즉 '와라, 라(고) 했지' 또는 "와라, 랬지"라는 뜻의 이두이다. 그러나 띄어쓰기를 무시하면 '와라라 찌'가 되어 백제 말(조선 말)의 '와르르 했지'의 뜻이 된다. 그래서 '시세의 폭락'이라는 뜻을 만들게 되었다. '瓦落落ち'와 같은 이두표현은 명치시대 일본인들이 백제 말 이두를 잘 이해하고 있었다는 것을 의미한다. '瓦落'의 한자의 뜻, 즉 '기와가 떨어진다.'는 뜻과는 거리가 멀다.
- 따라서 "がら[瓦落]"을 'がら落(お)ち의 준말'이라고 한 단어 설명은 거짓된 설명이다.

6 잘못된 국어사전의 뜻풀이

- 와락 : 급히 대들거나 잡아당기는 모양. ('어머니!' 하며 와락 껴안았다.)
- 이런 뜻풀이를 한 것으로 미루어 보면 과거의 한글학자들은 '瓦落'의 이두 뜻을 전혀 모르고 있었다는 것을 알 수 있다. 지금도 이른바 교수, 학자라는 사람이 이두가 뭔지, 개념도 모르고 있다.

 本 当

1 연구하는 교실

일본말을 만들 때 모델이 된 말은 "보다 or 본다"이다. 일본인들이 "本当"을 "ほん-とう"라고 읽고 있지만 이것은 명치식 읽기를 한 것이므로 백제말이 희석되어 있다. 아래에서 "本当"의 어원을 찾아보자.

本当
본당　 (이 말의 종성을 없애면)
보다　 (의 뜻이 된다)

2 초대 천황, 명치(1867년 : 고종 15년) 이후 일본정부 산하 조선어 비밀연구원들이 위의 말을 바탕으로 아래와 같은 사전적 단어를 만들어 내었다. 사실은 여기서 부터가 백제말(조선말)과 일본말?과의 경계선이다.

ほん-とう [本当] : 사실, 진실.　 (本 : 근본 본, 当 : 마땅할 당)

3 언어로 확인한 참 역사

- 위 단어는 이두인 '本当'자를 정책적으로 해석하여 백제 말 "보다"가 "사실, 진실"이라는 뜻으로 바뀌고 말았다. (참고로 관련이 있는 말은 "본당께"라고 판단된다)
그러므로 "혼또-?"를 "진짜야?"라고 이해한다면 이것은 "네가 눈으로 봤어?"라는 의미와 같다. 눈으로 본 것만이 사실이라는 뜻이다.
- 그래서 일본정부가 [本当]에 "사실, 진실"이라는 단어의 뜻을 만들어 붙였다.
- 모든 일본말?은 이렇게 만들어졌다.

끄이누

1 연구하는 교실

"끼우고 치소! (라고 해서 치는데), 왜 끌리나? (못 치게…)"이다. 이 말을 일본인들은 더 심한 사투리로 "껴구 치수! 와 끄이누?"라고 했다. 이 말을 현대 일본인들이 주로 사용하는 백제글자와 이두로 써보면 아래와 같다.

　　犬狗　　寢戌! 往　去いぬ?
　　견구　　침술, 왕 거이누?　　　(이두한자의 종성을 없애면)
　　겨구　　치수, 와 거이누?　　　(한자에 "껴, 끄"자가 없으므로 "겨, 거"자로 대용)
　　껴구　　치수! 와 그이누?
　　끼어구 치수! 와 끄이누?　　(이 사투리를 현대인이 알기 쉽게 고치면)
　　끼우고 치소! 왜 끌리나?　　(의 뜻이 된다.)

- 껴구→ 끼어구 : '끼우고'의 일본지방 사투리.
- 치수 : '치소'의 더 심한 사투리.
- 와 : '왜'의 사투리.
- 거이누? → 끄이누? : '끌리나?'의 일본지방 사투리.

2 초대 천황, 명치이후 일본정부산하 조선어 비밀연구원들이 위의 말을 함부로 갈라서 아래와 같은 사전적 단어를 만들어 내었다. 사실은 여기서 부터가 백제 말(조선 말)과 일본 말? 과의 경계선이다.

　　いぬ [犬, 狗] : 개.　　(犬 : 개 견, 狗 : 개 구)
　　　[寢ぬ] : 자다.　　(寢 : 잠잘 침)
　　　[戌] : 술. 십이지의 11번째, 술시(오후 7~9시)
　　　[往ぬ, 去ぬ] : ①가다, 가버리다, 돌아오다 ②(시간이) 지나가다.
　　　　　　　　　　　　　　　　　　(往 : 갈 왕, 去 : 갈 거)

3 언어로 확인한 참 역사

- 위 단어는 일본정부가 이두인 한자를 뜻으로 새긴 결과, 백제 말 "(끄)이누"가 "개,

자다" 등의 뜻으로 바뀌고 말았다.
- 위와 같이 단어를 만든 결과 '犬. 狗. 寝ぬ. 戌. 往ぬ. 去ぬ'를 'いぬ'라고 말하는 웃지 못할 꼴이 되었다. 이런 것을 우리는 지금까지 "**명치식 읽기**"라고 명명해 왔다.
- 또한 '犬. 狗. 寝. 戌. 往. 去'자가 없었다면 'いぬ'가 원래 무엇을 의미했던 백제 말인지 영영 몰랐을 것이다.
- 일본정부는 조선인들이 백제 말인 줄 알아보지 못하도록 '犬. 狗'처럼 글자 사이에 점을 찍어 두었다.
- '寝. 往. 去'자 옆의 ぬ자는 'いぬ'의 ぬ자와 균형을 맞추기 위하여 일본정부와 어용학자들이 써넣은 글자이다.
- 말을 만들어도 그렇지 이렇게 악랄하게 만들 수는 없다.
- 모든 일본말?은 이렇게 만들어졌다.

히 나부리

1 연구하는 교실

일본말을 만들 때 모델이 된 말은 사투리로 "삐지고"와 "해 나부리"이다. 일본의 어용학자들이 일본 말이라는 것을 만들 때 이 말을 "비지이고"와 "히나부리"라고 했다. "~이고"라는 말은 앞 말에 종성이 있으면 "~이고"라고 쓰지만, 종성이 없으면 그냥 "~고"라고 써야 한다. 다시 말하면 "삐지고"라고 써야 하지, "삐지이고"라고 쓰면 안 된다. 그러나 일본의 어용학자들은 일본서기에 "夷曲"이라는 말이 나오니까, "夷曲"이라고 써야 한다는 고정관념에 빠져 "삐지이고"라고 쓰게 되었다. 앞에서도 설명이 있었지만, "夷曲"은 "~이고"라는 이두이다. "삐지이고"를 현대 일본인들이 주로 사용하는 "백제 글자"와 "이두"로 써보면 아래와 같다.

    鄙振夷曲
    비지이곡   (이두인 '곡'자의 종성을 없애면)
    비지이고   (이 말을 현대인이 알기 쉽게 고치면)
    삐지고   (의 뜻이 된다)

2 역사를 보는 눈

이쯤에서 "ひなぶり(히 나부리)"라는 말을 음미 해볼 필요가 있다. 옛 시절, 동무 셋이 놀고 있었다. 그러나 어쩌다가 한 아이(A)가 동무의 책을 찢게 되었다. 그러자 책을 찢긴 아이(B)는 책을 원래대로 "해나 죠고"라고 떼를 쓴다. 원래대로 해 줄 수 없는 아이(A)는 아이(B)를 달래어 보지만 막무가내다. 결국, 옆에서 함께했던 아이(C)가 거들고 나선다. 이미 찢어진 책을 어떻게 원래대로 "해 나 줄 수가 있니?" '그냥 쓰라'고 해봤지만 소용이 없었다. 그때 나온 말이 "(A)야 원래대로 히 나부리"이다. 찢어진 책을 풀로 붙이는 등 애를 쓰는 두 아이(A와 C)의 움직임에는, 앞으로 다시는 너(B)하고 놀지 않는다는 결의가 보인다. 한 마디로 "삐지고" 만 것이다. "ひなぶり(히 나부리)"에는 이런 뜻이 숨겨져 있다.

••• 삐지다 : 성이 나서 몹시 틀어지다.

◈◈◈ 히나부리 : "해나부리"의 더 심한 사투리.

3 초대 천황, 명치(1867년 : 고종 15년) 이후 일본정부 산하 조선어 비밀연구원들이 위의 말의 띄어쓰기를 무시하고 함부로 갈라서 아래와 같은 사전적 단어를 만들어 내었다. 사실은 여기서 부터가 백제말(조선말)과 일본말?과의 경계선이다.

ひなぶり [鄙振(り). 夷振(り). 夷曲] : ①고대가요 분류의 하나. 지방의 노래로서 궁중행사에 쓰이게 된 것. ② 狂歌의 딴 이름.
(鄙 : 인색할 비, 振 : 떨칠 진, 夷 : 오랑케 이)

4 언어로 확인한 참 역사

◈◈◈ 위 단어의 한자들은 원래는 아래와 같은 이두문장이었는데, 일본정부가 위와 같이 단어를 만들어 냈다고 보면 이해하기 쉽겠다.

鄙振夷曲 → 비지이고

◈◈◈ 한 번 더 강조하면 夷曲(이곡)은 성은구 님이 역주한 일본서기 75쪽 아래쯤에 나오는 말인데 우리말 "~이고"를 의미하는 "이두"이다. 그리고 "히 나부리"는 "해 나부리"의 더 심한 사투리에 지나지 않는다. 이런 것을 일본정부와 어용학자들이 위와 같은 단어 뜻을 만들고 狂歌니, 夷曲이니, 하니까, 사실인 것처럼 보이나, 모두가 꾸며낸 설명이다. 즉 사실이 아닌 거짓 역사라는 뜻이다. 한자의 뜻으로 해석해 봐도 아무런 의미가 없는 것을 보아도 진실을 알 수 있다.
◈◈◈ 振자 옆의 (り)자는 원래는 없던 자이나 'ひなぶり'의 'り'자와 균형을 맞추기 위하여 일본정부와 어용학자들이 써넣은 글자이다.
◈◈◈ 모든 일본말?은 이렇게 만들어졌다.

 # 회장, 홍윤기 교수는 왕인 문화협회를 폐쇄하라!

1 연구하는 교실

일본정부가 해석한 일본서기를 한번 들여다보면 당시 일본은 **야만** 그 자체라고 생각해 왔는데, 그 일본이, 수와 당도 쳐부수었던 고구려를 손바닥에 얹어놓고 떡 주무르듯 하고 있다. 신라는 말할 것도 없다. 이것은 옛 일본이 문화나 국력면에서 고구려 신라보다도 앞섰다는 뜻이다. 그렇다면 우리는 옛 일본이 그렇게 문명되고 국력이 강했는지 일본서기가 진짜 일본의 역사책인지 확인해 보지 않을 수 없다.

거듭 밝히지만 일본정부가 아래의 원문에서 보듯이 일본서기의 일부 한자를 작게 써놓더니 그 한자들을 무시하는 편법을 써서, 이두문장을 한문의 문장으로 둔갑시켜 버렸다. 그래도 완전한 한문의 문장이 안 되자, 많은 백제말 문장을 **사람이름, 신사이름, 지명, 천황이름** 등으로 바꾸어버렸다. 그래서 탄생한 것이 "왕인"과 "아직기"라는 인물이다. 왕인과 아직기는 실존인물이 아니다. 왕인과 아직기는 다만 역사소설의 한 **등장인물일 뿐이다**. 그러나 일본정부가 왕인이 일본에 천자문을 전해 주었다. 일본태자의 스승이 되었다는 등 감언을 하니까 실속 없이 우쭐하여, 이런 사실을 교과서에도 실어주고, 왕인문화 협회도 만들고, 심지어는 왕인의 제사까지 지내고 있는 실정이다. 이렇게 하니까, 헛개비였던 왕인과 아직기가 살아나고 역사소설이었던 일본서기가 **진짜** 역사서로 부활하여 문화, 제도 등 모든 분야까지 살아서 춤추게 되고 고구려 신라를 우습게 보는 것이다. 사실이 그런지, 아래에 왕인, 아직기에 관한 문장을 확인해 보자.

(1) 원문(성은구 역주 일본서기 236쪽 참고)

    於是, 天皇問=阿直岐-曰,
    如勝 汝博士亦
    有耶. 對曰, 有=
    王仁者-. 是秀也.
    時 遣=
    上毛野君祖, 荒田別,

巫別,於
百濟-, 仍徵=王仁 (-也.)

(2) 음역

어시, 천황문이 아직기 일왈,
여승 여박사역
유야 대왈, 유이
왕인자일. 시수야.
시 견이
상모야군조 황전별.
무별,어
백제일, 잉징이왕인 (일야)

▸▸▸ [이두의 문장에서 (일야)는 다음 문장에 이어지는 단어임.]

(3) 이두문장에서 종성을 없애면

어시, 처화무, 이아지 기이 와,

여스, 여 바사 여
유야 대 와유, 이~.

와, 이~, 자이시수야
시, 겨이.
사모야
그 조 화저벼.
무벼어
배 제, 이이지이 와, 이~

(4) 위의 사투리를 현대인이 알 수 있게 고치면

억시, 처 빵면 이아져 끼이 와

엿, 이어 바수어 넣어
이어야 대(어) 와유, 이~.

(그 때) 와(서) 이~, 째시셔야
시, 껴이.

(그때) 삶어야,
그 x 빠져버려.
먹어버려,
배 째(고), 이어져 와, 이~.

2 언어로 확인한 참 역사

- (..)내의 글은 이해를 돕기 위하여 글쓴이가 써넣은 것임.
- 작게 쓴 글자 -, = 등도 함께 음역해야 옳은 이두 해석이 된다.
- 1-(4)항을 읽으면서 특히 유의할 사항은 "<u>아직기</u>"와 "<u>왕인</u>"이 문장 중에서 어떤 말 뜻으로 쓰이어졌는지 살펴가며 읽어야 한다. "<u>아직기</u>"와 "<u>왕인</u>"은 사람의 이름이 아니라는 사실을 발견할 수 있을 것이다.
- 어시 → 억시 : '매우'의 이두. 사투리.
  "어시"는 "억시"의 종성(ㄱ)을 표기하지 못한 상태이다.
- 처화 → 처 빠 : '처빻어'의 사투리. (한자에는 '빠'자가 없으므로 '화'자로 대용하고 있음)
- ~무 : '면'의 사투리.
- 여스(如勝) : "엿"의 이두 표현. 남성기를 의미함.
- '여 바사 여'에서 앞 '여'는 '이어'의 뜻 뒷 '여'는 '넣어'의 뜻임.
- 유야 → 이우야 : '이어야'의 사투리.
- 대 : '대어'의 사투리.
- 와유, 이~ : "와요, 이~"의 사투리.
- 이~ : 이야기의 흥을 돋우거나 동의를 청하는 도움말.
- 자이 → 재 : '째'의 이두 표현.
- **자이**시수야 → **째**시수야 : "째시셔야"의 사투리.
- 시 : 여성기의 옛 이름.
- 겨 이(遣=) → 껴이 : "껴이어져"의 의미
- **사모야**(上毛野) : '삶으야'의 이두, 사투리. 절대로 사람의 이름이 아니다.
  (일본지방에서는 '삶으'를 '사무하'라고 하기도 했다. 따라서 '사무라이'는 '삶으라, 이~'라는

뜻이다. 절대로 '사무라이'에는 '무사'라는 뜻이 없다. 앞에서도 설명한 적이 있다.)
- 구(君) : "그"의 이두. 한자에는 "그"자가 없으므로 "구"자로 대용하고 있다.
- 조(祖) : 'ㅈ'의 종성 'ㅈ'을 표기하지 못한 상태임.
  (한자로 백제 말의 종성을 표기한 예도 많이 있지만, 표기하지 못한 경우도 많이 있다.)
- 화저벼(荒田別)→빠저벼 : '빠져버려'의 사투리. 이두. (한자에는 "빠"자가 없으므로 "화"자로 대용하고 있다) 이 또 한 사람의 이름이 아니다.
- 무벼(巫別)어 : '먹어버려'의 사투리. 이두. 이 또 한 사람의 이름이 아니다.
- 배 제(百 濟) : '배 째'의 이두 표현.
- 이이 : '이어'의 사투리.
- 이이지이 와 : '이어져 와'의 사투리.

3 일본 측의 해석

천황은 阿直岐에게 묻기를 「혹, 너보다 훌륭한 박사가 있느냐」고 말하였다. 대답하여 「王仁이라는 분이 있는데 이분은 우수하다.」고 말하였다. 그래서 上毛野君(가게쓰게노노기니)의 祖인 荒田別과 巫別(가무나기와게)을 백제에 보내서 王仁을 모셔 왔다.

4 결론

위에서 보듯이, 일본정부는 작은 글자를 무시하고 한문 해석에서 제외시켜도, 이두 문장이 한문의 문장으로 바뀌지 않으니까, 백제 말들을 사람 이름으로 바꾸어 버렸다. 上毛野君, 荒田別, 巫別, 王仁, 阿直岐 등이 그 예이다. 이렇게 해놓고 上毛野君을 "가게쓰게노노기니"라고 읽는단다. 이 단적인 예가, 720년(일본서기가 만들어졌다는 해)에는 한자를 이렇게, 일본말?로 읽지 않았다는 사실을 입증 해주고 있다. 그리고 이 중에서 특히 두드러진 인물이 "王仁과 阿直岐"인데 일본정부가 위와 같은 방법으로 문장을 조작하여 실존하지도 않았던 헛개비를 역사적인 인물로 등장시켰다. 오늘날 "왕인"의 제사까지 지낸다니 세상에 이렇게 아프도록 배꼽잡는 쑈는 없을 것이다. 王仁 문화협회장 홍윤기 교수는 이 협회를 당장 閉鎖해야 한다. 그리고 일본이 거짓 덩어리 역사를 교과서에 실었다고 탓하기 전에 역사학계는 우리나라 교과서에서 위의 "王仁과 阿直岐"를 당장 삭제시켜야 한다.

싸-께

1 연구하는 교실

일본말을 만들 때 모델이 된 말은 "끼워버려 쌓으니까, (못 견디고 열어줘)"이다. 이 말을 일본인들은 사투리로 "끼우부 싸-께"라고 했다. 이 말을 현대 일본인들이 주로 사용하는 백제글자와 이두로 써보면 아래와 같다.

叫ぶ	さけ	(이두한자에 제거할 종성이 없으므로 그대로 백제말이다.)
규부	사께	("규"자는 이합사이므로)
기우부	싸께	(한자에는 "끼"자가 없으므로 "기"자로 대용)
끼우부	싸-께	(이 말을 현대인이 알기 쉽게 고치면)
끼워버려 쌓(으)니까		(의 뜻이 된다.)

2 역사를 보는 눈

- 규부(叫ぶ) → "기우부"의 이합사 → 끼우부 : "끼워버려"의 일본지방 사투리. (이두 표현)
- 사께(さけ) → 싸께 → 싸-께 : "쌓으니까"의 일본지방 사투리. (백제글자에는 'ㅆ'자가 없으므로 'ㅅ(사)'자로 대용하고 있다.)
- 쌓다 : 앞 말이 뜻하는 행동을 반복하거나 그 행동의 정도가 심함을 나타냄. (울어쌓다)

3 초대 천황, 명치(1867년 : 고종 15년) 이후 일본정부산하 조선어 비밀연구원들이 위의 말을 함부로 갈라서 아래와 같은 사전적 단어를 만들어 내었다. 사실은 여기서 부터가 백제 말(조선 말)과 일본 말? 과의 경계선이다.

さけぶ [叫ぶ] : 외치다. 소리 지르다.   (叫 : 부르짖을 규)

4 언어로 확인한 참 역사

- 위 단어는 이두인 한자를 뜻으로 새긴 결과 백제 말 "**싸-께**"가 "**외치다**"라는 뜻으로 바뀌고 말았다.

- 위와 같이 단어를 만든 결과 '叫ぶ'를 'さけぶ(사께부)'라고 읽는 웃지 못할 꼴이 되었다. 이런 것을 우리는 지금까지 "**명치식 읽기**"라고 명명해 왔다.
- 또한 '叫ぶ'자가 없었다면 'さけ(ぶ)'가 원래 무엇을 의미했던 백제 말인지 영영 몰랐을 것이다.
- 그리고 さけ자 옆에 있는 ぶ자는 "叫ぶ"와 균형을 맞추기 위하여 일본정부와 어용학자들이 갖다 붙인 자이다.
- 모든 일본말?은 이렇게 만들어졌다.

 # 가 다무아 와

이두, "二淡路(이다로 → 잇달아)"의 "淡路"를 "아와지(あわじ)"라고 읽는 것은 사기다. 그렇다면 왜 "淡"자를 "아와"라고 읽고 "路"자를 "じ"라고 읽는지 확인해 봐야겠다.

아와(あわ)

1 연구하는 교실

일본말을 만들 때 모델이 된 말은 "가(서) (감주 좀) 담아 와, 이~."이다. 이 말을 일본인들은 사투리로 "가, 다무아와, 이~."라고 했다. 이 말을 현대 일본인들이 주로 사용하는 백제글자와 이두로 써보면 아래와 같다.

間,   淡あわ,   い~
간,   담아와,   이~.   (이두한자의 종성을 없애면)
가,   다무아와,   이~.   (이 사투리를 현대인이 알기 쉽게 고치면)
가(서) 담아와,   이~.   (의 뜻이 된다.)

••• 이~ : 이야기의 흥을 돋우거나 동의를 청하는 도움 말.

2
초대 천황, 명치이후 일본정부산하 조선어비밀연구원들이 위의 말을 함부로 갈라서 아래와 같은 사전적 단어를 만들어 내었다. 사실은 여기서 부터가 백제 말(조선 말)과 일본 말? 과의 경계선이다.

あわい [間] : 사이, 틈. (약간 예스런 말) (間 : 사이 간)
[淡い : ①(색, 맛, 향기 등이)진하지 않다. ②엷다. ③희미하다. (淡 : 묽을 담)

3 언어로 확인한 참 역사

••• 위 단어는 일본정부가 이두인 한자를 뜻으로 새긴 결과 백제 말 "(가다무)아와이~"가 "틈, 엷다"라는 뜻으로 바뀌고 말았다.
••• 淡자 옆의 'い'자는 'あわい'와 균형을 맞추기 위하여 일본정부와 어용학자들이 써넣은 글자이다.

- 위와 같이 단어를 만든 결과 '間. 淡い'를 'あわい'라고 읽는 웃지 못할 꼴이 되었다. 이런 것을 우리는 지금까지 "명치식 읽기"라고 명명해 왔다.
- 또한 '間. 淡'자가 없었다면 'あわい'가 원래 무엇을 의미했던 백제말인지 영영 몰랐을 것이다.

지(じ)

1 연구하는 교실

일본말을 만들 때 모델이 된 말은 "(그만) 넣지?"이다. 이 말을 일본인들은 사투리로 "놓지?"라고 했다. 이 말을 다시 현대 일본인들이 주로 사용하는 백제글자와 이두로 써보면 아래와 같다.

  路じ (이두한자에 종성이 없으므로 그대로 백제말이다.)
  로지 (이 말을 현대인이 알기 쉽게 고치면)
  노지
  넣지 (의 뜻이 된다)

2 초대 천황, 명치이후 일본정부산하 조선어 비밀연구원들이 위의 말을 함부로 갈라서 아래와 같은 사전적 단어를 만들어 내었다. 사실은 여기서 부터가 백제 말(조선 말)과 일본 말?과의 경계선이다.

  じ [路] : ①(옛 지명에 붙어)그 지방의 길, 또는 그 지방으로 가는 길임을 나타냄.
                 (伊勢じ : 이세 가도.)
  ② 三日じ : 삼일 길 (路 : 길 로)

3 언어로 확인한 참 역사

- 위 단어는 이두인 路자를 뜻으로 새긴 결과 백제 말 "(놓)지"가 "길"이라는 뜻으로 바뀌고 말았다.
- 위와 같이 단어를 만든 결과 '路'자를 'じ'라고 읽는 웃지 못할 꼴이 되었다. 이런 것을 우리는 지금까지 "**명치식 읽기**"라고 명명해 왔다.

◈◈◈ 또한 路자가 없었다면 'じ(지)'가 원래 무엇을 의미했던 백제 말인지 영영 몰랐을 것이다.
◈◈◈ 한번더 강조하면, 720년 일본서기가 만들어 졌을 때만 해도 백제 사람들이 '二淡路'를 '이다로'라고 읽었다. '잇달아'라는 뜻이다. 그러나 그렇게 읽으면 일본이 백제의 한 고을이었다는 사실이 들어나게 됨으로 명치(1867년)는 위처럼 '명치식 읽기'를 개발하여 '淡路'를 '아와지'라고 읽으면서 그 뜻도 섬 이름으로 바꾸었다. 그러니까 1140여년 이후에나 만들어진 '읽기 방법'으로 720년에 만들어진 일본서기를 읽어 제꼈으니 명백한 사기이다. 일본서기는 이렇게 조작되었다.

 沙羅樹

1 연구하는 교실

"살아(서) (평생에) 끼우시며 살았(수)" 이 말을 일본인들은 더 심한 사투리로 "사라(서) 끼어시며 사라(슈)"라고 했다. "사라(슈)"라고 표기한 이유는 다음에 단어를 만들 때, "(슈)"자 마저 생략하고서 "沙羅"만 표기했기 때문이다. 또한 일본인들은 종성을 표기하지 못하여 "살아(서)"는 "사라(서)"로, "살았(수)"는 "사라(수)"로 표기할 수밖에 없었다. 이두인 한자로는 종성을 표기하기가 쉽지 않은데다, "백제 글자"에는 아예 종성이 없었으니 어쩔 수 없는 선택이었다. 아래 설명을 보면 이해하기 쉬울 것이다.

```
さら      更新皿    沙羅(樹)
사라      경신명    사라(수)    (이 두 한자들의 종성을 제거하면)
사라      겨시며    사라(수)    (이 사투리를 현대인이 알기 쉽게 고치면
사라(서)  껴시며    사랐(수)
살아서    끼어시며  살았수     (의 뜻이 된다)
```

- さら(사라) : "살아서(평생에)"의 뜻.
- 更新皿(경신명) → 겨시며 : "껴시며"의 이두 표현. (한자에는 "껴"자가 없으므로 "겨"자로 대용하고 있음)
- 끼어시며 : "끼우시며"의 사투리.
- 沙羅樹(사라수) : "살았수"의 이두 표현.
  살았수 → 사라수(沙羅樹) → 사라(沙羅)
  이 변화를 보면 충분히 이해가 될 줄 믿는다.
- "さら(사라)"와 "沙羅(사라)"는 함께 "사라"로 읽히지만 위처럼 의미가 다르다는 것을 간파해야 한다.

2

초대 천황, 명치(1867년 : 고종 15년) 이후 일본정부 산하 조선어 비밀연구원들이 위의 말의 띄어쓰기를 무시하고 함부로 갈라서 아래와 같은 사전적 단어를 만들어 내었다. 사실은 여기서 부터가 백제말(조선말)과 일본말?과의 경계선이다.

さら [更] : 당연함.   (更 : 고칠 경)
     [新] : 새것임.
     [皿] : 접시   (皿 : 그릇 명)
     [沙羅] : 沙羅樹   (沙 : 모래 사, 羅 : 비단 라)

3 언어로 확인한 참 역사

- 위 단어는 한자의 뜻에 따라, 혹은 정책에 의하여 여러 의미로 나뉘어졌다. 이 결과 백제 말 **"사라"**가 **"당연함, 새것임"** 등과 같은 뜻으로 바뀌고 말았다.
- 이와 같은 방법으로 일본어?의 단어를 만든 결과 "更. 新. 皿. 沙羅(껴시머 사라)"를 "さら(사라)"라고 읽는 웃지 못할 꼴이 되었다.
- 다행히 <u>백제 말을 한자로 기록해 놓은</u> "更新皿 沙羅"자가 없었다면 "さら"가 원래 무엇을 의미했던 백제 말인지 영영 몰랐을 것이다.

4 국어연구

위에서 보듯이 일본인들이 사용한 "沙羅樹"의 의미는 "살았수"이다. 그런데 국어사전을 보면 이렇게 설명되어 있다.

沙羅樹 : 용뇌향 과의 상록 교목.
히말라야 산기슭에서 인도 중서부에 걸쳐 자라는데 높이는 30m 가량, 잎은 길둥근 달걀 모양이며 끝이 뾰죽함. 3월경에 노란 꽃이 핌.
沙羅双樹 : 석가가 사라수 숲에서 열반에 들 때, 그 사방에 한 쌍식 서 있었다는 사라수.

이런 나무가 실지로 있든 없든, 그것이 중요한 것이 아니다. 같은 단어를 우리나라 사전이, 일본이 의도한 것과 같은 뜻으로 설명하고 있으므로 제3국인이 볼 때 "아! 沙羅樹라는 나무가 있는데 그 나무가 석가와 연관이 있었구나"라고 생각할 것이다. **"沙羅樹"가 "살았수"라는 한국말을 기록한 "이두"라는 사실을 상상도 할 수 없을 것이다.** 이런 결과가 되면 사전이 오류를 범했다, 아니 할 수가 없다. 앞에서도 여러 차례 언급했지만, "일본서기"의 "天皇(천황)"도 "처화→ 처빠→ 처서 빻어"라는 뜻이다. 일본의 천황을 의미하는 단어가 아니다. 일본의 천황이 고대부터 있었다고 믿는 것은 한자를 이두로 읽지 않고 뜻으로 해석한 결과이다.

 # 사시미, 쭈구리미

1 연구하는 교실

생선회가 얼마나 맛이 있었던지, 한편으로 생선회를 "사시면서" 또, (바쁘게) "쭈그려 앉으면서", (일부는 허리에) 차시면서, 급히 "자시고" 계시다. 이 말을 왜인들이 사용하던 사투리로 바꾸면 "**사시미, 쭈구리미, 차시미, 자시**(ㄴ다)" 로 표현할 수 있다. 생선회를 사시면서 반은 자신다는 뜻이다. 이 말을 다시 현대 일본인들이 사용하는 "백제글자"와 "이두"로 써보면 아래와 같다.

    さしみ,   つくりみ,   差身,   刺身
    사시미,   쭈구리미,   차시,   자신   (한자에서 身자의 종성을 없애면)
    사시미,   쭈구리미,   차시(미),   자시   (이 말을 현대인이 알기 쉽게 고치면)
    사시면서, 쭈그리면서, 차시면서, 자시[ㄴ다] (의 뜻이 된다.)

2 역사를 보는 눈

※ 사시미 : '사시면서'의 사투리 / 쭈구리미 : '꾸그리며'의 사투리
※ 여기에서 **특기할 사항**이 하나 있다.
"つ"자는 "쓰", "쯔", "츠", "쑤", "쭈", "추", "써", "쩌", "처" 등
흡을 표기하는 데에 사용되고 있다. 그 흡이 고정되어 있는 것이 아니다. 특히 여기에서는 "つくりみ"라는 말 중 "つ"는 "쭈"로 발음해야한다. 이 사실만 보아도 이른바 "平仮名"이라는 것이 백제말을 기록하기 위하여 고안해낸 글자라는 것을 입증해주고 있다.

※ 다른 중요한 예가 하나 더 있다. 흔히들 つなみ를 "**쓰나미**"라고들 하고 있지만 어원상으로 보면 "**처나미**"라고 해야 한다. 이 말은 "(매우 심하게 파도가) **처남, 이~.**"라는 말에서 "**처**"자를 "つ"로 표기할 수밖에 없었는데, 이 "つ"를 "쓰"로 발음하고 있는 것이다.
※ (**처남, 이~ → 처나미**)로 변화하였다.

3 초대 천황, 명치(1867년 : 고종 15년) 이후 일본정부산하 조선어 비밀 연구원들은 이 말을 함부로 갈라서 아래와 같은 사전적 단어를 만들어 내었다. 사실은 여기서 부터

가 백제말(조선말)과의 경계선이다.

    さしみ [刺身] : 생선회=つくりみ   (刺 : 찌를 자, 身 : 몸 신)
      [差(し)身] : (씨름에서) 팔을 상대편 겨드랑이에 찔러 넣는 자세를 취함.
                                                               (差 : 어긋날 차)

4 언어로 확인한 참 역사

- 위 단어 "さしみ"의 뜻은 "刺身. 差(し)身"자를 정책적으로, 또는 한자의 뜻으로 해석하여 백제 말 "사시미"가 "생선회" 또는 "씨름의 한 기술"이라는 뜻으로 바뀌고 말았다.
- 위와 같은 방법으로 일본어?의 단어를 만든 결과 '刺身. 差(し)身'을 'さしみ'라고 읽는 웃지 못할 꼴이 되었다. 이런 것을 우리는 지금까지 **"명치식 읽기"** 라고 명명해 왔다.
- '刺身. 差(し)身'자가 없었다면 'さしみ'가 원래 무엇을 의미했던 백제 말인지 영영 몰랐을 것이다. 다시 말하면 일본어?의 모든 단어들은 부러진 칼로 부자관계를 확인했듯이 "백제글자"와 "이두 한자"를 함께 읽어야 원래의 백제말 어원과 그 뜻을 확실하게 알아낼 수가 있다. "백제글자(=平仮名)"만 보고 백제말의 어원을 찾으려 한다면, 실패할 가능성이 크다. 그 이유는 위에서 설명한 "つ"의 예를 보면 잘 알 수가 있다.

5 파생

   さす [刺す] : 찌르다.   (刺 : 찌를 자)
      [差す] : 비치다, 밀려오다, 꺼림칙하다.   (差 : 어긋날 차)
                              (한자의 뜻보다도 정책적으로 만든 단어의 뜻임)
※ み [身] : 몸, 신체.

["差"'자를 "さ"라고 읽고, "身"자를 "み"라고 읽는 이유가 여기에 있다]
[일본정부가 백제말을 어떻게 시해했는지, 또 어떻게 일본말?을 창조? 해내었는지 알 수 있는 매우 중요한 대목이다]

6 과거도 미래도 같은 공간

이 쯤에서 "쭈구리미"를 한 번 더 언급하지 않을 수가 없다. "さしみ"의 뜻에는 생선회를 "쭈그려 앉으면서 자르신"다는 뜻도 내재되어 있다. 이 말을 "왜"인들은 사투리

로 "쭈구리미, 자리시(ㄴ다)"라고 했다. 이 말을 다시 현대 일본인들이 주로 사용하는 "백제글자"와 "이두"로 써보면 아래와 같다.

    つくりみ, 作り身
      쭈구리미, 작리신   (이두한자의 종성을 없애면)
      쭈구리미, 자리시   (이 말을 현대인이 알기 쉽게 고치면)
      쭈그리며, 자르시 (ㄴ다)   (의 뜻이 된다.)

- 자리시다 : "자르시다"의 사투리.

7 명치이후 일본정부산하 조선어 비밀 연구원들은 이 말을 함부로 갈라서 아래와 같은 사전적 단어를 만들어 내었다. 사실은 여기서 부터가 백제말(조선말)과의 경계선이다.

    つくりみ [作り身] : 생선토막, 생선회.

8 파생(매우 중요)

    つくる [作る, 造る] : 만들다.   (作 : 지을 작, 造 : 지을 조)

- 이 단어의 어원은 여기에서 찾지 않으면 찾을 수가 없다. 다른 단어들과는 좀 다른 방법으로 만들어졌다.
- "つくる"를 일본인들이 "쓰꾸루"라고 발음하지만, 어원상으로 보면 "쭈구루"라고 발음하는 것이 옳다는 것은 이제 우리 모두가 아는 사실이 되었다.
- 모든 일본말?은 이렇게 만들어졌다.
(여러분은 지금도 '사시미'가 일본말이라고 생각하십니까? 앞으로 생선회를 '사시미', '자시미' '쭈구리미' 맛있게 드시더라도 우리가 우리말을 하는 것이니 자신만만하게 말할 수 있다고 생각합니다.)

이제 "옛 일본은 백제고을"이라는 사실을 명백히 밝혀 놓은 만큼, 글 읽는 이도 이제 확신을 가지고 "왜"는 "백제고을"이라는 사실을 세상에 널리 알리면서, 옛 일본의 모든 것을 어떻게 하면 효과적으로 찾아올 수 있을 것인가? 에 대하여 깊이깊이 생각해 봐야 할 때라고 생각합니다.

 조아시

1 연구하는 교실

일본말을 만들 때 모델이 된 말은 "아! 가위로 가 조이시(듯...)" 이다. 이 말을 왜인들은 사투리로 '아! 가위로 가 조아시' 라고 했다. 이 말을 다시 현대 일본인들이 주로 사용하는 이두한자와 백제글자로 써보면 아래와 같다.

    惡!　葭葦蘆　脚　　足あし
    악! 가위로 각　족아시　　(이두한자자의 종성을 없애면)
    아! <u>가위로</u> 가　<u>조아시</u>　　(현대어로 바꾸면)
    아! 가위로 가서 조이시(듯)　(의 뜻이 된다.)

- 가 : "가서"의 사투리.
- 조이다 : 죄다.
- 죄다 : (벌어지거나 넓어진) 사이를 좁혀 죄다.

2

초대 천황, 명치(1867년 : 고종 15년) 이후 일본정부 산하 조선어 비밀 연구원들이 위의 말을 함부로 갈라서 아래와 같은 사전적 단어를 만들었다. 사실은 여기서 부터가 조선말(백제말)과 일본 말? 의 경계선이다

    あ.し [惡し] : 나쁘다.　　(惡 : 악할 악)
    あし [葭.葦.蘆] : 갈대　(葭 : 갈대 가, 葦 : 갈대 위, 蘆 : 갈대 로)
    　　 [脚. 足] : 다리　　(脚 : 다리 각, 足 : 발 족)

3 언어로 확인한 참 역사

- 위 단어는 이두인 "葭. 葦. 蘆. 脚. 足"자를 정책적으로 뜻으로 해석하여 백제 말 "(조)아시"가 "다리, 갈대"라는 뜻으로 바뀌고 말았다.
- 위와 같은 방법으로 일본어?의 단어를 만든 결과 '葭. 葦. 蘆. 脚. 足'자를 'あし'라고 읽는 웃지 못할 꼴이 되었다. 이런 것을 우리는 지금까지 "명치식 읽기"라고 명명해 왔다.

- 다행히 <u>백제 말을 한자로 기록해 놓은</u> '葭. 葦. 蘆. 脚. 足'자가 없었다면 'あし'가 원래 무엇을 의미했던 백제 말인지 영영 몰랐을 것이다.
- 일본정부와 그 어용학자들은, 조선사람들이 "葭. 葦. 蘆. 脚. 足" 자가 조선말 이두인 줄 몰라보도록 글자사이에 점을 찍어 두거나 새로운 단어도 만들었다.
- 모든 일본말?은 이렇게 만들어졌다.

 # 아시다

1 연구하는 교실

일본말을 만들 때 모델이 된 말은 "미워, 이~ (하며) 조이셨다."이다. 이 말을 왜인은 사투리로 '미어, 이~, 조아시따.'라고 했다. 이 말을 다시 현대 일본인들이 주로 사용하는 이두한자와 백제글자로 써보면 아래와 같다.

明日	朝あした	
명일	조아시따	('명일'자의 종성을 없애면)
며이	조아시따	(이합사 "며"자를 풀어 쓰면)
미어, 이~,	**조아시따**	(현대 말로 바꾸면)
미워 ,이~, (하며)	**조이셨다.**	(의 뜻이 된다.)

- 明日(미어, 이~) : "미워, 이~"의 사투리, 이두.
- 조이다 : 죄다.
- 죄다 : (벌어지거나 넓어진) 사이를 좁혀 죄다.

2

초대 천황, 명치(1867년 : 고종 15년) 이후 일본정부 산하 조선어 비밀 연구원들이 위의 말을 함부로 갈라서 아래와 같은 사전적 단어를 만들었다. 사실은 여기서 부터가 조선 말(백제 말)과 일본 말과?의 경계선이다.

    あした [朝] : 아침
         [明日] : 내일

3 언어로 확인한 참 역사

- 위 단어는 이두인 '明日. 朝'자를 정책적으로 뜻으로 해석하여 백제 말 "(조)아시다"가 "아침, 내일"이라는 뜻으로 바뀌고 말았다.
- 위와 같은 방법으로 일본어?의 단어를 만든 결과 '明日. 朝'자를 'あした'라고 읽는 웃지 못할 꼴이 되었다. 이런 것을 우리는 지금까지 **"명치식 읽기"**라고 명명해 왔다.
- 백제 말을 한자로 기록해 놓은 '明日. 朝"자가 없었다면 'あした'가 원래 무엇을 의미

했던 백제 말인지 영영 몰랐을 것이다.
- 일본정부와 그 어용학자들은, 조선사람들이 "明日, 朝" 자가 조선말 이두인 줄 몰라 보도록 글자사이에 점을 찍어 두거나 새 단어도 만들었다.
- '朝(조)아시다'와 '足(조)아시'는 같은 뜻의 백제 말이지만 일본에서는 한자의 뜻에 따라 그 뜻이 달라져 버렸다. 이 말은 지금이라도 이 한자를 다른 한자로 바꾸면 그 단어의 뜻이 다른 뜻으로 바뀌게 된다는 뜻이다.
- 모든 일본말?은 이렇게 만들어졌다.

 조아사

1 연구하는 교실

일본말을 만들 때 모델이 된 말은, 무엇을 조이었는지는 모르나 "(온 힘을) 모아 조이시어"이다. 이 말을 왜인들은 사투리로 "마 조아사"라고 했다. 이 말을 다시 현대 일본인들이 주로 사용하는 이두한자와 백제글자로 써보면 아래와 같다.

   麻   朝あさ   (제거할 종성이 없으므로 그대로 백제 말이다)
   마,   조아<u>사</u>   (현대인이 알기 쉽게 고치면)
   <u>모아</u> 조이시어   (의 뜻이 된다.)

- 마 : '모아'의 사투리 ('모아'를 빨리 말하면 '마'가 된다.)
- ~사 : '~시어'가 줄어서 된 말.
- 麻나 朝자의 뜻에 현혹되면 안 된다.

2 초대 천황, 명치(1867년 : 고종 15년) 이후 일본정부 산하 조선어 비밀 연구원들이 위의 말을 함부로 갈라서 아래와 같은 사전적 단어를 만들었다. 사실은 여기서 부터가 조선 말(백제 말)과 일본말?의 경계선이다.

   あさ [麻] : 삼   (麻 : 삼 마)
       [朝] : 아침   (朝 : 아침 조)

3 언어로 확인한 참 역사

- 위 단어는 이두인 '麻. 朝'자를 정책적으로 뜻으로 해석하여 백제 말 "(조)아사"가 "삼, 아침"이라는 뜻으로 바뀌고 말았다.
- 위와 같은 방법으로 일본어?의 단어를 만든 결과 '麻. 朝'자를 'あさ'라고 읽는 웃지 못할 꼴이 되었다. 이런 것을 우리는 지금까지 "**명치식 읽기**"라고 명명해 왔다.
- <u>백제 말을 한자로 기록해 놓은</u> '麻. 朝'자가 없었다면 'あさ'가 원래 무엇을 의미했던 백제 말인지 영영 몰랐을 것이다.

- 일본정부와 그 어용학자들은, 조선사람들이 "麻. 朝"자가 조선말 이두인 줄 몰라보도록 각각 다른 단어를 만들어 두었다.
- 모든 일본말?은 이렇게 만들어졌다.

죠아 줘

1 연구하는 교실

일본말을 만들 때 모델이 된 말은 "싸도 (좋아), 조(아) 주(어). (그만 하고) 싸요!" 이다. 이 말을 일본인들은 사투리로 '싸도 죠-주. (그만) 싸수.'라고 했다. 자꾸 귀찮게 구니 여자가 짜증이 났던가 보다. 이 말을 현대 일본인들이 주로 사용하는 이두한자와 백제글자로 써보면 아래와 같다.

　　上図　じょう-ず.　上手.
　　상도　죠 - 주.　상수.　(이 말에서 '상'자의 종성을 없애면)
　　사도　죠 - 주.　사수.　(한자에는 "싸"자가 없으므로 "사"자로 대용)
　　싸도　조아 줘.　싸수.　(의 뜻이 된다)

- 죠다 : '죄다'의 사투리. (나사를 죄다)
- 죠 - 주 : "조아 줘"의 사투리.
- 上図(사도) : '싸도'의 이두.
- 上手(사수) : 싸수, 싸소(사투리), 이두. 한자의 뜻에 현혹되면 안 된다.

2 초대 천황, 명치(1867년 : 고종 15년) 이후 일본정부 산하 조선어 비밀연구원들이 위의 말의 띄어쓰기를 무시하고 함부로 갈라서 아래와 같은 사전적 단어를 만들어 내었다. 사실은 여기서 부터가 백제말(조선말)과 일본말?과의 경계선이다.

　　じょう-ず [上図] : 위의 그림.
　　　　　　[上手] : (무슨 일을) 잘함.

3 언어로 확인한 참 역사

- 위 단어는 이두인 '上図. 上手'자를 정책적으로 뜻으로 해석하여 백제 말 "죠 - 주"가 "위의 그림. 잘함"이라는 뜻으로 바뀌고 말았다.
- 위와 같은 방법으로 일본어?의 단어를 만든 결과 '上図. 上手'자를 'じょう-ず'라고 읽는 웃지 못할 꼴이 되었다. 이런 것을 우리는 지금까지 "**명치식 읽기**"라고 명명해

왔다.
- 백제 말을 한자로 기록해 놓은 '上図. 上手'자가 없었다면 'じょう-ず'가 원래 무엇을 의미했던 백제 말인지 영영 몰랐을 것이다.
- 일본정부와 그 어용학자들은, 조선사람들이 "上図. 上手"가 조선말 이두인 줄 몰라 보도록 각각 다른 단어를 만들어 두었다.
- 모든 일본말?은 이렇게 만들어졌다.

4 국어사전의 오류

　　　上手 : 남보다 나은 솜씨나 수.　　(** 高手, 下手)

이 단어 역시 사전에서 삭제하는 것이 옳다고 판단된다.

 足早

1 연구하는 교실

일본말을 만들 때 모델이 된 말은 "조지(다)"이다. 이 말을 왜인들은 사투리로 '조조(다)'라고 했다. 이 말을 현대 일본인들이 주로 사용하는 이두한자로 써보면 아래와 같다.

足早
족조　　('족'자의 종성을 없애면)
조조　　(이 사투리를 알기 쉽게 고치면)
조져　　(의 뜻이 된다.)

- 足早 → 조조(다) : '조지다'의 사투리. (백제 말을 한자로 기록한 것이므로 당연히 한자의 뜻과는 상관이 없다)
- 조지다 : 신세를 조지다. 일을 **조져** 놓다. 일을 망치다.

2 초대 천황, 명치(1867년 : 고종 15년) 이후 일본정부 산하 조선어 비밀 연구원들이 足早를 아래와 같이 명치식 읽기로 바꾸어 버렸다. 사실은 여기서 부터가 백제 말(조선 말)과 일본 말?의 경계선이다.

足(あし)が 早(はや)い

이 말의 뜻은,
① 음식이 빨리 상하다. ('조지다라는 우리말에서 나온 뜻이지 한자의 뜻과는 상관이 없다)
② 발이 빠르다. (한자의 뜻에서 정책적으로 만든 뜻)
③ 상품이 잘 팔리다. (이 역시 정책적으로 만든 뜻이다.)

이상 3가지 뜻으로 사용되고 있다.
백제시대에는 '조조'라는 말을 足爪(족조)라고 쓰기도 했다.

(あたま 참고)

頭	天邊	<u>足爪</u>先	
두	천변	족조선	(종성을 제거하면)
두	처벼	<u>조조</u>서	(현대인이 알수 있도록 고치면)
두(ㄹ 러)	처버리(고)	<u>조저</u>서	(의 뜻이 된다)

위 글은 현대 일본어 사전에 나오는 말이기도 하다. 물론 백제 말로 읽을 때는 종성을 제거하고 '조조'라고 읽었다. 당시에 무슨 표준어 같은 것이 없었으므로 사람에 따라서, 또는 때에 따라서 다른 한자를 사용했다. 같은 말을 다른 한자로 표현한 예는 많이 있다. (*爪 : 손톱 조)

 足出

1 연구하는 교실

(그 돈을 다른 사람에게) '주었지요'라는 말을 왜인들은 사투리로 '조찌우' 또는 '조쮸'라고 했다. 이 말을 현대 일본인들이 주로 사용하는 이두한자로 써보면 아래와 같다.

足出
족출   (이 말에서 종성을 없애면)
조추   (한자에는 '쭈'자가 없었으므로 '추'자로 대용하였다)
조쮸   (의 뜻이 된다.)

••• 足出 → 조쮸 : '주었지요'의 사투리, 이두.
(백제 말을 한자로 기록한 것이므로 당연히 한자의 뜻과는 상관이 없다.)

2 초대 천황, 명치(1867년 : 고종 15년) 이후 일본정부 산하 조선어 비밀 연구원들이 足出을 아래와 같이 명치식 읽기로 바꾸어 버렸다. 사실은 여기서 부터가 백제 말과 일본 말?의 경계선이다.

足(あし)が 出(で)る : 적자가 나다.

••• 다시 한 번 강조하여서 이런 말이 만들어진 상황을 보면 일본정부가 '조조'나 '조쮸'라는 백제 말을 足루와 足出과 같이 기록 했으므로 '음식이 빨리 상하다.' '적자가 나다.'라는 뜻을 만들어 내었고, 지금도 일본 국민이 이런 말과 뜻을 사용하고 있는 것이다.

 (오)와비

1 연구하는 교실

> 이 글은 경술 국치 100년 되는 해에 일본 총리가 구사한 말 중의 한 단어이므로 특별히 연구 게재합니다

일본말을 만들 때 모델이 된 말은 "차고 와버려"이다. 이 말을 일본인들은 사투리로 "차, 와비하"라고 했다. 이 말을 다시 현대 일본인들이 주로 사용하는 백제글자와 이두로 써보면 아래와 같다.

    侘, わび詫　(이두한자에 종성이 없으므로 그대로 백제말이다)
    차, 와비하　(이 사투리를 현대인이 알기 쉽게 고치면)
    차고 와버려　(의 뜻이 된다)

- 와비하 : "와버려"의 사투리.

2

초대 천황, 명치(1867년 : 고종 15년) 이후 일본정부 산하 조선어 비밀연구원들이 위의 말의 띄어쓰기를 무시하고 함부로 갈라서 아래와 같은 사전적 단어를 만들어 내었다. 사실은 여기서 부터가 백제말(조선말)과 일본말?과의 경계선이다.

    わび [侘(び)] : 이런저런 걱정, 수심.　(侘 : 낙망할 차)
    　　　[詫(び)] : 사죄, 사과.　　　　(詫 : 고할 하)

3 언어로 확인한 참 역사

- 위 단어는 이두인 '侘. 詫'자를 정책적으로 또는, 뜻으로 해석하여 백제 말 "와비"가 "**수심, 사죄**"라는 뜻으로 바뀌고 말았다.
- 위와 같은 방법으로 일본어?의 단어를 만든 결과 백제말 '侘(び). 詫(び)'를 'わび'라고 읽는 웃지 못할 꼴이 되었다. 이런 것을 우리는 지금까지 "**명치식 읽기**"라고 명명해 왔다.
- 다행히 <u>백제 말을 한자로 기록해 놓은</u> '侘. 詫'자가 없었다면 'わび'가 원래 무엇을

의미했던 백제 말인지 영영 몰랐을 것이다.
- 한편, '侘. 詫'자 옆에 있는 'び'는 "わび"와 균형을 맞추기 위하여 일본정부와 어용학자들이 만들어 넣은 字이다.
- 파생

    おわび [御 詫(び)] : わび의 높임말. 사죄의 말.

- 모든 일본말?은 이렇게 만들어졌다.

 # 혀가 다찌

1 연구하는 교실

혀가 입 안, 어디엔가 꽂혀 있는 가시에 닿는 것인지, 아니면 무엇에 닿는 것인지는 몰라도, '혀가 닿지?'라고 묻고 있다. 이 말을 현대 일본인들이 사용하고 있는 한자와 백제글자로 써보면 아래와 같다.

　形<u>か</u> たち
　형가 다찌　(이두한자의 종성을 없애면)
　혀<u>가</u> 다찌　(이 사투리를 알기 쉽게 고치면)
　혀가 닿지　(의 뜻이 된다)

2 초대 천황, 명치(1867년 : 고종 15년) 이후 일본정부 산하 조선어 비밀연구원들이 위의 말의 띄어쓰기를 무시하고 함부로 갈라서 아래와 같은 사전적 단어를 만들어 내었다. 사실은 여기서 부터가 백제말(조선말)과 일본말?과의 경계선이다.

　かたち [形] : ①모양 ②모습 ③태도　　(※ 形 : 형상 형, 모양 형)

3 언어로 확인한 참 역사

- 위 단어는 이두인 '形'자를 정책적으로 뜻으로 해석하여 백제 말 "(혀)가 다찌"가 "모양, 태도"라는 뜻이 되었다.
- 위와 같은 방법으로 일본어?의 단어를 만든 결과 '形'자를 'かたち'라고 읽는 웃지 못할 꼴이 되었다. 이런 것을 우리는 지금까지 "명치식 읽기"라고 명명해 왔다.
- 다행히 <u>백제 말을 한자로 기록해 놓은</u> '形'자가 없었다면 'かたち'가 원래 무엇을 의미 했던 백제 말인지 영영 몰랐을 것이다.
- 이렇게 만든 이 단어는 일본어?라는 것을 만든 방법 중 가장 악랄한 방법 중의 하나이다.
- 모든 일본말?은 이렇게 만들어졌다.

 "다께"와 "당께"는 같은 뜻임을 입증하는 또 다른 예

1 연구하는 교실

일본말을 만들 때 모델이 된 말은 "새것이당께 → 새거당께"이다. 이 말을 일본인들은 더 심한 사투리로 "새구다께"라고 했다. 일본어에는 "거"발음이 없는 관계로 부득이 "구(く)"자로 표현했다. 이 말을 다시 현대 일본인들이 주로 사용하는 "백제 글자"와 "이두"로 써보면 아래와 같다.

    碎くだけ　　　(이두한자에 제거할 종성이 없으므로 그대로 백제말이다)
    쇄구다께　　　(이 사투리를 현대인이 알기 쉽게 고치면)
    새거당께
    새거라니까　　(의 뜻이 된다)

- 일본어?로는 "쇄"나 "새" 등은 발음을 다르게 기록할 수가 없다.
- 위 예를 보면 "たけ"를 "だけ"로 기록하기도 했다는 것을 알 수 있다.
- ~당께(로) : "~라니까"의 사투리.

2

초대 천황, 명치(1867년 : 고종 15년) 이후 일본정부 산하 조선어 비밀연구원들이 위의 말의 띄어쓰기를 무시하고 함부로 갈라서 아래와 같은 사전적 단어를 만들어 내었다. 사실은 여기서 부터가 백제말(조선말)과 일본말?과의 경계선이다.

    くだける [碎ける] : ①부서지다. ②좌절되다.　　(碎 : 부술 쇄)

3 언어로 확인한 참 역사

- 위 단어는 이두인 '碎'자를 정책적으로 뜻으로 해석하여 백제 말 '(새)구다께(루)'가 "부서지다"라는 뜻으로 바뀌고 말았다.
- 碎자 옆의 "ける"는 "くだける"와 균형을 맞추기 위하여 일본정부와 어용학자들이 써넣은 글자이다.
- 위와 같은 방법으로 일본어?의 단어를 만든 결과 '碎ける'를 'くだける'라고 읽는 웃지

못할 꼴이 되었다. 이런 것을 우리는 지금까지 **"명치식 읽기"**라고 명명해 왔다.

- '碎'자가 없었다면 'くだける'가 원래 무엇을 의미했던 백제 말인지 영영 몰랐을 것이다.
- 모든 일본말?은 이렇게 만들어졌다. "다께시마"의 "다께"는 한국말이다. 이 말 자체가 **독도는 한국땅**이라는 것을 입증하고 있다.

 째마 쓰리

1 연구하는 교실

'째면 쓰리(어)' 이 말을 일본인들은 사투리로 '째마 쓰리'라고 했다. 이 말을 현대 일본인들이 주로 사용하는 백제글자와 이두로 써보면 아래와 같다.

<u>祭ま</u> つリ　　　(이두한자에 종성이 없으므로 그대로 백제말이다)
<u>제마</u> 쓰리　　　(한자에는 "째"자가 없으므로 "제"자로 대용)
째마 쓰리　　　(이 사투리를 현대인이 알 수 있게 고치면)
째면 쓰리(어)　　(의 뜻이 된다.)

∞ 제마(祭ま) → 째마 : '째면'의 사투리. 이두.

2 초대 천황, 명치(1867년 : 고종 15년) 이후 일본정부 산하 조선어 비밀 연구원들이 위 말의 띄어쓰기를 무시하며 함부로 갈라서 아래와 같은 사전적 단어를 만들어 내었다. 사실은 여기서 부터가 백제 말(조선 말)과 일본 말?과의 경계선이다.

まつり [祭(り)] : ①제사 ②축제　　(祭 : 제사 제)

3 언어로 확인한 참 역사

∞ 위 단어는 이두인 '祭'자를 정책적으로 뜻으로 해석하여 백제 말 "<u>(째)마 쓰리</u>"가 "<u>축제</u>" 등의 뜻으로 바뀌어버렸다.
∞ 위와 같은 방법으로 일본어?의 단어를 만든 결과 '祭(り)'자를 'まつり'라고 읽는 웃지 못할 꼴이 되었다. 이런 것을 우리는 지금까지 "명치식 읽기"라고 명명해 왔다.
∞ 다행히 <u>백제 말을 한자로 기록해 놓은</u> '祭'자가 없었다면 'まつり'가 원래 무엇을 의미 했던 백제 말인지 영영 몰랐을 것이다.
∞ 그리고 이 단어도 띄어쓰기를 무시하며 함부로 갈라서 가장 악랄하게 만든 일본어? 단어 중의 하나이다.
∞ 모든 일본말?은 이렇게 만들어졌다. 이렇게 왜인들은 일상생활에서 백제말을 사용하 였다. 그래서 <u>왜인들은 백제왕의 신민</u>이었고, 왜는 <u>백제고을</u>이었다고 천명할 수 있 는 것이다.

역사의 열쇠

1. **연구하는 교실**

    지금까지 일본서기, 寢嶺峰音哭 등 많은 예로서 이를 입증해 왔듯이 지금 새로 발표되고 있는 이두는 양주동박사의 이두와는 다르고 또 쉽다. 양주동박사의 이두로는 일본어? 사전에 나오는 한자를 우리말로 해독할 수 없다. 더더구나 일본서기의 경우는 한 쪽도 해독할 수 없다. 각자 해독 해 봐도 자명해질 것이다. 뿐만 아니라 학교 다닐 때, 양주동 이두에서 A 학점을 받은 이라도, 아니, 강의를 맡았던 교수라도, 이두로 편지 한 장 쓸 수 없다는 사실을 스스로 알고 있을 것이다. 그래서 지금까지 <u>일본어사전에 나오는 한자들이 백제말의 이두라는 사실도 알 수 없었고, 일본서기를 백제말로 해독해 낸 사람이 한 사람도 있을 수 없게 된 것이다.</u> 일본서기에 있는 문장들이 사실은 백제말의 이두라는 비밀이 있었기 때문에 일제는 일본서기의 연구를 철저히 금했었다.

2. 또 한 가지 놓칠 수 없는 중요한 사실은 <u>과거에 양주동박사와 그 제자들이 해석한 우리나라의 모든 이두문장들도 재해석 되어야 한다,</u> 는 것이다. 새 이두로 해석한 연구 자료들을 차츰 발표할 계획이다.

3. 지금까지 연구해 온 자료들을 보면 알 수 있듯이 일본어?는 우리말의 무진장한 보고이다. 그러나 일본서기, 고사기, 만엽집, 현대 일본어 사전, 源氏 物語 등을 비롯한 수많은 중세 문학서들을 분석해 내자면 글쓴이 혼자로서는 불가능 하다고 본다. 국어 학계는 눈을 크게 뜨고 이 일에 동참해 주기를 청한다. 이 일이 어찌 국어학계에만 국한된 일이랴! 역사를 바꾸는 일이니 역사학계도 함께 나서야 할 것이다. 아니 국가적 중대사로 삼아서 <u>일본연구에 온 힘을 기우려 나가야 할 것이다.</u> 글쓴이는 길을 열었을 뿐이다.

# 포르투갈 인들은 여인에 鹿兒 가고

1543년 [중종(1506~1544), 임진왜란(1592~1598)] 포르투갈 인들이 種子島에 표류하여 이 섬사람들에게 비친 모습은 이렇다.

種子島
1 연구하는 교실

이상하게 생긴 사람들이 해변에 와 있더라, 라는 소문이 퍼지자 섬사람들이 한 사람 두 사람 모여들기 시작했다. 그래도 그들은 섬사람들을 전혀 개의치 않고 시뻘건 <u>x을 다 내어 가지고</u> 오줌을 깔기는가 하면, 위협을 하기 위해서인지 가끔 鳥銃을 쏘기도 하며 먹을 것을 달라는 시늉을 했다. 鳥銃의 위력이 엄청나다는 것을 알게 된 섬사람들은 먹을 것을 주면서 그 총을 한 자루 달라고 해봤다. 어림도 없었다. 여기에서 꼭 밝혀 두어야 할 일은 "x, 다 내어 가지고" 이 말을 당시 일본인들은 사투리로 "x, 다 내, 가"라고 했다. 이 말을 다시 현대 일본인들이 주로 사용하는 이두한자와 백제글자로 써보면 아래와 같다.

    種子 た ね, が
    종자 다 내, 가   (이두인 種子의 종성을 없애면)
    <u>조</u>자 다 내, 가   ('x'이라고 한자로 종성 'ㅈ'발음을 표기할 수가 없어서 '조자'라고 썼다.)
    <u>x</u>, 다 내, 가   (현대인이 알기 쉽게 고치면)
    <u>x</u>, 다 내어 가지고 (의 뜻이 된다.)

··· 내 가 : '내어 가지고'의 사투리.

2 초대 천황, 명치(1867년 : 고종 15년) 이후 일본정부 산하 조선어 비밀 연구원들이 위의 말에서 함부로 머리를 떼어내어 아래와 같은 사전적 단어를 만들어 내었다. 사실은 여기서 부터가 백제 말(조선 말)과 일본 말?의 경계선이다.

    たねが [種子] : 種子島, 즉 'x 섬'의 이두 식 이름.

- 이 결과 種子(종자), 즉 'x'을 たねが(다내가)라고 읽는 웃지 못할 꼴이 되었다. 또한 種子를 たね(다내)라고 읽는 어원이 되기도 했다.

鹿兒 가고

1 연구하는 교실

그래서 상부의 지시에 따라 포르트갈 인들을 種子島의 북쪽에 있는 かごしま로 옮겨 여인공세를 펴기 시작했다. 마침내 포르트갈 인들은 여인들에게 완전히 녹아나, 조총을 내어주고 떠나가게 된다. 이 조그만? 사건이 50년 후 세상 물정 모르고 잠만 자던 조선에 엄청난 재앙을 몰고 올 줄 누가 알았으랴! 포르트갈 인들은 여인공세에 "녹아(서) 가고,..." 이 '녹아 가고'라는 말을 현대 일본인들이 주로 사용하는 이두한자와 백제글자로 써보 면 아래와 같다.

    鹿兒 かご
    록아 가고   (이두인 "록"자의 종성을 없애면)
    노가 가고   (이 말을 현대인이 알기 쉽게 고쳐 쓰면)
    녹아 가고   (의 뜻이 된다.)

- 일본인들도 명치 이전까지는 조선말을 그대로 사용했다,는 것을 알 수 있다.

2 초대 천황, 명치 이후 일본정부 산하 조선어 비밀 연구원들이 위의 말에서 함부로 머리를 떼어내어 아래와 같은 사전적 단어를 만들어 내었다. 사실은 여기서 부터가 백제 말(조선 말)과 일 본 말의 경계선이다.

    かご [鹿兒] : '가고(시마)' 섬 이름.

3 언어로 확인한 참 역사

- 위 단어는 이두인 '鹿兒(녹아)'를 정책적으로 섬 이름으로 만들었다.
- 위와 같은 방법으로 일본어?의 단어를 만든 결과 '鹿兒'자를 'かご'라고 읽는 웃지 못할 꼴이 되었다. 이런 것을 우리는 지금까지 "명치식 읽기"라고 명명해 왔다.

- 또한, 백제 말을 한자로 기록해 놓은 '鹿兒'자가 없었다면 'かご'가 원래 무엇을 의미했던 백제 말인지 영영 몰랐을 것이다.
- 아직도 믿지 못하지 않을까, 염려되어 '녹아 가고' 라는 말이 말해지고 기록 된 년도(1543년)를 또 다시 밝혀 둔다.
- 그러므로 풍신수길이도 국정을 논하거나 일상생활에서 언제나 조선말을 사용했다, 는 것을 알 수 있다. (이 외에도 많은 증거가 있다.)
- 또, 한편으로 기다란 총이 포르트갈 인들의 x과 닮았기 때문에 화승총을 'x총' 즉 '鳥 銃'이라고 썼다. (물론 여기서도 한자를 써다보니 'ㅈ'발음을 표기하지 못했다.)
- 이 총이 마침 織田信長의 손에 들어가면서 다른 세력들을 쉽게 제압하고 일본 통일의 기틀을 삼게 된다. 그러나 그의 가신 明智光秀의 습격을 받아 本能寺에서 불에 뛰어들어 자살하고 말았으니... 이 덕분으로 풍신수길이 얼떨결에 일본의 수장이 되었다. (이 때 일본에 천황 같은 것은 없었다. 명치가 초대 천황이다.)

마침내 풍신수길은 일본을 통일하게 되고 이 경험을 토대로, 하늘같았던 조선을 침략하게 된다. 조총만 있으면 안 될 것이 없다고 굳게 믿고 있었기 때문이다. 이 조선 침략 경험이 후일 청일전쟁, 러일전쟁, 미일전쟁도 겁없이 감행하게 된 계기가 되었다.

 "울어"와 삼별초 ①

울어

1 연구하는 교실

이말에 관련하여 일본에서 일본말이 만들어진 경로는 2가지가 있다. 하나는 명치정부가 백제말을 말소하는 차원에서 만들어졌고 다른 하나는 삼별초군과 연관되어 만들어졌다. 우선 일본정부가 만들어 낸 말부터 살펴보고자 한다. 일본말을 만들 때 모델이 된 말은 "(하던 동작을) 쉬면 울어버려"이다. 이 말을 일본인들은 사투리로 "시마 우라뽀리"라고 했다. 이 말을 현대 일본인들이 주로 사용하는 "백제글자"와 "이두"로 써보면 아래와 같다.

　　心末　うら浦裏
　　심말 우라포리　　　(이두한자의 종성을 없애면)
　　시마 우라포리　　　(한자에는 "뽀"자가 없으므로 "포"자로 대용)
　　시마 우라뽀리　　　(이 사투리를 현대인이 알기 쉽게 고치면)
　　쉬면 울어버려　　　(의 뜻이 된다)

- 시마(心末) : "쉬면"의 사투리, 이두.
- 우라 : "울어"의 사투리.
- ~뽀리(浦裏) : "~버려"의 사투리, 이두.

2 초대 천황, 명치(1867년 : 고종 15년) 이후 일본정부 산하 조선어 비밀연구원들이 위의 말의 띄어쓰기를 무시하고 함부로 갈라서 아래와 같은 사전적 단어를 만들어 내었다. 사실은 여기서 부터가 백제말(조선말)과 일본말?과의 경계선이다.

　　うら [心] : 어쩐지, 어딘지.
　　　　[末] : 끝, 가장자리.　　　(末 : 끝 말)
　　　　[浦] : 포구, 해변.　　　　(浦 : 물가 포)
　　　　[裏] : 뒤쪽.　　　　　　　(裏 : 속 리)

3 언어로 확인한 참 역사

- 위 단어는 이두인 '心. 末. 浦. 裏'자를 정책적으로 뜻으로 해석하여 백제 말 "우라"가 "포구, 뒤쪽" 등의 뜻으로 바뀌었다.
- 위와 같은 방법으로 일본어?의 단어를 만든 결과 '心. 末. 浦. 裏'자를 'うら'라고 읽는 웃지 못할 꼴이 되었다. 이런 것을 우리는 지금까지 "**명치식 읽기**"라고 명명해 왔다.
- 다행히 <u>백제 말을 한자로 기록해 놓은</u> '心. 末. 浦. 裏'자가 없었다면 'うら'가 원래 무엇을 의미했던 백제 말인지 영영 몰랐을 것이다.
- 모든 일본말?은 이렇게 만들어졌다.

 # "올아소에"와 삼별초 ②

1 연구하는 교실

일본말을 만들 때 모델이 된 말은 "(~을) 쳐버렸<u>어요</u>"이다. 이 말을 일본인들은 사투리로 "쳐부<u>쓰에</u>"라고 했다. 이 말을 현대 일본인들이 주로 사용하는 "백제 글자"와 "이두"로 써보면 아래와 같다.

　　添副そえ
　　첨부소에.　　(이두한자의 종성을 없애면)
　　처부소에.　　(이 일본지방 사투리를 알기 쉽게 고치면)
　　쳐부스에.
　　쳐부쓰에.
　　쳐버렸으에.
　　쳐버렸어에.　　(의 뜻이 된다)

⋙ 소에(そえ) : "~쓰에"를 백제글자로 표기한 한 방법.

3 초대 천황, 명치(1867년 : 고종 15년) 이후 일본정부 산하 조선어 비밀연구원들이 위의 말의 띄어쓰기를 무시하고 함부로 갈라서 아래와 같은 사전적 단어를 만들어 내었다. 사실은 여기서 부터가 백제말(조선말)과 일본말?과의 경계선이다.

　　そえ [添え. 副え] : 곁들임, 첨부, 첨가.　　(添 : 더할 첨, 副 : 버금 부)

3 언어로 확인한 참 역사

⋙ 위 단어는 이두인 '添. 副'자를 정책적으로 뜻으로 해석하여 백제 말 "~소에"가 "**첨부**"라는 뜻이 되었다

⋙ 위와 같은 방법으로 일본어?의 단어를 만든 결과(添え. 副え)자를 'そえ'라고 읽는 웃지 못할 꼴이 되었다. 이런 것을 우리는 지금까지 "**명치식 읽기**"라고 명명해 왔다.

⋙ '添. 副'자가 없었다면 'そえ'가 원래 무엇을 의미했던 백제말인지 영영 몰랐을 것이다.

⋙ "添. 副"자 옆에 있는 "え"자는 "そえ"와 균형을 맞추기 위하여 일본정부의 어용학자

들이 만들어 넣은 글자이다.
- 조선(한국)사람들이 이두인줄 알아보지 못하도록(添, 副)처럼 가운데 점을 찍어두었다. 이 결과 일본어 사전에 있는 모든 한자들이 한국말의 "이두"라는 사실을 밝혀내는데 명치(1867년 : 고종 1852년) 이후 140여년이나 걸렸다.
- 이 사실을 좀 더 일찍 알았더라면 "일본서기"가 일본의 역사책이 아니라, "이두"로 쓰이어진 "백제의 고전"이라는 사실을 더 일찍 알게 되었을 것이고, 그랬더라면 한, 일간의 최근 역사는 사뭇 달라졌을 것이다.

4 앞에서도 언급이 있었지만 이 대목에서 꼭 밝혀두고 넘어가야할 역사의 편린이 있다. 오끼나와에는 "우라소에"시도 있고 "우라소에" 성도 있다. 이 말의 어원은 앞에서 설명했던 うらな そえ와 다르게 "**북받쳐서 울었어요!**"에서 나왔다. 이 말을 지금의 일본인들은 사투리로 "<u>**뽀쳐 우라소에**</u>"라고 했다. 아래의 동아일보 기사를 참고하면 어원을 이해하는데 도움이 되리라 본다.

(*** 이하 동아일보 2009, 12, 29(화) 기사및 요약)

「1231년 몽골군이 고려를 침략했다. 강화도로 천도하면서 까지 40년간 항전한 고려 왕조는 1270년 원나라와 굴욕적인 강화를 맺고 개경으로 환도했다. 그러곤 삼별초에 해산 명령을 내렸다. 삼별초는 1219년 무신정권 최충헌의 아들인 최우가 설치한 특수부대로 좌별초, 우별초, 신의군을 일컫는다. "왕은 우리를 배신했어. 해산이라니. 더는 왕실을 따를 수 없다." 장군 배중손을 중심으로 한 삼별초는 왕족인 "승화후 온"을 왕으로 추대하고 反 개경정부의 깃발을 올렸다.」 (중략)

이후 삼별초는 몽골군에 밀려 강화도에서 진도, 제주를 거쳐 오키나와까지 가게 된다. 1994년 우라소에 시와 우라소에 성(13~14세기 축조)과 우라소에 요도레(성의 암벽을 파서 만든 왕실의 무덤)에서 '癸酉年高麗瓦匠造'라고 새겨진 암키와가 발견되었는데 '계유년에 고려기와 장인이 만들었다'는 뜻이다. 또 13, 14세기 연꽃무늬 수막새도 출토됐다. 이 수막새는 진도 용장산성에서 출토된 13세기 수막새의 제작기법이나 형태가 동일했다. 용장산성 기와는 삼별초가 만든 것이다. 탄소연대 측정결과도 계유년은 1273년일 가능성이 크다고 한다. 安里進 오키나와 현립대 교수는 "이들 기와는 삼별초를 중심으로 한 고려인들이 오키나와 류큐(琉球)왕국(15~19세기) 건국과정에서 중요한 역할을 했음을 보여주는 중요한 자료"라고 평가했다. 이쯤에서 고려인들이 "북받쳐서 울은" 이유를 살펴보면 이들이 류큐(琉球) 왕국을 세운 주인공들이라는 사실을 확인할 수 있다.

① 뜻을 이루지 못하고 오끼나와까지 쫓겨 와서 琉球國을 세우자니 그 분을 삭이기 어려웠을 것이다.

② 이처럼 琉球(유구)國을 세운 후 1879년(메이지 12년- 고종 16년) 오끼나와로 개명되면서 일본국에 편입되자 그 분을 삭이지 못하여 울었을 것이다.

등 여러 가지 이유가 있을 수 있다. 그 진정한 이유를 밝히는 일은 후학들에게 미룬다.

4-1. 위의 "뽀쳐 우라소에"를 백제글자와 이두로 써보면 아래와 같다.

　　浦添 うらそえ
　　포첨 우라소에　　(이두한자의 종성을 없애면)
　　포처 우라소에　　(한자에는 "뽀"자가 없으므로 "포"자로 대용)
　　뽀처 우라소에　　(이 사투리를 현대인이 알기 쉽게 고치면)
　(북)받쳐 울어쓰에
　　받쳐 울었어에　　(의 뜻이 된다)

※ 뽀치다 : "북받치다"의 일본지방 사투리.
※ 북받치다 : 어떤 감정이 치밀어 오르다. (설움이 북받치다.)

4-2. 초대 천황, 명치(1867년 : 고종 15년) 이후 일본정부 산하 조선어 비밀연구원들이 위의 말을 함부로 갈라서 아래와 같은 市名, 城名을 만들어 내었다. 사실은 여기서부터가 백제말(조선말)과 일본말?과의 경계선이다.

　　うらそえ [浦添] : 市名, 城名

성덕태자가 신라 간첩 "가마다(迦摩多)"를 잡았다고?

일본정부의 이런 주장이 사실인지 일본서기에서 확인해 보지 않을 수 없다.

1 원문과 음역(성은구님 역주 일본서기 338쪽 참고)

秋九月 辛巳朔戊　　(추구월 신사삭무)
子新羅之　　　　　(자신라지)
間諜者 迦摩多　　　(간첩자 가마다)
到= 對馬-　　　　　(도이 대마일)
則捕以貢　　　　　(칙포이공)
之流=上野-　　　　(지류이상야일)

2 위 이두의 종성을 제거하면

추구워 시사사무
자시라지
가처자 가마다
도이 대마, 이~.
치포이고
지류이사야, 이~.

3 현대인이 알기 쉽게 고치면

추구워 씨사싸무
자시라지
가처자, 가마다
동이 대마, 이~.
치뽀이고
지뤄싸야, 이~.

4 현대인이 알 수 있게 고치면

취고 싶어 씻어 쌓면
자시라지

갇히자, 감아다(가)
동이(어) 대면, 이~.

처버리고
질러쌓야, 이~.

5 언어로 확인한 참 역사
- 추다 : 치밀어 올리다.
- 추구워 : '취고 싶어'의 사투리. : 치밀어 올리고 싶어.
- 씨사싸무 : '씻어쌓면'의 사투리.
- ~쌓다 : 앞 말이 뜻하는 행동을 반복 하거나 그 행동의 정도가 심함을 나타 냄. (웃어 쌓다.)
  한자에는 'ㅆ'자가 없으므로 "사(朔)"자로 대용하고 있음.
- 子新羅之(자시라지) : 여기에서 新羅는 물론, 국명을 의미하지 않고 있다.
- 자시다 : '먹다'의 존경어.
- 가쳐자 : '갇히자'의 사투리.
- **가마다**(迦摩多) : '감아다' → '감어다'를 의미. **결코 사람 이름이 아니다.**
- ~다 → '~다가' : 수단, 방법의 뜻을 나타낸다. [(떡을) **사다**(가) 팔애]
- 도이다 : '동이다'의 사투리.
- 동이다 : 떨어지지 않도록 한데 묶다.
- 대마 : '대면'의 사투리. 여기에서는 절대로 섬 이름을 의미하고 있지 않다.
- 치포이다 → 치뽀이다 : '처버리다'의 사투리.
- 지류이사야 → 지뤄싸야 : '질러쌓야'의 사투리.
  역시 한자에는 'ㅆ'자가 없으므로 上자로 대용하고 있음
- 지뤄다 : '지르다'의 사투리.

- 지르다 : 막대기 따위를 내뻗치어 꽂아넣다.
- 上野(샤야) → 싸야 : '쌓야'의 이두.
  여기에서 '上野'는 지명이 아니다. 그러나 일본정부는 일본서기 등에서 문장 해석상 어려움이 있으면 지명으로 만들어 버렸다.

6 일본정부의 해석

秋九月의 辛巳 朔 戊子(8일)에 신라의 간첩 迦摩多가 對馬에 도착하였으므로 잡아서 바쳤다. 그래서 迦摩多를 上野에 유배하였다.

7 꿈에라도 신라를 공격해 보고, 깔아 뭉개어 보고싶어 이런 공상을 했다.

성덕태자는 실존한 적이 없다. 또 한 위에서 보듯이 '가마다'는 사람이름이 아니다. 따라서 허깨비 3류 소설의 주인공이 허깨비 간첩 '감아다'를 잡았다는 것을 의미한다. 그러나 영국이나 미국 등 제3국인이 이런 내용의 번역물을 읽는다면, '무라다'처럼 일본인과 비슷한 이름을 가진 '가마다'라는 간첩이 잡힌 것으로 보아, 고대부터 한국인은 결국 일본인의 한 족속이구나 하고 오인을 하도록 복선을 깔아 두었다. 또 한가지, '간첩'이라는 단어를 사용한 것을 보면 이 글을 쓰는데 간여한 사람은 전력이, 일제 때 고등계 형사 출신이 아닌가 생각되기도 한다.

 # 피어 났을까

1 연구하는 교실

일본말을 만들 때 모델이 된 백제말은 "(지금쯤 백제 본국에도 개나리, 진달래) 피어 났을까? (아! 가고 싶다.) 하시어, 이~"이다. 이 말을 '왜'인들은 사투리로 "(개나리, 진달래) 푀 나쓰까? 시, 이~"라고 했다. 다시 이 말을 현대 일본인들이 주로 사용하는 이두한자와 백제글자로 써보면 아래와 같다.

懷　なつか，　しい~．（종성이 없으므로 그대로 백제 말이다.）
회　나쓰까，　시 이~．（한자에는 "푀"자가 없으므로 "회"자로 대용）
푀　나쓰까，　시 이~．（이 말을 알기 쉽게 바꾸면）
피어 났을까, 시어, 이~　（의 뜻이 된다.）

- 푀(懷)나다 : '피어나다'의 사투리, 이두.
- 나쓰까 : '났을까'의 사투리.
- ~시 : 현대어에서는 '시어'를 의미.
- 이~ : 이야기의 흥을 돋우거나 동의를 청하는 도움말. ('그래! 그자!'와 유사한 말)

2

초대 천황, 명치(1867년 : 고종 15년) 이후 일본정부 산하 조선어 비밀연구원들이 위의 말을 두 부분으로 갈라서 아래와 같은 사전적 단어를 만들어내었다. 사실은 여기서 부터가 백제 말(조선 말)과 일본 말의 경계선이다.

なつかしい [懷かしい] : 그립다.　　（懷 : 품을 회）

3 언어로 확인한 참 역사

- 위 단어는 이두인 '懷'자를 정책적으로 뜻으로 해석하여 백제 말 "(피어) 나쓰까? 시, 이~"가 "그립다"라는 뜻으로 바뀌고 말았다. 그러나 "(피어) 나쓰까? 시, 이~" 이 말에 그립다,라는 뜻이 내재 되어 있기도 하다.
- 위와 같은 방법으로 일본어?의 단어를 만든 결과 '懷'자를 'なつ'라고 읽는 웃지 못할

꼴이 되었다. 이런 것을 우리는 지금까지 "명치식 읽기"라고 명명해 왔다.
* **백제 말을 한자로 기록해 놓은** '懷'자가 없었다면 'なつかしい'가 원래 무엇을 의미했던 백제 말인지 영영 몰랐을 것이다.
* 비록 동강난 말이지만 멀리 떨어져 있는 '왜'에서 그리운 본 고향, 백제에 돌아가고 싶어하는 그리움이 녹아있는 백제말이다.
* 이처럼 단어의 뜻이 크게 훼손되지 않고 백제말 뜻이 그대로 남아있는 단어도 꽤 있다.
* 모든 일본말?은 이렇게 만들어졌다.

 수루매

1 연구하는 교실

　　일본말을 만들 때 모델이 된 말은 "이어 스루매 (안달이 났다)"이다. 이 말을 다시 현대 일본인들이 주로 사용하는 "백제 글자"와 "이두"로 써보면 아래와 같다.

　　鯣　　するめ
　　역　　수루매　　(이두인 '역'자의 종성을 없애면)
　　여　　수루매　　(이 사투리를 현대인이 알 수 있게 고치면)
　　이어 스루매　　(의 뜻이 된다)

- 스루다 : 마음이나 속을 태우다.
- ~매 : 앞말이 뒷말의 이유나 전제가 됨을 나타내는 종속적 연결어미. (눈 감으면 보인다 하매…)

2 초대 천황, 명치(1867년 : 고종 15년) 이후 일본정부 산하 조선어 비밀연구원들이 위의 말의 띄어쓰기를 무시하고 함부로 갈라서 아래와 같은 사전적 단어를 만들어 내었다. 사실은 여기서 부터가 백제말(조선말)과 일본말?과의 경계선이다.

　　するめ [鯣] : 마른 오징어　　(鯣 : 역리 역)

3 언어로 확인한 참 역사

- 위와 같은 방법으로 일본어?의 단어를 만든 결과 '鯣'자를 'するめ'라고 읽는 웃지 못할 꼴이 되었다.
- '鯣'자가 없었다면 'するめ'가 원래 무엇을 의미했던 백제말인지 영영 몰랐을 것이다.
- 모든 일본말?은 이렇게 만들어졌다.

켜켜이 묻혔던 과거를 알았으니, 후예들은 한국과 일본 문제를 어떻게 처리할까?

 # 사 왔다, 고 시어

1 연구하는 교실

일본말을 만들 때 모델이 된 말은 "(연지 연지 하길래 오늘) 사 왔다, 고 (말씀하)시어"이다. 이 말을 일본인들은 사투리로 "사 와따, 구 시(어)"라고 했다. 이 말을 다시 현대 일본인들이 주로 사용하는 이두한자와 백제글자로 써보면 아래와 같다.

    私 わた, く し   (제거할 종성이 없으므로 그대로 백제 말이 된다)
    사 와따, 구 시   (현대인이 알 수 있게 풀어 쓰면)
    사 왔다, 고 (하)시어   (의 뜻이 된다.)

- 사 : '사서' 또는 '사 가지고'의 의미.
- 와따, 구 : '왔다, 고'의 일본지방 사투리.
- 시 : '(말씀하)시어'의 줄인 말.

2

초대 천황, 명치(1867년 : 고종 15년) 이후 일본정부 산하 조선어 비밀 연구원들이 위의 말을 함부로 갈라서 아래와 같은 사전적 단어를 만들었다. 사실은 여기서 부터가 조선 말(백제 말)과 일본 말?의 경계선이다.

    わたくし [私 : 나   (私 : 사사로이 할 사)

3 언어로 확인한 참 역사

- 위 단어는 이두인 '私'자를 정책적으로 해석하여 백제 말 "(사)와따구시"가 "나"라는 뜻으로 바뀌고 말았다.
- 위와 같은 방법으로 일본어?의 단어를 만든 결과 '私'자를 'わたくし'라고 읽는 웃지 못할 꼴이 되었다. 이런 것을 우리는 지금까지 "**명치식 읽기**"라고 명명해 왔다.
- '私'자가 없었다면 'わたくし'가 원래 무엇을 의미했던 백제 말인지 영영 몰랐을 것이다. 실지로 지금까지 그 사실을 알아낸 어떤 학자도 없었다.
- 그런데 백제글자로 쓰인 'わたくし'만 보고 '바닥치'의 의미라고 주장한 학자분이 계셨

는데 (이 학자가 누구인지 국어학계 뿐만 아니라 거의 모든 지식인들이 다 알고 있는 사실이다), 이런 해석은 아주 잘못된 견해이다. 앞으로 이런 식으로 일본어의 어원을 캐내는 일은 없어야겠다.

••• 모든 일본말?은 이렇게 만들어졌다.

 # 싸시부리

1 연구하는 교실

일본말을 만들 때 모델이 된 말은 무엇을 쌋는지 몰라도 "싸시어버려"이다. 이 말을 일본인들은 "싸시부리"라고 했다. 이 말을 다시 현대 일본인들이 주로 사용하는 "백제 글자"와 "이두"로 써보면 아래와 같다.

   澁しぶり
   삽시부리   (이두인 '삽'자의 종성을 제거하면)
   사시부리   (한자에는 "싸"자가 없으므로 "사"자로 대용)
   싸시어버려   (의 뜻이 된다)

2

초대 천황, 명치(1867년 : 고종 15년) 이후 일본정부 산하 조선어 비밀연구원들이 위의 말의 띄어쓰기를 무시하고 함부로 갈라서 아래와 같은 사전적 단어를 만들어 내었다. 사실은 여기서 부터가 백제말(조선말)과 일본말?과의 경계선이다.

   しぶり [澁り] : 술술 나가지 않음.   (澁 : 껄꺼러울 삽)

3 언어로 확인한 참 역사

- 위 단어는 이두인 '澁'자를 정책적으로 뜻으로 해석하여 백제말 "(사)시부리"가 "**술술 나가지 않음**"이라는 뜻으로 바뀌었다. 물론 모델이 된 백제말에도 "술술 나가지 않음"이라는 뜻이 내재되어 있다.
- 위와 같은 방법으로 일본어?의 단어를 만든 결과 '澁り'를 'しぶり'라고 읽는 웃지 못할 꼴이 되었다. 이런 것을 우리는 지금까지 "**명치식 읽기**"라고 명명해 왔다.
- '澁'자가 없었다면 'しぶり'가 원래 무엇을 의미했던 백제 말인지 영영 몰랐을 것이다.
- 모든 일본말?은 이렇게 만들어졌다.

 ## 저아까

1 연구하는 교실

일본말을 만들 때 모델이 된 말은 "동이어 가지고 구을까? 저을까?"이다. 이 말을 일본인들은 사투리로 "도아가 구까? 저아까?"라고 했다. 이 말을 "백제글자"와 "이두"로 써보면 아래와 같다.

    銅閼伽 垢淦　赤あか? い~.
    동알가 구감　 적아까? 이~.   (이두한자의 종성을 없애면)
    도아가 **구가**　 저아까? 이~.   (한자에는 "까"자가 없어서 "가"자로 대용)
    도아가 **구까**　 저아까? 이~.   (현대인이 알기 쉽게 고치면)
    동이어 갖고 **구**을까 저을까? 이~. (의 뜻이 된다)

- 도아가 : "동이어 가지고"의 사투리.
- 구가(垢淦) → 구까? : "구을까?"의 사투리. 이두.
- 저아까? : "저을까?"의 사투리.
- 이~ : 이야기의 흥을 돋우거나 동의를 청하는 도움말.

2 초대 천황, 명치(1867년 : 고종 15년) 이후 일본정부 산하 조선어 비밀연구원들이 위의 말을 함부로 갈라서 아래와 같은 사전적 단어를 만들어 내었다. 사실은 여기서 부터가 백제말(조선말)과 일본말?과의 경계선이다.

    あか [銅] : 동, 구리.
        [閼. 伽] : 부처에 올리는 물. (閼 : 말을 알, 伽 : 절 가)
        [垢] : 때, 더러움.   (垢 : 때 구)
        [淦] : 뱃바닥에 괸 물.   (배 틈으로 물들 감)
        [赤] : 빨강.

3 언어로 확인한 참 역사

- 위 단어는 "銅閼伽 垢淦 赤"자를 뜻으로 해석하여 백제 말, '(저)아까'가 위와 같은

뜻으로 바뀌고 말았다.
- 위와 같은 방법으로 일본어?의 단어를 만든 결과 '銅閼伽 垢淦 赤'자를 'あか'라고 읽는 웃지 못할 꼴이 되었다. 이런 것을 우리는 지금까지 "**명치식 읽기**"라고 명명해 왔다.
- '銅閼伽 垢淦 赤'자가 없었다면 'あか'가 원래 무엇을 의미했던 백제 말인지 영영 몰랐을 것이다.
- 조선인(한국인)들이 이두인 줄 모르게 '銅閼伽 垢淦 赤"자로 각각 단어를 만들어 두었다.
- 파생

    あかい [赤い. 紅い] : 붉다.

- 모든 일본말?은 이렇게 만들어졌다.

> 따라서 일본은 이두의 나라이며, 백제의 나라이다. 일본이 백제인을 渡來人이라고 일컫는 것은 주객을 전도시켜 놓은 새빨간 거짓말이다. 백제인이 역사의 주인이며 일본의 주인이다.

 부쓰마

1 연구하는 교실

일본말을 만들 때 모델이 된 말은 "치고 또 처서 다 부었으면 (좋겠다)"이다. 이 말을 일본인들은 사투리로 "처 처서 다 부쓰마…"라고 했다. 이 사투리를 다시 현대 일본인들이 주로 사용하는 "백제글자"와 "이두"로 써보면 아래와 같다.

   妻, 褄, 端 夫つま
   처, 처, 단 부쓰마   (이두 '단'자의 종성을 없애면)
   처, 처, 다 부쓰마   (이 사투리를 현대인이 알기 쉽게 고치면)
   처, 처, 다 부었으마..
   처, 처, 다 부어쓰마..
   처, 처(서) 다 부어쓰면..
   치고 또 처서 다 부었으면…   (의 뜻이 된다)

2

초대 천황, 명치(1867년 : 고종 15년) 이후 일본정부 산하 조선어 비밀연구원들이 위의 말의 띄어쓰기를 무시하며 함부로 갈라서 아래와 같은 사전적 단어를 만들어 내었다. 사실은 여기서 부터가 백제말(조선말)과 일본말?과의 경계선이다.

   つま [妻] : 아내   (妻 : 아내 처)
        [褄] : きもの의 옷자락의 좌우 끝 부분.   (褄 : 깃의 단 처)
        [端] : ①가장자리 ②계기, 단서.   (端 : 끝 단)
        [夫] : 남편   (夫 : 아비 부)

3 언어로 확인한 참 역사

- 위 단어는 '妻. 褄. 端. 夫'자를 뜻으로 해석하여 '(부)쓰마'라는 백제말을 '아내, 가장자리' 등의 뜻으로 바꾸어버렸다.
- 이렇게 단어를 만든 결과 "妻. 褄. 端. 夫"자를 "つま"라고 읽는 웃지 못할 꼴이 되었다. 이런 것을 우리는 지금까지 "**명치식 읽기**"라고 명명해 왔다.
- '妻. 褄. 端. 夫'자가 없었다면 'つま'가 원래 무엇을 의미했던 백제말인지 영영 몰랐

을 것이다.
∗∗∗ 모든 일본말?은 이렇게 만들어졌다.

일본아! 아무리 말을 만들어도 그렇지 "쓰마"가 뭐냐?

 # YTN이 방영한 劍岳산에 대하여

1 연구하는 교실

일본말을 만들 때 모델이 된 말은 산이 검다고 "검어 (산)"이라고 했다. 이 말을 일본인들은 사투리로 "검아 (산)"이라고 했다. "검은 산"이라는 뜻이다. 이 말을 다시 현대 일본인들이 주로 사용하는 이두로 써보면 아래와 같다.

> 劍岳
> 검악　(이 이두에서 종성을 없애면)
> 거마　(이 사투리를 현대인이 알 수 있게 고치면)
> 검어　(의 뜻이 된다.)

그러나 오늘의 일본인들은 劍岳을 "거마"라고 읽지 않고 새로 '명치 식 읽기'를 만들어 'つるぎ たけ'라고 하고 있다. 岳자를 竹자 등과 함께 'たけ[다께=(당께)와 같은 말임]'라고 하는 이유는 앞회에서 이미 밝힌 바 있으므로 여기에서는 '劍'자를 'つるぎ'라고 읽는 이유만 밝히고자 한다.

2 사색하는 교실

일본말을 만들 때 모델이 된 말은 "거칠게"이다. 이 말을 일본인들은 사투리로 "거츨기 → 거츠루기"라고 했다. 이 말을 다시 현대 일본인들이 주로 사용하는 平仮名과 이두로 써보면 아래와 같다.

> 劍つるぎ
> 검츠루기　(이두인 '검'자의 종성을 제거하면)
> 거츠루기　(의 뜻이 된다.)

3 과거로 가보는 교실

- '츠루기'에 가장 가까운 일본글자?는 'つるぎ' 밖에 없다. 이런 사실도 일본을 위하여 비극이라면 비극이겠다.
- 위에서 보듯이 平仮名도, 이두인 한자도 모두 백제말을 기록하기 위한 수단이었음을

알 수 있다.

4 명치(1867년 : 고종 15년) 이후 일본정부 산하 조선어 비밀연구원들이 위의 말을 함부로 갈라서 아래와 같은 사전적 단어를 만들어 내었다. 사실은 여기서 부터가 백제말(조선말)과 일본말?과의 경계선이다.

つるぎ [劍] : 양날 칼   (劍 : 칼 검)

5 언어로 확인한 참 역사
- 위 단어는 이두인 劍자를 뜻으로 해석한 결과 "(거)츠루기"라는 백제말이 "양날 칼"이라는 뜻으로 바뀌고 말았다.
- 위와 같은 방법으로 일본말을 만든 관계로 劍자를 "つるぎ"라고 읽는 웃지 못할 꼴이 되었다.
- 또한 위 劍자가 없었다면 "つるぎ"가 원래 무엇을 의미했던 백제말인지 영영 몰랐을 것이다.

6 일본에 이어지고 있는 백제

YTN이 2008년 9월 22일 방영한 劍岳(거마)산은 화면으로도 유난히 검고 거친 산이었다. 등반하는 이들의 거친 숨소리와 힘들어 하는 모습이 이 산의 험악함을 잘 말해 주고 있었다. 그런데 이 산이 방영되는 중에 글쓴이는, 우연찮게 이 산이 외치는 소리를 들었다. 그것은 슬프디 슬픈 울음소리에 가까웠다.
"거마산은 백제 산"
"거마산은 백제 산"
그리고,
"이렇게 시꺼먼 산을 오르면서도, '劍岳(거마)'라는 팻말을 보면서도, '거마'라는 글자와 말을 알아보지 못하는 너희들이 과연 백제인의 후예이냐?"며 나무라고 있다.

아나

1 연구하는 교실

일본말을 만들 때 모델이 된 말은 '안아서 하고'이다. 이 말을 일본인들은 사투리로 '아나 혀고'라고 했다. 이 말을 다시 현대 일본인들이 주로 사용하는 백제글자와 이두로 써보면 아래와 같다.

  あな, 穴孔
  아나, 혈공 (이두한자의 종성을 없애면)
  아나, 혀고 (이 사투리를 현대인이 알기 쉽게 고치면)
  안아(서), 하고 (의 뜻이 된다.)

- 아나 : '안아(서)'의 사투리.
- 혀고(穴孔) : '하고'의 사투리. 이두.

2
초대 천황, 명치(1867년 : 고종 15년) 이후 일본정부 산하 조선말 비밀연구원들이 위의 말을 함부로 갈라서 아래와 같은 사전적 단어를 만들어 내었다. 사실은 여기서 부터가 백제 말(조선 말)과 일본 말?과의 경계선이다.

  あな [穴. 孔 : 구멍 (穴 : 구멍 혈, 孔 : 구멍 공)

3 언어로 확인한 참 역사

- 위 단어는 이두인 '穴. 孔'자를 정책적으로 뜻으로 해석하여 백제 말 "아나"가 "구멍"이라는 뜻으로 바뀌고 말았다.
- 위와 같은 방법으로 일본어?의 단어를 만든 결과 '穴. 孔'자를 'あな'라고 읽는 웃지 못할 꼴이 되었다. 이런 것을 우리는 지금까지 **"명치식 읽기"** 라고 명명해 왔다.
- **백제 말을 한자로 기록해 놓은** '穴. 孔'자가 없었다면 'あな'가 원래 무엇을 의미했던 백제 말인지 영영 몰랐을 것이다.
- 일본정부와 그 어용학자들은, 조선사람들이 "穴. 孔"가 조선말 이두인 줄 몰라보도록

글자사이에 점을 찍어 두었다.
- 파생

    あなぼこ[穴"ぼこ] : 구멍. 구덩이.

- 위 단어는 "아나보고 혀" 즉 "안아보고 해"라는 문장을 함부로 갈라서 만든 말이다.
- 穴자 옆에 있는 "ぼこ"는 "あな ぼこ"와 균형을 맞추기 위하여 일본정부가 써넣은 글자이다.
- 모든 일본말?은 이렇게 만들어졌다.

 # 아나따

1 연구하는 교실

일본말을 만들 때 모델이 된 말은 '안았다가 끼워 봐버려!'이다. 이 말을 일본인들은 사투리로 '아나따, 끼바삐!'라고 했다. 이 말을 다시 현대 일본인들이 주로 사용하는 백제글자와 이두로 써보면 아래와 같다.

    あなた、　貴方彼!
    아나따,　귀방피!　　　(이두한자의 종성을 없애면)
    아나따,　귀바피!　　　(한자에는 '삐'자가 없으므로 '피'자로 대용)
    아나따,　귀바삐!　　　(한자에는 "끼"자가 없으므로 "귀"자로 대용)
    아나따,　끼바삐!　　　(현대인이 알기 쉽게 고치면)
    안았다(가) 끼워 봐버려!　(의 뜻이 된다)

- ~다 : '~다가'의 사투리. (비가 오다 그쳤다.)
- 貴方彼(귀바삐) → 끼바삐 : '끼워 봐버려'의 이두, 사투리.

2

초대 천황, 명치(1867년 : 고종 15년) 이후 일본정부 산하 조선말 비밀연구원들이 위의 말을 함부로 갈라서 아래와 같은 사전적 단어를 만들어 내었다. 사실은 여기서 부터가 백제 말(조선 말)과 일본 말?과의 경계선이다.

    あなた 〔貴方〕 : 당신　(貴 : 높임말의 접두어)
           〔彼方〕 : 저쪽, 저편.

3 언어로 확인한 참 역사

- 위 단어는 이두인 '貴方. 彼方'자를 정책적으로 뜻으로 해석하여 백제 말 "아나따"가 "당신, 저쪽"이라는 뜻으로 바뀌고 말았다.
- 위와 같은 방법으로 일본어?의 단어를 만든 결과 '貴方. 彼方'자를 '아나따'라고 읽는 웃지 못할 꼴이 되었다. 이런 것을 우리는 지금까지 "**명치식 읽기**"라고 명명해 왔다.
- 또한, <u>백제 말을 한자로 기록해 놓은</u> '貴方彼'자가 없었다면 'あなた'가 원래 무엇을

의미했던 백제 말인지 영영 몰랐을 것이다.
- 그리고 彼자 옆에 있는 方자는 "貴方"과 균형을 맞추기 위하여 일본정부가 갖다 붙인 字이다.
- 뿐만 아니라, 일본정부와 그 어용학자들은 조선사람들이 "貴方彼"가 조선말 이두인 줄 몰라보도록 글자사이에 점을 찍어 두기도 하고 새 단어도 만들어 두었다.
- 모든 일본말?은 이렇게 만들어졌다.

 ## 그런건 떼내라

오늘은 옛 여인의 마음을 솔직하게 그려 놓은 만엽집 제 12의 2991절을 소개한다. 이두한자로 어떻게 이렇게 섬세하게 그릴 수 있는지 그저 감탄할 뿐이다.

1 원문과 音譯

수유근지모 (垂乳根之母)
아양잠 내미은마 (我養蚕 乃眉隱馬)
성 봉음석화지 (聲 蜂音石花蜘)
주근록이모이 (蛛菫鹿異母二)
불상이 (不相而)

2 종성제거 결과

수유그지모
아야자 내미으마
서 보으ㅁ서 ㄱ화지
주그로기모 이~
부사 이~

3 해석(가능하면 원문,원형에 가깝게 해석 하였음)

숙지면
아녀자 내밀면
서(서) 봄~서 까지
쭈그럭이면, 이~
부수어라, 이~.

4 낱말풀이

숙지모 : '숙지면'의 사투리 (*'수유그'를 빨리 읽으면 '숙'이 된다.)

해석 할 때에는 "숙지고 나서"로 해석하면 자연스럽겠다.
숙지다 : (어떤 현상이나 기세 따위가) 차차 줄어지다.
아야자 : '아녀자'의 옛 사투리.
보으ㅁ서 → 봄~서 : '보면서'의 옛 사투리.
ㄱ화지 : '까지'를 의미.
주그로기모 → '쭈그럭이면'의 옛 사투리
쭈그럭 : '쭈그렁'의 사투리
부사 : '부수어라'의 옛 사투리
이~ : 이야기의 흥을 돋우거나 상대방의 동의를 청하는 도움말.

5 **도움말**

해석에 더 긴 보충설명을 할 필요가 없다. 한자를 그대로 읽으면 뜻을 알 수 있을 정도이다. 왜인들은 이렇게 백제말을 한자로 적곤 했다. '왜'는 분명 백제의 한 지방이었다.

 # 아다라시-

1 연구하는 교실

일본말을 만들 때 모델이 된 말은, "(저 어른은 밤이면) 세워 달라시어, 이~."이다. 이 말을 '왜'인들은 사투리로 "시아 달라시어, 이~"라고 했다. 이 말을 다시 현대 일본인들이 주로 사용하는 백제글자와 이두로 써보면 아래와 같다.

　　新　あたらしい
　　신　아다라시이　　　　　('신'자의 종성을 제거하면)
　　시　아다라시, 이~.　　　 (띄어쓰기를 바꾸면)
　　시아 다라시, 이~.　　　　(현대인이 알기 쉽게 고치면)
　　세워 달라시(어), 이~.　　 (의 뜻이 된다)

- 시아 : '세워'의 사투리.
- 다라시 : '달라시어'를 의미.
  ('왜'인들은 '달라'라고 발음했으나, 평가명으로는 '다라'라고 밖에 표기할 수 없다.)
- 이~ : 이야기의 흥을 돋우거나 동의를 청하는 도움말.

2
초대 천황, 명치이후 일본정부산하 조선어 비밀연구원들이 백제말의 띄어쓰기를 무시하고 함부로 갈라서 아래와 같은 사전적 단어를 만들어 내었다. 사실은 여기서부터가 조선말(백제말)과 일본말의 경계선이다.

　　あたらしい [新しい] : 새롭다, 새것이다.

3 언어로 확인한 참 역사

- 위 단어는 이두인 '新'자를 정책적으로 뜻으로 해석하여 백제 말 "(시)아 달라시"가 "새롭다"라는 뜻으로 바뀌고 말았다.
- 위와 같은 방법으로 일본어?의 단어를 만든 결과 '新'자를 '아다라'라고 읽는 웃지 못할 꼴이 되었다. 이런 것을 우리는 지금까지 "명치식 읽기"라고 명명해 왔다.

- ※ 新'자가 없었다면 'あたらしい'가 원래 무엇을 의미했던 백제 말인지 영영 몰랐을 것이다.
- ※ 新자 옆의 'しい'자는 'あたらしい'와 균형을 맞추기 위하여 일본정부와 어용학자들이 써넣은 字이다.
- ※ 모든 일본말?은 이렇게 만들어졌다.

 # "名"자를 "나"라고 읽는 이유

1 연구하는 교실

일본말을 만들 때 모델이 된 말은 '나, 몇 째 냐요?' 다시 말하면 '나, 몇 애 냐요?'라는 말을 왜인들은 사투리로 '나, 며 째 냐여'라고 했다. 이 말을 현대 일본인들이 사용하는 "백제글자"와 "이두"로 표현하면 아래와 같다.

 な, <u>名 菜</u> 儺汝
 나, 명 채 나여? (이 말에서 한자의 종성을 제거하면)
 나, 며 채 나여? (한자에는 "째"자가 없으므로 "채"자로 대용)
 나, <u>며 째</u> 냐요? ('며째'에서 'ㅉ'을 위로 연철시키면)
 나, <u>몇 애</u> 냐요? (라는 뜻이 된다.)

◦◦◦ 몇 애 → "며 채"로 발음 되었다.

2 초대 천황, 명치(1867년 : 고종 15년) 이후 일본정부 산하 조선어 비밀 연구원들은 위의 말들을 가공하여 아래와 같은 단어들을 만들어 내었다. 즉 명치식 읽기와 말하기가 강행된 것이다.

 な [名] : 이름.   (名 : 이름 명)
  [菜] : 푸성귀, 나물. (菜 : 나물 채)
  [儺] : 잡귀를 쫓음. (儺 : 경 읽고 굿할 나)
  [汝] : 너, 그대   (汝 : 너 여)

3 언어로 확인한 참 역사

◦◦◦ 위 단어 "な"는, 백제말의 1인칭대명사인데도 '名. 菜. 儺. 汝'자를 뜻으로 해석하여, '**이름, 나물, 너**' 등의 뜻으로 바꾸어 말았다.

◦◦◦ 이렇게 단어를 만든 결과 "名. 菜. 儺. 汝"자를 "**な**"라고 읽는 웃지 못할 꼴이 되었다. 이런 것을 우리는 지금까지 "**명치식 읽기**"라고 명명해 왔다.

◦◦◦ "나"라는 말이 왜 "이름"이 되고 "나물"이라는 말로 바뀌었는가? 일본인들은 이런 식으로 백제말(조선말)을 다른 뜻으로 바꾸어 말하기 시작했다.

이런 것이 일본말이다.
- '名. 菜. 儺. 汝'자가 없었다면 'な'가 원래 무엇을 의미했던 백제말인지 영영 몰랐을 것이다.

 # 소하에미

1 연구하는 교실

일본말을 만들 때 모델이 된 말은 "쏘이며"이다. 이 말을 일본인들은 사투리로 "소하에미"라고 했다. 이 말을 다시 현대 일본인들이 주로 사용하는 "백제글자"와 "이두"로 써보면 아래와 같다.

    笑罅えみ　　（이두한자에 종성이 없으므로 그대로 백제말이다.）
    소하에미　　（이 사투리를 현대인이 알기 쉽게 고치면）
    쏘이며　　　（의 뜻이 된다）

- 소하 → '쏘아'의 옛 사투리.
- ~에미 : '에'는 피동형.
- 미 : '며'의 사투리.

2
초대 천황, 명치(1867년 : 고종 15년) 이후 일본정부 산하 조선어 비밀 연구원들이 위의 말의 띄어쓰기를 무시하며 함부로 갈라서 아래와 같은 사전적 단어를 만들어 내었다. 사실은 여기서 부터가 백제말(조선말)과 일본말?과의 경계선이다.

    えみ [笑み] : ①미소 ②꽃이 핌 ③(밤 등이) 익어서 벌어짐.
        [罅] : 균열, (갈라진) 금.　（罅 : 틈 하）

3 언어로 확인한 참 역사

- 위 단어는 '笑み. 罅'자를 뜻으로 해석하여, 백제말 '(소하)에미'를 '미소, 균열' 등의 뜻으로 바꾸어 버렸다.
- 위와 같은 방법으로 일본어?의 단어를 만든 결과 '笑み. 罅'자를 'えみ'라고 읽는 웃지 못할 꼴이 되었다. 이런 것을 우리는 지금까지 **"명치식 읽기"**라고 명명해 왔다.
- '笑み. 罅'자가 없었다면 'えみ'가 원래 무엇을 의미했던 백제말인지 영영 몰랐을 것이다.

❋❋❋ 笑자 옆의 'み'자는 "えみ"와 균형을 맞추기 위하여 일본정부와 어용학자들이 만들어 넣은 글자이다.

4 그렇다면 "かた-えむ"란 무슨 뜻일까?
앞 회에서 "かた"의 출생 유래를 이미 알게 되었고 이번에는 "えみ"의 어원도 알게 되었으므로 두 단어를 결합시키면

かた-えむ [片笑む] : 한 쪽 볼에 미소를 띄우다, 살짝 웃다.
라는 단어가 새롭게 태어나게 된다.

❋❋❋ 모든 일본말?은 이렇게 만들어졌다.

 # 아야 하고

1 연구하는 교실

일본말을 만들 때 모델이 된 말은 "(한 대 얻어맞고) 아야 하고"이다. 이 말을 일본인들은 사투리로 "아이아고"라고 썼다. 이 말을 다시 현대 일본인들이 주로 사용하는 백제글자와 이두로 써보면 아래와 같다.

```
顎頤齶あ   ご
악이악아   고    (이두한자의 종성을 없애면)
아이아아   고    (이 사투리를 알기 쉽게 고치면)
아야아    고
아 야    하고   (의 뜻이 된다)
```

- 아이아아, 고 → 아야아, 고 → 아야, 고 → 아야, (하)고 (이 변화를 잘 살펴 봐야 한다.)

2

초대 천황, 명치(1867년 : 고종 15년) 이후 일본정부 산하 조선어 비밀연구원들이 위의 말의 띄어쓰기를 무시하고 함부로 갈라서 아래와 같은 사전적 단어를 만들어 내었다. 사실은 여기서 부터가 백제말(조선말)과 일본말?과의 경계선이다.

あご [顎. 頤. 齶] : 턱   (顎 : 턱 악, 頤 : 턱 이, 齶 : 잇몸 악)

3 언어로 확인한 참 역사

- 위 단어는 이두인 '顎. 頤. 齶'자를 정책적으로 뜻으로 해석하여 백제 말 "(아야)아, 고"가 "턱"이라는 뜻으로 바뀌고 말았다.
- 위와 같은 방법으로 일본어?의 단어를 만든 결과 '顎. 頤. 齶'자를 'あご'라고 읽는 웃지 못할 꼴이 되었다. 이런 것을 우리는 지금까지 "**명치식 읽기**"라고 명명해 왔다.
- '顎. 頤. 齶'자가 없었다면 'あご'가 원래 무엇을 의미했던 백제 말인지 영영 몰랐을 것이다.
- 이 단어 역시 일본어를 제조한 방법 중 가장 악랄한 방법 중의 하나다.

- 일본정부와 그 어용학자들은, 조선사람들이 "顎. 頤. 齶"가 조선말 이두인 줄 몰라보도록 글자 사이에 점을 찍어 두었다.
- 모든 일본말?은 이렇게 만들어졌다.

 차 처아오

1 연구하는 교실

일본말을 만들 때 모델이 된 말은 "끼워 차처소"이다. 이 말을 일본인들은 사투리로 "끼우 차 처하오, 이~ → 끼우 차 처아오, 이~"라고 했다. 이 말을 다시 현대 일본인들이 주로 사용하는 "백제 글자"와 "이두"로 써보면 아래와 같다.

葵 蒼 靑あお, い~.
규 창 청아오, 이~.　　(이두인 '창, 청'자의 종성을 제거하면)
규 차 처아오, 이~.　　(한자에는 '糾'자가 없으므로 '규'자로 대용)
糾 차 처아오, 이~.　　('끼우'대신에 '糾'자로 대용함)
끼우 차 처아소, 이~.　　(현대인이 알기 쉽게 고치면)
끼워 차 처소,　이~.　　(의 뜻이 된다)

••• 糾 : '끼우'의 이합사.
••• 차 처하오 → 차 처아오 : '차처소' 또는 '차처오'의 옛 말.
••• 이~ : 이야기의 흥을 돋우거나 동의를 청하는 도움말.

2 초대 천황, 명치(1867년 : 고종 15년) 이후 일본정부 산하 조선어 비밀연구원들이 위의 말의 띄어쓰기를 무시하고 함부로 갈라서 아래와 같은 사전적 단어를 만들어 내었다. 사실은 여기서 부터가 백제말(조선말)과 일본말?과의 경계선이다.

あおい [葵] : 아욱과의 닥풀, 접시꽃 등의 총칭.　　(葵 : 아욱 규)
　　　[蒼い. 靑い] : 푸르다. 파랗다.　　　　　　(蒼 : 푸를 창, 靑 : 푸를 청)

••• 위 단어는 이두인 '葵. 蒼. 靑'자를 정책적으로 뜻으로 해석하여 백제 말, '糾 차처'라는 말이 "푸르다" 등의 뜻으로 바뀌고 말았다.
••• 단순하게 한자를 뜻으로 삼으려 했다면 '蒼. 靑' 2자 중 하나만 택해도 충분 했을 것이다. 그러나 굳이 2자를 함께 쓴 것은 '차 처'를 의미하는 '이두'라는 사실을 입증해 주고 있다.
••• 위와 같은 방법으로 일본어?의 단어를 만든 결과 '葵. 蒼い. 靑い'자를 'あおい'라고

읽는 웃지 못할 꼴이 되었다. 이런 것을 우리는 지금까지 "**명치식 읽기**"라고 명명해 왔다.
- '葵. 蒼. 靑'자가 없었다면 'あおい'가 원래 무엇을 의미했던 백제말 인지 영영 몰랐을 것이다.
- 이 단어도 악랄한 방법으로 일본어를 만들었다.
- 모든 일본말?은 이렇게 만들어졌다.

훈도시

1 연구하는 교실

"훈도시"라는 말의 유래를 알기 위하여서는 몇 개의 비밀의 문을 통과해야 한다. 먼저 "돗"이라는 말을 平仮名으로 옮길 수는 없다. 굳이 옮기려면 종성을 표기하지 말고 그냥 "도"라고 하든지, "도시"라고 하면 그래도 "돗"에 근접한 발음이 되겠다. 기어이 "돗"의 종성인 "ㅅ"을 표기하자면 그렇다는 것이다. 또한 平仮名으로는 "으" 나 "어" 발음을 표기할 수 없다. 특히 "으"발음은 더더구나 그렇다. 그래서 "헌"을 "훈"이라고 발음 한 것이다. 이 정도 예비지식을 갖고 일본말을 만들 때 모델이 된 말을 살펴보면 "헌 돗자리(로) 괴어 둬버리고 타기"이다. 이 말을 일본인들은 옛 사투리로 "헌 돗, 고 도비고 타기"라고 했다. 그러나 "헌 돗"을 발음할 줄 몰라서 "훈도시" 라고 했다. 위의 말을 "백제 글자"와 "이두"로 써보면 아래와 같다.

  ふんどし, 褌 犢鼻褌 (担ぎ)
  훈도시, 곤 독비곤 (담기) (이두한자의 종성을 없애면)
  훈도시, 고 도비고 (다기) (여기에서는 "타"자 대신에 "다"자를 대용)
  훈도시, 고 도비고 (타기) (현대인이 알기 쉽게 고치면)
  헌 돗(자리로), 괴어 둬버리고 (타기) (의 뜻이 된다)

2 일본은 역사를 꾸며 냈다. 그러나 우리는 사실대로 기록하다 보니, 실망스런 부분도 있다. 그러나 우리역사는 엄청난 폭발력을 갖고 있다. 다만 쉬고 있을 뿐이다.

- 훈도시 : "헌 돗"의 일본지방 사투리.
- 돗 : "돗자리 또는 자리"의 옛 말.
- 일본인들은 "돗"을 발음할 줄 몰라서 "도시"라고 발음할 수밖에 없었다.
- 괴다 : 밑을 받치어 안정시키다.
- 고 : "괴어"의 사투리.
- 도비고 : "둬버리고"의 사투리.
- 担ぎ(담기) → 다기 : "타기"의 이두.
 한자로 "타"자가 없는 것은 아니나 "다"자로 대용하고 있다. 이런 예는 여러 가지

있다. 그러나 예를 드는 일은 후일로 미룰 수밖에 없다. かつぎ [担ぎ]의 설명도 다음 기회로 미룬다.

3 초대 천황 명치(1867년 : 고종 15년) 이후 일본정부 산하 조선어 비밀연구원들이 위의 말을 함부로 갈라서 아래와 같은 사전적 단어를 만들어 내었다. 사실은 여기서 부터가 백제말(조선말)과 일본말?과의 경계선이다.

  ふんどし [褌. 犢鼻褌] : 남자의 음부를 가리는 폭이 좁고 긴 천.
          (褌 : 잠방이 곤, 犢 : 송아지 독, 鼻 : 코 비)

4 언어로 확인한 참 역사
- 위 단어는 "褌. 犢鼻褌"자 중에서 "褌"자만 뜻으로 해석하여 백제 말, '헌 돗'이 위와 같은 천 이름으로 바뀌고 말았다. 그러나 나머지 한자들은 '훈도시'와 아무런 상관도 없다. 또 "훈도시"는 "잠방이"와는 완전히 다르다. 그냥 그렇게 어거지로 만들어 낸 이름이다.

  잠방이 : 가랑이가 무릎까지 내려오게 지은, 짧은 남자 홑바지.

- 위와 같은 방법으로 일본어?의 단어를 만든 결과 '褌. 犢鼻褌'를 'ふんどし'라고 읽는 웃지 못할 꼴이 되었다. 이런 것을 우리는 지금까지 **"명치식 읽기"**라고 명명해 왔다.
- '褌. 犢鼻褌'자가 없었다면 'ふんどし'가 원래 무엇을 의미했던 백제 말인지 영영 몰랐을 것이다.
- 조선인(한국인)들이 이두인 줄 모르게 '褌. 犢鼻褌'처럼 가운데 점을 찍어 분리시켜 두었다.
- "훈도시"는 벌거벗고 다니는 원주민에게 준 백제왕의 하사품이다. 당시 사정으로 천이 남아돌아서 하사한 것이 아니다. 벌거벗고 다니는 원주민을 눈뜨고 볼 수 없다는 왜 고을의 건의를 받아들여 작은 천으로 나마 "x 가리개"나 "x 마개"용으로 선사한 것인데, 그것도 세월이 흐르다 보니 발전하여 오늘처럼 길어진 것이다. 이 천의 이름을 "훈도시"라고 한 것은 명치 이후이다.
- 모든 일본말?은 이렇게 만들어졌다.

 **(날 보고) 야! 라해**

1 연구하는 교실

일본말을 만들 때 모델이 된 말은 "짝! (내 뺨을 때리며) 야! 라 해"이다. 이 말을 일본인들은 사투리로 "짝! (때리며) 야! 케"라고 했다. 그런데 이두로 "짝"이라는 말을 표기하기 위하여서는 몇 개의 비밀의 문을 통과해야 한다. 먼저 "짝"이라는 말을 한자로 쓸 수는 없다. 굳이 표기 하려면 "작"자로 대신하든지 "자기"라고 표기해야 한다. 이것은 앞회에서 "(훈) 돗"을 "(훈) 도시"라고 표기하는 원리와 같다. 이렇게 하면 "작"에 근접한 발음이 되겠다. 기어이 "작"의 종성인 "ㄱ"을 표기하자면 그렇다는 것이다. 그런데 여기에서 한자 중에 "작"자를 선택하지 않고 自棄라고 표기하였다. 과거에 일본인들은 이런 표현을 즐겨 썼다. 90회에서 "たちばな(多致播那)"를 참고하면 쉽게 이해가 될 줄 안다. "다 집나"라는 한자를 바로 사용하지 않고 "다 찌바나(多致播那)"라고 쓰고 있다. 경우는 좀 다르지만 앞 자의 종성을 아래로 연철시킨 예로서 "고마바유, 미바에" 등이 있다. 위 말을 다시 현대 일본인들이 주로 사용하는 백제 글자와 이두로 써보면 아래와 같다.

　自棄! や! け　　(이두한자에 종성이 없으므로 그대로 백제말이 됨)
　자기! 야! 케　　(한자에는 "짝"자가 없으므로 "자기"로 표현 함)
　짝!　야! 케　　(이 사투리를 현대인이 알기 쉽게 고치면)
　짝!　야! 라고 해　(의 뜻이 된다)

- 自棄(자기) : "짝"의 이두 표기 방법. (이두한자의 뜻에 현혹되면 안 되겠다.)
- 이 글을 보면서 옛 일본에서도 이런 광경이 벌어졌었구나, 싶어 어릴 때 동네 아이들이 노는 모습이 보인다. 옛날에는 이런 시비 정도는 흔하게 볼 수 있었다.

2 초대 천황, 명치(1867년 : 고종 15년) 이후 일본정부산하 조선어 비밀연구원들이 백제말을 함부로 갈라서 아래와 같은 사전적 단어를 만들어 내었다. 사실은 여기서부터가 조선말(백제말)과 일본말의 경계선이다.

やけ [自棄] : 자포자기   (棄 : 버릴 기)

3 언어로 확인한 참 역사

- 위 단어는 이두인 '自棄'자를 정책적으로 뜻으로 해석하여 백제 말 "야! 케"가 "**자포자기**"라는 뜻으로 바뀌고 말았다.
- 위와 같은 방법으로 일본어?의 단어를 만든 결과 '自棄'자를 'やけ'라고 읽는 웃지 못할 꼴이 되었다. 이런 것을 우리는 지금까지 "**명치식 읽기**"라고 명명해 왔다.
- '自棄'자가 없었다면 'やけ'가 원래 무엇을 의미했던 백제 말인지 영영 몰랐을 것이다.
- 일본인들이 'やけ'를 어떻게 발음하든지 간에 어원상으로 보면 "야케"라고 읽어야 한다. "야께"는 아니다. "야게"도 아니다.
- 모든 일본말?은 이렇게 만들어졌다.

 日 정가 '야카마시이' 논쟁

1 연구하는 교실

　　오타 농림수산상이 8월 10일 NHK의 프로그램에 출연해 식품안전대책을 설명하면서 "소비자들이 '야카마시이(やかましい : 성가시다)' 하다 하니 철저히 해야한다"고 말한데서 논쟁이 시작됐다. 즉각 여야를 막론하고 "소비자를 경시하는 발언"이라는 비판이 쏟아졌다. 오타 농수산상은 "일본은 소비자가 정당한 권리를 주장하는 민주주의 국가라는 뜻"이라고 해명했다. 이후 파문이 진정되는 듯 했지만 19일 오타 농수산상과 같은 후꾸오까 출신인 아소다로 자민당 간사장이 '야카마시이'는 규슈일대에서는 "그 방면을 잘 아는 프로라는 뜻으로 쓰인다"고 거들고 나서면서 다시 도마에 올랐다. (이상 모 일간지 전재) 그러나 이 '야카마시이'가 원래 어떤 말에서 유래되었는지 그들이 아는지 궁금하다. 원래 모델이 된 말은 "뼈아야 감어시어, 이~."이다. 이 말을 일본인들은 사투리로 "뼈야 가마시, 이~"라고 했다. 이 말을 다시 현대 일본인들이 주로 사용하는 백제말과 이두로 써보면 아래와 같다.

　　　喧や　　かまし，　　い~．
　　　훤야　　가마시，　　이~．　　('훤'자의 종성을 제거하면)
　　　훠야　　가마시，　　이~．　　(한자에는 '뼈'자가 없으므로 '훠'자로 대용)
　　　뼈야　　가마시，　　이~．　　(이 사투리를 현대인이 알 수 있게 고치면)
　　　뼈(아)야 감으시(어), 이~．　(의 뜻이 된다．)

- 훠 : '뼈'자가 연음화 된 것.
- 이~ : 이야기의 흥을 돋우거나 동의를 청하는 도움말.

2 초대 천황, 명치(1867년 : 고종 15년) 이후 일본정부 산하 조선어 비밀연구원들이 위의 말의 띄어쓰기를 무시하고 함부로 갈라서 아래와 같은 사전적 단어를 만들어 내었다. 사실은 여기서 부터가 백제말(조선말)과 일본말?과의 경계선이다.

　　　やかましい [喧しい] : ①시끄럽다. ②성가시다. ③잔소리가 심하다. ④엄하다.
　　　　　　　　　　　　　　　　　　　　　　　　　　　　　　(喧 : 시끄러울 훤)

3 언어로 확인한 참 역사

••• 위 단어는 이두인 喧(훤)자를 뜻으로 해석한 결과 백제말 "(삐)야 가마시, 이"가 "시끄럽다"는 뜻으로 바뀌고 말았다. 그러나 한자의 뜻 말고도, 빻고 갈고 하다 보면 시끄러울 수 밖에 없겠다.

••• '훤'자 옆에 있는 'しい'는 위에서 보듯이 원래는 없던 자이나, 'やかましい'와 균형을 맞추기 위하여 써넣은 글자이다.

••• 위와 같은 방법으로 일본어?의 단어를 만든 결과 喧(훤)자를 'やかま'라고 읽는 웃지 못할 꼴이 되었다.

••• 또한 喧자가 없었다면 'やかま'가 원래 무엇을 의미했던 백제말인지 영영 몰랐을 것이다.

••• 일본인들이 'やかましい'를 어떻게 읽든 간에 어원상으로 보면, 일어라는 것을 감안하더라도 "야가마시이"라고 발음해야 한다.

••• 모든 일본말?은 이렇게 만들어졌다.

 야, 끼燒

1 연구하는 교실

일본말을 만들 때 모델이 된 말은 "이 애, 끼우소!"이다. 이 말을 일본인들은 사투리로 "야, 끼소!"라고 했다. 이 말을 다시 현대 일본인들이 주로 사용하는 "백제글자"와 "이두"로 써보면 아래와 같다.

  や, き燒!   (이두한자에 종성이 없으므로 그대로 백제말이다)
  야, 끼소!   (이 사투리를 현대인이 알기 쉽게 고치면)
  이 애, 끼우세요! (의 뜻이 된다)

(••• 이 말을 듣는 순간 여러분은 어떤 생각이 머리를 스쳐 갔습니까? 그리고 옛날 일본 지방의 생활이 한 눈에 펴져 보이지 않습니까? 이 말 뿐만 아니고 모든 단어 하나하나에 왜 지방의 생활이 묻어 있습니다.)

따라서 왜는 백제 고을이다. 백제 고을에 무슨 천황이 있을 수 있겠는가? 일본정부는 한국인(조선인)만 속이면 세계를 속일 수 있다고 믿고 힘으로 혹은 별별 정책을 다 쓰며 세뇌시켜 왔다. 과거에 일본에는 천황 같은 것은 절대로 없었고 명치가 초대 천황이다.

2 한국이 웅비할 시대가 도래하고 있다.

••• 위 문장에서 어느 것이 일본말이고, 일본글자인가? 모두 백제말이요, 백제글자이다. 한자는 "이두"일 뿐이다.

3 초대 천황, 명치(1867년 : 고종 15년) 이후 일본정부 산하 조선어 비밀연구원들이 위의 말의 띄어쓰기를 무시하며 함부로 갈라서 아래와 같은 사전적 단어를 만들어 내었다. 사실은 여기서 부터가 백제말(조선말)과 일본말?과의 경계선이다.

  やき [燒] : 구움 (燒 : 불사를 소)

4 언어로 확인한 참 역사

- 위 단어는 '燒'자를 뜻으로 해석하여 '야, 끼(소)'라는 백제말을 '구움'이라는 뜻으로 바꾸어버렸다. 이렇게 단어를 만든 결과 "燒"자를 "やき"라고 읽는 웃지 못할 꼴이 되었다. 이 방법은 일본어라는 것을 만든 것 중에 가장 악랄한 단어 중의 하나이다. 이런 것을 우리는 지금까지 "**명치식 읽기**"라고 명명해 왔다.
- '燒'자가 없었다면 'やき'가 원래 무엇을 의미했던 백제말인지 영영 몰랐을 것이다.
- 모든 일본말?은 이렇게 만들어졌다.

일본정부가 천황들의 선조는 한 민족이었다,고 하거나 외가가 한국 쪽이라고 말하는 것은, 은근히 한 민족의 자부심을 추켜 올려주는 대신, 옛날부터 일본에 천황이 실존 했었다고 부각시키고 "왜"가 독자국가였음을 주장하겠다는 일본정부의 전략이다.

 야들아

1 연구하는 교실

일본말을 만들 때 모델이 된 말은 "야들아! 씻어(라)!"이다. 이 말을 일본인들은 사투리로 "야다라! 씨서!"라고 했다. 이 말을 다시 현대 일본인들이 주로 사용하는 백제글자와 이두로 써보면 아래와 같다.

やたら! 矢鱈
야다라! 시설 　　(이두한자의 종성을 없애면)
야다라! 시서 　　(이 사투리를 현대인이 알기 쉽게 고치면)
야들아! 씻어! 　　(의 뜻이 된다)

* 야다라 : "야들아"의 일본지방 사투리.
  平仮名으로는 "들아"라고 표기할 수 없으므로 부득이 "다라"로 바꾸었다. (아이들에게 하는 말 투)
* 矢鱈(시서) : "씻어"의 이두, 옛 사투리.

2
초대 천황, 명치(1867년 : 고종 15년) 이후 일본정부 산하 조선어 비밀연구원들이 위의 말의 띄어쓰기를 무시하고 함부로 갈라서 아래와 같은 사전적 단어를 만들어 내었다. 사실은 여기서 부터가 백제말(조선말)과 일본말?과의 경계선이다.

やたら [矢鱈] : 마구, 함부로. 　(矢 : 화살 시, 鱈 : 대구 설)

3 언어로 확인한 참 역사

* 위 단어는 이두인 "矢鱈" 자의 뜻과는 아무런 상관이 없다. 위의 모델이 된 말에서 "함부로"라는 말뜻이 내재되어 있다고 볼 수 있다.
* 위와 같은 방법으로 일본어?의 단어를 만든 결과 "矢鱈"자를 "やたら"라고 읽는 웃지 못할 꼴이 되었다.
* '矢鱈'자가 없었다면 '야다라'가 원래 무었을 의미했던 백제말인지 영영 몰랐을 것이다.

◈◈◈ 파생

  や [矢. 箭] : 화살
  たら [鱈] : 대구

◈◈◈ 모든 일본말?은 이렇게 만들어졌다.

 # 太安万侶

최인호의 "잃어버린 왕국" 2권에 보면 이런 얘기가 나온다.
"아직 확인된 것은 아니지만 내 기억은 틀림없네. 다케니시상. 문헌적 자료를 통해서 결론을 내리는 일은 현청에서 하겠지만 내 생각은 정확하네. 다케니시상. 이 무덤은 위대한 사람의 무덤이네. 자네의 밭 가운데서 기적이 일어났어."
".....기적이라니요."
다케니시가 우물거리면서 간신히 말을 받았다.
"태안만려님은 ≪고사기≫와 ≪일본서기≫를 지으신 분이지. 그래도 기억나지 않는가. 다케니시상."
순간 다케니시의 흐릿한 머릿속으로 한줄기 광명이 스며들었다. 안개가 낀 것처럼 혼탁하고 혼돈되었던 머릿속은 한줄기 광명으로 분명하게 밝아졌다.
"아."
다케니시는 가볍게 탄성을 발했다. 아무리 오래 전 학교시절에 배운 역사책이었다고는 하지만 ≪고사기≫와 ≪일본서기≫를 잊을 수가 있을 것인가. 지금도 생각난다. 서기 712년에 일본 최초의 역사책인 ≪고사기≫가 완성되었다. 그것을 완성한 사람의 이름은 **오오노 야스마로**(太安万侶). 그로부터 8년 뒤 720년에는 일본에서 가장 방대한 역사책인 ≪일본서기≫가 완성되었다. 태안만려는 그 ≪일본서기≫의 편찬에도 저자로서 참여하였던 사람의 이름이다.....중략
다케니시와 가와바다 노인이 무덤 속에서 묘지를 발견한지 이틀 뒤인 1979년 1월 24일 도하 각 신문의 일간지들은 서로 다투어서 다케니시가 자신의 차밭에서 태안만려의 묘를 발견해낸 사실을 1면 톱기사로 다루고 있었다.....중략
태안만려의 생년(生年) 등에 대해서는 명백하지 않으나 임신의 난에서 천무천황을 위해서 크게 활약한 **다신부**(多臣夫)의 아들이라고도 알려져 있다..... 중략
'다(多)'씨는 신무천황의 아들의 자손이라고 칭하면서 북구주(北九州)와 상륙(常陸)에서 살면서 그 세력을 떨쳤다.....중략
≪고사기≫ ≪일본서기≫와 ≪속일본기≫는 말하자면 같은 시대 사서이므로 정확하다는 것이 판명되더라도 별로 놀라운 것은 못 된다.....중략

태안만려. 그는 누구인가. 이제야 분명히 말할 수 있다. 그는 백제에서 건너간 백제인이었던 것이다. 태어날 때부터 비극적인 운명을 지고 태어날 수밖에 없었던 태안만려는 660년, 그 무서운 전란의 강풍이 몰아치던 백제의 서울 사비성(泗沘城. 오늘의 부여)에서 태어났다. 태어날 때의 기쁨도 잠시 뿐이었고 그가 태어나자 말자 그의 조국은 나당 연합군에게 짓밟혀서 초토화되고 나라를 빼앗기는 비극의 운명을 맛보게 되었던 것이다. 이 위대한 백제인은 723년 숨을 거둘 때까지 생전에 위대한 역사책 두 권을 완성하였다. <u>고사기와 일본서기</u>가 그것이다....중략

태안만려. 계백장군의 심복부하로 황산벌의 격전에서 마지막으로 죽어간 무장(武將) <u>다신부의 아들, 태안만려.</u>

* 여기에서 보듯이 일본의 어용학자들은 일본의 중요한 역사를 한국의 역사와 얽어매어 놓고 있다. 한국의 역사가 진실이면 일본의 역사도 진실일 수밖에 없다, 는 투다. 아! 그러나 우리가 지금까지 "칠지도"를 연구해 봤지만 칠지도는 실존한 적이 없었다. 따라서 일본서기란 역사책이 아니고 백제의 "깨물어" 이야기라는 사실도 이미 간파하고 있다. 천무 천황도 실존인물이 아닌 것은 자명한 일이다. 그런데 느닷없이 일본의 신문이랑 학자들?이 <u>역사책 일본서기</u>의 저자의 무덤을 발견했다고 떠들고 있다. 또 하나의 허구와 진실을 얽어매어 일본서기가 역사책이라고 못을 처대고 있는 것이다.

* 또 한 가지 밝혀 둘 것은 720년 경에는 "太安万侶"를 "오오노 야스마로"라고 읽지를 않았다. 거듭 밝혀두지만 이렇게 읽는 방법은 명치이후에나 개발되었다. 이것은 이름이라기보다 "떼아 말려"라는 어떤 문장의 일부라고 판단된다. 마치 源氏物語(워지물어)의 저자가 紫式部, 즉 "자시부-자시버려"의 뜻인 것처럼... 이 부분은 차차 더 자세하게 확인해 볼 계획이다.

* 워지 : 여성기의 옛 이름.

야 야

1 연구하는 교실

일본말을 만들 때 모델이 된 말로서, 무슨 쪼아야 할 일이 있었는지는 모르겠지만 "이 얘야, 쪼았지?"라고 묻고 있다. 이 말을 일본인들은 사투리로 "야 야, 쪼아찌?"라고 했다. 조선에서도 어머니들이 다 큰 아들의 아명을 부르는 대신에 "야 야"라는 말을 많이 사용했다. 이 말을 다시 현대 일본인들이 주로 사용하는 백제글자와 이두로 써보면 아래와 같다.

　　や や,　稍兒稚　　(이두한자에 종성이 없으므로 그대로 백제말이 된다)
　　야 야,　초하치　　(한자에는 "쪼, 찌"자가 없으므로 "초, 치"자로 대용)
　　야 야,　쪼하찌　　(이 사투리를 현대인이 알기 쉽게 고치면)
　　이 얘야, 쪼았지?　(의 뜻이 된다)

~하찌? → ~았지?

이 변화를 잘 봐 두어야 한다. 조선시대에도 "아" 대신에 "하"를 사용하였다.
삶아 → 사무하 : 일본지방 사투리.
고아 : 고하

2 초대 천황, 명치(1867년 : 고종 15년) 이후 일본정부 산하 조선어 비밀연구원들이 위의 말의 띄어쓰기를 무시하고 함부로 갈라서 아래와 같은 사전적 단어를 만들어 내었다. 사실은 여기서 부터가 백제말(조선말)과 일본말?과의 경계선이다.

　　やや [稍] : 약간, 조금.　　　　　　(稍 : 점점 초)
　　　 [兒. 稚] : "ややこ(갓난 아이)"의 준 말.　(稚 : 어릴 치)
　　(전후 설명을 살펴보면 "ややこ의 준 말"이라는 설명은 사실과 다르다는 것을 알 수 있다)

3 언어로 확인한 참 역사

위 단어는 이두인 '稍. 兒. 稚'자를 정책적으로 또는, 뜻으로 해석하여 백제 말 "야 야"가 "조금, 갓난 아이"라는 뜻으로 바뀌고 말았다.

- 위와 같은 방법으로 일본어?의 단어를 만든 결과 '稍. 兒. 稚'자를 'やや'라고 읽는 웃지 못할 꼴이 되었다. 이런 것을 우리는 지금까지 "**명치식 읽기**"라고 명명해 왔다.
- '稍. 兒. 稚'자가 없었다면 'やや'가 원래 무엇을 의미했던 백제 말인지 영영 몰랐을 것이다.
- 일본정부와 그 어용학자들은, 조선사람들이 "稍. 兒. 稚"가 조선말 이두인 줄 몰라보도록 글자사이에 점을 찍어 두었다.
- 모든 일본말?은 이렇게 만들어졌다.

 # 어떠나?

1 연구하는 교실

일본말을 만들 때 모델이 된 말은 "(.)를 (.)에 대니까 어떻냐?"이다. 이 말을 일본인들은 일본지방 사투리로 "대이 오또나?"라고 했다. 이 말을 다시 현대 일본인들이 주로 사용하는 "백제 글자"와 "이두"로 써보면 아래와 같다.

  大人 おとな?
  대인 오또나?　　(이두인 '인'자의 종성을 제거하면)
  대이 오또나?　　(이 사투리를 현대인이 알 수 있게 고치면)
  대이 어떠냐?
  대니까 어떻냐?　(의 뜻이 된다.)

* 위 문장에서 '大人'은 '이두'이므로 그 뜻에 현혹 되지 말아야 한다.
* 가장 일본적인 말 "오또나(おとな)"까지 백제 말의 사투리이니 다른 말은 더 논할 것도 없을 것이다.

2

초대 천황, 명치(1867년 : 고종 15년) 이후 일본정부산하 조선어 비밀연구원들이 위의 말을 함부로 갈라서 아래와 같은 사전적 단어를 만들어 내었다.
사실은 여기서 부터가 백제말(조선말)과 일본말?과의 경계선이다.

  おとな [大人] : 어른, 성인.

3 언어로 확인한 참 역사

* 위 단어는 이두인 '大人'을 뜻으로 해석하여 백제 말 사투리 '오또나'가 "어른"이라는 뜻으로 바뀌고 말았다.
* 위와 같은 방법으로 일본어?의 단어를 만든 결과 '大人'을 'おとな'라고 읽는 웃지 못할 꼴이 되었다.
* '大人'자가 없었다면 '오또나?'가 원래 무엇을 의미했던 백제 말인지 영영 몰랐을 것이다.
* 모든 일본말?은 이렇게 만들어졌다.

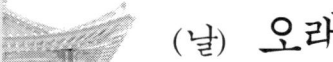 (날) 오래

1 연구하는 교실

윗동네 대장이 "저렇게 어깨를 내밀고 (나를) 오라고 해." 이 말을 왜인들은 사투리로 "저래 어끼 내고 오래"라고 했다. 이 말을 현대 일본인들이 사용하는 백제글자와 이두로 기록하면 아래와 같다.

　　折れ　　俺己 乃公　おれ
　　절레　　엄기 내공 오레　　(이 이두에서 종성을 없애면)
　　저레　　어기 내고 오레　　(한자에는 "끼"자가 없으므로 "기"자로 대용)
　　저레　　어끼 내고 오레　　(이 사투리를 현대인이 알기 쉽게 고치면)
　　저렇게 어깨 내고 오래!　　(의 뜻이 된다)

- 저래 : '저렇게'의 사투리.
- 俺己 乃公(어기내고) → 어끼내고 : '어깨 내고'의 이두, 사투리.
- (오래 된 사투리는 "~내구"인데 "~내고"라고 한 것을 보면 근세에 좀 더 가까운 시기에 만들어진 말이 아닌가, 사료된다)
- 오래 : '오라고 해'가 줄어든 말.

2
초대 천황, 명치(1867년 : 고종 15년) 이후 일본정부산하 조선어 비밀연구원들이 백제 말의 띄어쓰기를 무시하고 함부로 갈라서 아래와 같은 사전적 단어를 만들어 내었다. 사실은 여기서 부터가 조선말(백제말)과 일본말의 경계선이다.

　　おれ [折れ : 부러짐, 꺾어짐.　　(折 : 꺾을 절)
　　　　[俺. 己. 乃公] : 나, 내.　　(俺 : 나 엄, 己 : 몸 기, 乃 : 곧 내, 公 : 공정할 공)

3 언어로 확인한 참 역사

- 위 단어는 이두인 '折'자를 뜻으로 해석하여 백제 말 "오래"가 "부러짐"이라는 뜻으로 바뀌어 지기도 했으나, "俺己 乃公"은 "나 엄"자만을 보고 "나"라는 뜻을 만들었다. 그러나 위 문장에 "나"라는 뜻이 내재되어 있기도 하다.

143

- 위와 같은 방법으로 일본어?의 단어를 만든 결과 '折れ. 俺己. 乃公'자를 'おれ'라고 읽는 웃지 못할 꼴이 되었다. 이런 것을 우리는 지금까지 "**명치식 읽기**"라고 명명해 왔다.
- 조선사람들이 "俺. 己. 乃公"가 "어깨 내고"의 이두인 줄 알아보지 못하도록 일본정부와 어용학자들이 가운데 점을 찍어 두었다.
- '折れ, 俺己. 乃公'자가 없었다면 'おれ'가 원래 무엇을 의미했던 백제 말인지 영영 몰랐을 것이다.
- 모든 일본말?은 이렇게 만들어졌다.

 御洒落

1 연구하는 교실

일본말을 만들 때 모델이 된 말은 "(주름을) 없애려고"이다. 이 말을 일본인들은 사투리로 "업셀라구"라고 했다. 이 말을 다시 현대 일본인들이 주로 사용하는 "이두"로 써보면 아래와 같다. 그러나 위 말은 종성이 있으므로 이두로 표현하기가 그리 쉽지는 않았을 것이다.

御洒落
어세락   (이두인 '락'자의 종성을 아래로 연철 시키면)
어세라구   (이 말을 현대인이 알기 쉽게 고치면)
업셀라구
없애려고   (의 뜻이 된다)

••• 일본인들은 "御洒落"을 읽을 때, '명치식 읽기'로 "おしゃらく(오샤라꾸)"라고 했다. 또 그들은 '어'나 '으'발음이 어려워서 흔히 '오'나 '우'로 발음하는 경향이 많다. 그래서 '御'자를 'お(오)'로 발음하였다. 여기에서는 존칭어로 '御(お)'자를 붙인 것이 아니라는 사실을 유념해 두어야 한다. 이런 경우가 심심찮게 있다.

2 초대 천황, 명치(1867년 : 고종 15년) 이후 일본정부 산하 조선어 비밀연구원들이 위의 말의 띄어쓰기를 무시하며 함부로 갈라서 아래와 같은 사전적 단어를 만들어 내었다. 사실은 여기서 부터가 백제말(조선말)과 일본말?과의 경계선이다.

おしゃらく [御洒落] : 멋을 냄, 멋쟁이.   (洒 : 씻을 세, 落 : 떨어질 락)

3 언어로 확인한 참 역사

••• 처음 부분에서 설명하고 있듯이 "御洒落"는 백제말(조선말), '(주름을) 업셀라구'를 표현한 이두이다. 그래서 "멋쟁이"라는 단어의 뜻이 나온 것이다.
••• 모든 일본말?은 이렇게 만들어졌다.

 # おしゃま(=업세마)

1 연구하는 교실
앞 회에서와 같이 "おしゃらく[御洒落=업셀라귀]"는 '주름을 없애려고'한다는 뜻이 있으므로 일본의 어용학자들이 "멋쟁이"라는 단어 뜻을 만들어 내었다. 그래서 "おしゃらく"를 "おしゃれ(업세래)"라고도 한다. 반면에 "おしゃま(=업세마)"는 '주름'이 아니고 '어린 티를 없애면'이라는 뜻이다. 그래서 아래와 같은 단어의 뜻을 만들어 내었다.

  おしゃま : 깜찍함, 어린아이가 어른처럼 행동함. (= おませ, おちゃっぴぃ)

2 사색하는 교실
그러나 여기에서 한 가지 주의해야 할 점이 있다. "御洒落"처럼, 이두한자가 없는 경우에는, 즉 "おしゃま" 만으로는 말하고자 하는 뜻이 무엇인지 정확하게 알 수가 없다. 왜냐하면, 한글과 달리 '백제 글자'로는 '백제 말'을 정확하게 표기할 수 없기 때문이다. 그러나 다행하게도 "おしゃま"의 경우에는 그 뜻이 "おませ나 おちゃっぴぃ"와 같다고 하였으므로 그 뜻을 알아보면 위 단어의 설명이 틀림없음을 확인할 수 있다.

3 아래에서 おませ와 おちゃっぴぃ의 뜻을 알아보기로 한다.
① おませ : 조숙함, 또는 그런 아이.
 이런 단어의 뜻이 생긴 이유.
 이 말은 おませ(오마세) → 엄마세 → 엄마일세, 에서 나온 말로서, 화장을 시켜 놓으니까 어린 티가 없어지고 어린애가 엄마 같다는 뜻이다.
② おちゃっぴぃ : 수다스럽고 깜찍하며 장난기가 많은 여자아이.
 이런 단어의 뜻이 생긴 이유.
 이 말은 おちゃっぴぃ(오짯피) → 어차피, 에서 나온 말로서, 어리지만 어차피 남자를 알게 되었으니 어린 티가 없어지고 라는 뜻이 내재되어 있다.
③ 이런 말들로 미루어 볼 때 아직 어린 원주민 아이들에게 매춘행위를 시켰다는 것을 알 수 있다.

④ 이렇게 백제 말을 분석해 보면, 옛 일본의 당시 사회상이 어떠했는지도 알 수 있다.
▦ 모든 일본말?은 이렇게 만들어졌다.

 # 오모 시로며

1 연구하는 교실

일본말을 만들 때 모델이 된 말은 "오면 돌리며 빼, 이~"이다. 일본인들은 이 말을 사투리로 "오모 시로며 빼, 이~"라고 했다. 이 말을 다시 현대 일본인들이 주로 사용하는 "백제 글자"와 "이두"로 써보면 아래와 같다.

  おも しろ**面　白**, い~
  오모 시로면　백, 이~　　(이두 한자의 종성을 없애면)
  오모 시로며　배, 이~　　(한자에는 '빼'자가 없으므로 '배'자로 대용하고 있다)
  오모 시로**며**　**빼**, 이~　(이 사투리를 현대인이 알기 쉽게 고치면)
  오면 돌리며　**빼**, 이~　(의 뜻이 된다)

- 오모 : '오면'의 사투리.
- 시로다 : '돌리다'의 사투리.
- "시루다"라도고 한다. (pump를 시루다)
- 이~ : 이야기의 흥을 돋우거나 동의를 청하는 도움말.

2
초대 천황, 명치(1867년 : 고종 15년) 이후 일본정부 산하 조선어 비밀연구원들이 위의 말의 **띄어쓰기를 무시하며 함부로 갈라서** 아래와 같은 사전적 단어를 만들어 내었다. 사실은 여기서 부터가 백제말(조선말)과 일본말?과의 경계선이다.

  おもしろい [面白い] : 재미있다. 우습다.　　(面 : 얼굴 면, 白 : 흰 백)

3 언어로 확인한 참 역사

- 위 단어는 이두인 "面白"자의 한자 뜻과는 아무런 상관이 없다. "오면 돌리며 빼, 이~" 이 말에서 '**재미있다**'라는 말을 추출해 내었다. 이 결과 백제말 "~面白(~며 빼)"을 "오모시로"라고 읽는 웃지 못할 꼴이 되었다. 이런 것을 우리는 지금까지 "**명치식 읽기**"라고 명명해 왔다.

- "おもしろ" 옆에 있는 "い"자는 "面白い"와 균형을 맞추기 위하여 일본의 어용학자들이 의도적으로 갖다 붙인 자이다.
- '面白'자가 없었다면 'おもしろい'가 원래 무엇을 의미했던 백제말인지 영영 몰랐을 것이다. 그리고 "~面 白"은 어원상 띄어 써야 할 자리이다. 그런데도 일본정부는 악랄하게도 이 말을 붙여서 새로운 말?을 만들어 냈다.
- 파생

　　おも [面] : ①얼굴, 모습 ②표면
　　しろい [白い] : 희다

- 모든 일본말?은 이렇게 만들어졌다.

 # 烏帽, 子

오늘은 간단한 이두부터 연구해 보고자 한다.

1 연구하는 교실

　　侍, 烏帽, 子　　(이두한자에 종성이 없으므로 그대로 백제말이다.)
　　시, 오모, 자　　(이 사투리를 현대인이 알기 쉽게 고치면)
　　x, 오면, 자　　(의 뜻이 된다)

- 시 : 여성기의 옛 이름.
- 오모 : '오면'의 사투리.
- 자 : '잔다'는 뜻.

2 초대 천황, 명치(1867년 : 고종 15년) 이후 일본정부와 어용학자들은 위의 말을 아래와 같이 고쳐 썼다.

　　さむらい-えぼし [侍-烏帽子] : 옛날 무사가 머리에 썼던 巾의 하나.
　　(명치식 읽기)

3 언어로 확인한 참 역사

- 따라서 위의 변화를 알고 있는 글 읽는 이들은 "옛날에 무사가 머리에 쓰던 巾"같은 것은 존재한 적이 없었다는 것을 충분하고도 충분히 알게 되었다. 이 단어의 뜻이 일본정부의 어용학자들에 의하여 책상 위에서 만들어 낸 사실을 알고 있기 때문이다.
- 또한 앞회에서 "侍"자를 "さむらい"라고 읽었던 일을 기억할 필요가 있다. "侍(시)"는 여성기의 옛 이름인데 어떻게 "さむらい"가 될 수 있는가? 말을 만들어도 그렇지 너무나 터무니 없다.
- 일본정부는 심심하면 위처럼 옛날에 어쩌구 저쩌구 하는 식으로 역사를 만들어 내곤 해왔다.

∙∙∙ 한 번 더 강조하면, "<u>오모</u> 자(烏帽, 子)"라는 말의 띄어쓰기를 무시하고 "모자(帽子)"라는 말을 만들어 내었으니, 일본의 어용학자들의 연구 솜씨는 탁월하다 하겠다.
∙∙∙ 또 한 가지, 앞 회에서 "おも, しろ面 白い"에서 "おも"를 平仮名이 나오기 전에는 이두한자로 "烏帽"라고 썼다는 사실도 함께 알게 되었다.
∙∙∙ 모든 일본말?은 이렇게 만들어졌다.

 # 오미야게

1 연구하는 교실

일본말을 만들 때 모델이 된 말은 "또 싸면서, (하는 말이, 곧) 이어 할게"이다. 이 말을 일본인들은 사투리로 "또 싸미, '이아께"라고 했다. 이 말을 다시 현대 일본인들이 주로 사용하는 "백제글자"와 "이두"로 써보면 아래와 같다.

<u>土 産み やげ</u>
토 산미, 야게   (이두한자 '산'자의 종성을 없애면)
토 사미, 야게   (한자에는 '또'나 '싸'자가 없으므로 '토'자와 '사'자로 대용)
또 <u>싸미, 야게</u>   ('야는 '이아'의 줄인 말)
또 싸미, 이아게   (이 사투리를 현대인이 알기 쉽게 고치면)
또 싸미, 이아께
또 싸면서, 이어 할게   (의 뜻이 된다)

2 사색하는 교실

- 싸미 : '싸면서'의 사투리.
- '이아께(いあけ)'라고 표기하면 조선(한국)사람들이 '이것은 한국말이구나!'하고 눈치 챌까봐 '이아게(いあげ → やげ)'로 살짝 고쳤다. 일본인들이 얼마나 백제말(조선말)을 연구했는지 알 수 있는 단면이다.

3

초대 천황, 명치(1867년 : 고종 15년) 이후 일본정부 산하 조선어 비밀연구원들이 위의 말의 띄어쓰기를 무시하며 함부로 갈라서 아래와 같은 사전적 단어를 만들어 내었다. 사실은 여기서 부터가 백제말(조선말)과 일본말?과의 경계선이다.

おみやげ [御土産] : 선물   (*お, 御자는 존칭어)

4 언어로 확인한 참 역사

- 위 단어는 '土産'자를 정책적으로, 또는 뜻으로 해석하여 '(또 쌔)미 이아게'라는 백제말을 '선물'이라는 뜻으로 바꾸어버렸다.

- 이렇게 단어를 만든 결과 "土産"자를 "みやげ"라고 읽는 웃지 못할 꼴이 되었다. 이런 것을 우리는 지금까지 **"명치식 읽기"**라고 명명해 왔다.
- '土産'자가 없었다면 'みやげ'가 원래 무엇을 의미했던 백제말인지 영영 몰랐을 것이다.
- 이 단어도 띄어쓰기를 무시해 가면서 가장 악랄하게 만든 말 중의 하나이다.
- 모든 일본말?은 이렇게 만들어졌다.

 대구 달성고원의 성주는 "奈麻克宗"

1 연구하는 교실

친구들이 달성공원에 가보자고 극성을 부려서 마지못해 가봤더니 예상치 못한 사료를 발굴하였다. 신라시대 성주 이름이,

奈麻克宗
나마극종   (이두한자의 종성을 없애면)
나마그조   (띄어쓰기를 다시하면)
나, 마그 조!   (현대인이 알기 쉽게 고치면)
나, 막어 줘!   (의 뜻이 된다)

2 역사를 보는 눈

- 성주가 달성을 쌓아놓고 부하 장수들에게 "나, 막어 줘!" 했다는 뜻이다. 그래서 "나, 마그 조!"가 성주의 이름이 되었다. 옛일본의 **가마꾸라** 막부와 발상이 완전히 같다. "가마꾸라" 즉, "가(서) 막거라"라는 뜻이다. 물론 부하 장수들이 적을 가서 막으면 녹도 주고 가족도 보호해 주곤 했다. "막부"도 결국 같은 소리다. "(적을) 마그부"라는 뜻이다. 이런 예들은 후일 일본의 역사를 재조명 할 때 한 번 더 알아 볼 예정이다. 옛 일본인들이 이렇게 백제 말을 사용했기 때문에 '왜'를 "**백제고을**"이라고 하고 "왜" 인들을 "**백제왕의 신민**"이라고 하는 것이다.

- 앞으로의 이야기 전개를 위하여 미리 밝혀 두면 일본인들은 종성을 발음하지도 못하지만 平仮名(백제글자)에는 "어"나 "으"발음이 없기 때문에 "가(서) 막거라"는 "가 마꾸라"로 발음할 수밖에 없었다. 이외에도 "어"나 "으" 발음은 "お" "う" "あ" 등으로 바꾸어 발음하기도 했다. 이런 사실을 두고 보면, 백제뿐만 아니라 신라도 우리말을 한자로 기록했다는 사실을 알 수 있다. 그러므로 옛 문헌 중에는 이두로 재해석해야 할 책들이 다수 있다. 거기에는 지금과는 다른 역사가 흐르고 있을 것이다.

 대오비

1 연구하는 교실

일본말을 만들 때 모델이 된 말은 "[(.)를 (.)에 대어버려"이다. 이 말을 일본인들은 사투리로 "대으비 → 대오비"라고 했다. '으'를 발음할 때 선택할 수 있는 'う'나 'お'중에서 'お'를 선택하여 발음한 것이다. 이 말을 다시 현대 일본인들이 주로 사용하는 '백제 글자'와 '이두'로 써보면 아래와 같다.

    帯おび   (제거할 종성이 없으므로 그대로 백제 말이 된다.)
    대오비   (이 사투리를 현대인이 알 수 있게 고치면)
    대어버려 (의 뜻이 된다.)

••• 대다 : 서로 맞닿게 하다.

2

초대 천황, 명치(1867년 : 고종 15년) 이후 일본정부 산하 조선어 비밀연구원들이 위의 말의 띄어쓰기를 무시하고 함부로 갈라서 아래와 같은 사전적 단어를 만들어 내었다. 사실은 여기서 부터가 백제말(조선말)과 일본말?과의 경계선이다.

    おび [帯] : 허리띠   (帯 : 띠 대)

3 언어로 확인한 참 역사

••• 위 단어는 이두인 "帯"자를 정책적으로 뜻으로 해석하여 백제 말, '(대)오비'가 "띠"라는 뜻으로 바뀌고 말았다.
••• 위와 같은 방법으로 일본어?의 단어를 만든 결과 "帯"자를 'おび'라고 읽는 웃지 못할 꼴이 되었다.
••• "帯"자가 없었다면 'おび'가 원래 무엇을 의미했던 백제말인지 영영 몰랐을 것이다.
••• 가장 일본적인 말 '오비'까지 백제 말이니 다른 말은 더 논할 것도 없을 것이다.
••• 모든 일본말?은 이렇게 만들어졌다.

 # 오시이소

1 연구하는 교실

일본말을 만들 때 모델이 된 말은 "오십시요! 끼우세요!"이다. 이 말을 일본인들은 사투리로 "오시이소! 끼이소!"라고 했다. 이 말을 다시 현대 일본인들이 주로 사용하는 백제글자와 이두로 써보면 아래와 같다.

　　五十いそ, 磯いそ
　　오십이소, 기이소　　　(이두인 "十"자의 종성을 제거하면)
　　오시이소, 기이소　　　(한자에는 "끼"자가 없으므로 "기"자로 대용하고 있음)
　　오시이소, 끼이소　　　(이 사투리를 현대인이 알 수 있게 고치면)
　　오십시요!, 끼우세요!　　(의 뜻이 된다)

2

초대 천황, 명치(1867년 : 고종 15년) 이후 일본정부산하 조선어 비밀연구원들이 위의 말을 함부로 갈라서 아래와 같은 사전적 단어를 만들어 내었다. 사실은 여기서 부터가 백제말(조선말)과 일본말?과의 경계선이다.

　　いそ [五十] : 쉰, 五十.
　　　　[磯] : (바다, 호수의) 돌, 바위가 있는 물가.　　(磯 : 여울돌 기)

3 언어로 확인한 참 역사

- 위 단어는 이두인 "五十", "磯"자를 뜻으로 해석한 결과 백제말 "(오시)이소, (끼)이소"가 "쉰" 등의 뜻으로 바뀌고 말았다.
- 위와 같이 단어를 만든 결과 "五十"과 "磯"자를 "이소(いそ)"라고 읽는 웃지 못할 꼴이 되었다.
- 또한 위의 "五十"과 "磯"자가 없었다면 "이소(いそ)"가 원래 무엇을 의미했던 백제말인지 영영 몰랐을 것이다.
- 모든 일본말?은 이렇게 만들어졌다.

 여 온나

1 연구하는 교실

일본말을 만들 때 모델이 된 말은 "넣어 오너라"이다. 이 말을 일본인들은 사투리로 "여 온나"라고 했다. 이 사투리를 현대 일본인들이 주로 사용하는 "백제글자"와 "이두"로 써보면 아래와 같다.

    女   おんな   (이두한자에 종성이 없으므로 그대로 백제말이다)
    여   온나   (이 사투리를 현대인이 알기 쉽게 고치면)
    여기에 오너라   (의 뜻이 된다)

- 여 : '넣어'의 사투리.
- 온나 : '오너라'의 사투리.

2

초대 천황, 명치(1867년 : 고종 15년) 이후 일본정부 산하 조선어 비밀연구원들이 위의 말의 띄어쓰기를 무시하며 함부로 갈라서 아래와 같은 사전적 단어를 만들어 내었다. 사실은 여기서 부터가 백제말(조선말)과 일본말?과의 경계선이다.

    おんな [女] : 여자.

3 언어로 확인한 참 역사

- 위 단어는 이두인 '女'자를 뜻으로 해석하여 '(여기에) 온나'라는 백제말을 '여자'라는 뜻으로 바꾸어버렸다. 이렇게 단어를 만든 결과 "女"자를 "おんな"라고 읽는 웃지 못할 꼴이 되었다. 이런 것을 우리는 지금까지 **명치식 읽기**라고 명명해 왔다.
- '女'자가 없었다면 'おんな'가 원래 무엇을 의미했던 백제말인지 영영 몰랐을 것이다.
- 모든 일본말?은 이렇게 만들어졌다.

 "아스카"는 "무쇠 터"인가

이영희 교수의 이론

일본인들은 경우에 따라 "아스카"를 "飛鳥"라 쓰기도 하고 "明日香"이라고 쓰기도 했다. 그래서 飛鳥=明日=生鐵의 논리가 성립한다. 부연하면, 고대 한국어로 '아'는 '맨 가장자리' '하늘', '최고'를 뜻했다. '스'는 '무쇠', '날이 샘'을, '카' 즉 '가'는 '곳'을 의미한다. 따라서 "아스카"는 '최고의 무쇠 터'인 동시에 '날이 새는 곳'을 의미한다. 따라서 "아스카"는 '최고의 무쇠 터'인 동시에 '날이 새는 곳'을 가리키는 우리 옛 말이었음을 알 수 있다. 백제계의 말이다. 역대 천황과 권력자들의 궁전이 두루 아스카천 변에 있었던 것을 봐도 냇가에 砂鐵이 많이 쌓여 있었음을 알 수 있다. 고대 제철은 砂鐵을 불려 이룩했다. 한자 飛鳥를 "아스카"라 읽을 수는 없다. 그러나 '飛鳥'와 '明日'은 연계된다. 한자 '飛'는 한국식 훈독으로 '날'이라 읽을 수 있다. 한편 '鳥'의 훈독은 '새'. 두 소리를 합치면 '날새'. '날이 새면 곧 明日'이다. 飛鳥와 明日은 이렇게 연결된다. 한편 '날새'의 '날'은 '生'을 뜻한다. '새'는 '무쇠'의 옛 소리. '새와 같다. 따라서 '飛鳥=明日=生鐵'의 図式이 성립된다. '飛鳥'를 "아스카"라 읽어도 이상하지 않은 논리가 방증되는 대목이다.

이 교수의 오류

이 무슨 변괴인가? 이 무슨 궤변인가?

飛鳥=明日=生鐵, 이 3단어가 동의어가 되다니…

더더구나 "아스카"가 '무쇠 터'를 의미하는 우리 옛 말이 될 수는 없다.

A. 이 교수가 이런 오류를 범하게 된 근본 원인은 아래와 같이 전개해 보면 금방 알 수 있게 된다.

- 飛(날 비), 鳥(새 조)

  이 字에서 "날"과 "새"를 취하면 "날새"가 된다. 다시 말하면 "날아 다니는 새"라는 뜻이 "날이 샌다"는 뜻으로 바뀌게 된다. '날이 새면 곧 明日'이 된다. 또 이 "날" 자는 "생 것"이라는 의미도 있으므로 "生"의 뜻이 된다. 그리고 위의 "새" 자는 "쇠"와 발음이 유사하니 "鐵"과 같은 말이다. 따라서 "날새"라는 말은 "生鐵"이라는 말과도 같은 뜻이 된다. 그러므로 飛鳥=明日=生鐵 이라는 등식이 성립된다.

그렇다면 여기에서 한가지만 추가하고자 한다. "날새"는 "나 일세"와 같은 뜻이고 "本人"이라는 뜻이므로 飛鳥=明日=生鐵=本人 이라는 등식이 성립된다. 한 가지만 더 추가해 보자. 나 본인은 남신웅 이니 飛鳥=明日=生鐵=本人=남신웅 이라는 등식이 성립된다. 요즈음 머리 좋은 젊은 아이들에게 시키면 하루 종일, 말을 이어나갈 수 있을 것으로 판단된다. 게다가 이교수는 일본정부의 선전과 교육처럼, 일본어가 고대부터 존재했다는 선입관념에 빠져 있었기 때문에 일본어가 백제어의 영향을 받았을 뿐이라는 막연한 추론을 하고 있었다고 보여진다.

B. 이교수가 모르고 있었던 일

첫째 옛 일본이 백제의 한 고을 이었으며 그 백제의 신민들이 백제말을 사용했었다는 사실을 상상도 할 수 없었다.

둘째 이 교수는 "앗다"의 우리말 뜻이나, 이두 "비조(飛鳥)"의 의미를 전혀 모르고 있었다. 좀 더 구체적으로 '왜'시대에 두 병졸이 하는 말을 들어보면 이해가 쉬우리라 본다.

1 연구하는 교실

"저걸 뺏을까? 어쩔까?"

"아니, 그러면 문제가 복잡해질 수 있어요. 성공하지 못할 수도 있구요. 차라리 한번 달라고 빌어 보지요"

이 말을 일본인들은 "아스까? (아니, 차라리) 비죠"라고 했다. 이 말을 다시 현대 일본인들이 주로 사용하는 "백제 글자"와 "이두"로 써보면 아래와 같다.

 あすか? 飛鳥! (이두한자에 종성이 없으므로 그대로 백제말이다)
 아스까? 비조! (이 사투리를 현대인이 알기 쉽게 고치면)
 앗을까? 비죠! (의 뜻이 된다)

 # 가까 하고

1 연구하는 교실

일본말을 만들 때 모델이 된 말은 "(이것을) 끌어 갈까? 하고..."이다. 이 말을 일본인들은 사투리로 "끄사하 가까? 하고..."라고 했다. 이 말을 다시 현대 일본인들이 주로 사용하는 "백제글자"와 "이두"로 써보면 아래와 같다.

<u>筥箱函</u> 匣筐? はこ
거상함 갑광? 하고 (이두한자의 종성을 없애면)
<u>거사하</u> 가과? 하고 (여기에서는 '과'와 '가'를 구별없이 사용)
거사하 가가? 하고 (이 사투리를 현대인이 알기 쉽게 고치면)
<u>꺼사하</u> 가까? <u>하고</u>
끌어 갈까? 하고 (의 뜻이 된다)

- 거사하 → 꺼사하 : '끌어'의 사투리.
한자에는 '꺼'자가 없으므로 '거'자로 대용하고 있다.
- "가가? → 가까?"도 같은 변화를 거쳤다.

2
초대 천황, 명치(1867년 : 고종 15년) 이후 일본정부 산하 조선어 비밀연구원들이 위의 말의 띄어쓰기를 무시하며 함부로 갈라서 아래와 같은 사전적 단어를 만들어 내었다. 사실은 여기서 부터가 백제말(조선말)과 일본말?과의 경계선이다.

はこ [筥. 箱. 函. 匣. 筐] : 상자.
(筥 : 광주리 거, 箱 : 상자 상, 函 : 함 함, 匣 : 갑 갑, 筐 : 광주리 광)

3 언어로 확인한 참 역사

- 위 단어는 '筥. 箱. 函. 匣. 筐'자를 뜻으로 해석하여 '~하고'라는 백제말을 '**상자**'라는 뜻으로 바꾸어버렸다.
- 이렇게 단어를 만든 결과 "筥. 箱. 函. 匣. 筐"자를 "はこ"라고 읽는 **웃지 못할 꼴**이 되었다. 이런 것을 우리는 지금까지 "**명치식 읽기**"라고 명명해 왔다.

# "明日香"도 "아스카(あすか)"라고 읽는 이유

1 연구하는 교실

앞 回에서 "앗으까? (아니, 차라리) 비죠!" 이 2개의 문장을 분리시켜 "あすか[飛鳥]"라는 단어를 만들어 "飛鳥"를 "あすか"라고 읽게 만든 웃지 못할 사건을 기억할 것이다. 오늘의 화두가 된 "明日香"도 같은 방법으로 풀어 가면 "明日香"을 "あすか"라고 읽는 이유를 쉽게 알 수 있다.

"(한 번 더) 앗을까? (하)며 이어"

이 말을 일본인들은 사투리로 "아스까?며 이햐"라고 했다. 이 말을 다시 현대 일본인들이 주로 사용하는 "백제 글자"와 "이두"로 써보면 아래와 같다.

"あすか?" 明 日 香
"아스까?" 명 일향   (이두에서 종성을 없애면)
"아스까?" 며 이햐   (이 사투리를 현대인이 알기 쉽게 고치면)
"앗으까?" 며 이어   (의 뜻이 된다)

••• 이햐 : "이어"의 일본지방 사투리.
••• 앞 回에서 보듯이 이영희 교수는 "明日"이라는 말을 만들 때 슬쩍 '香'자를 설명에서 빼고 (설명을 못 하고) 구렁이 담 넘어가듯 했다. 이영희 교수는 "明日香"을 이런 식으로 설명하면 안 된다는 사실을 너무나 잘 알면서…

2 사색하는 교실

그러나 실제로 "あすか[明日香]"와 같은 단어는 사전에 나와 있지 않으나 일본인들은 "明日香"을 "あすか"라고 읽고 있다. 이런 것을 우리는 지금까지 "명치식 읽기"라고 명명해 왔다.

••• 파생

あす [明日] : 내일. 명일.

••• 모든 일본 말?이라는 것은 이렇게 만들어졌다.

 # 와이로?

1 연구하는 교실

사과 상자에 큰돈을 담아 보내니, 받는 사람도 놀라서 "와이로?"라고 묻는다. "왜 이러느냐?", "왜 이렇게 하느냐?" 다시 말하면, "왜 이렇게 큰돈을 보내느냐?"라는 뜻이다. 심부름꾼의 대답은 "빼래"였다. 무슨 뜻이냐 하면, 공모하여 나랏돈을 빼내어 간 사람이 여럿 있었는데, 그 중 한 사람이었던 회장님이 돈을 건네주면서 그 명단에서 자기 이름을 "빼라고 그래"씨다, 는 뜻이다. 이 말을 현대 일본인들이 주로 사용하는 "백제 글자"와 "이두"로 써보면 아래와 같다.

　　わいろ? 賄賂!　　(이 이두에는 종성이 없으므로 그대로 백제말이다)
　　와이로? 회뢰!　　(한자에는 '빼'자가 없으므로 '회'자로 대용하고 있다)
　　와이로? 빼뢰!　　(현대인이 알기 쉽게 고치면)
　　왜 이러느냐? 빼래! (의 뜻이 된다)

2

초대 천황, 명치(1867년 : 고종 15년) 이후 일본정부 산하 조선어 비밀연구원들이 위의 말의 띄어쓰기를 무시하며 함부로 갈라서 아래와 같은 사전적 단어를 만들어 내었다. 사실은 여기서 부터가 백제말(조선말)과 일본말?과의 경계선이다.

　　わいろ [賄賂] : 회뢰, 뇌물.　　(賄 : 뇌물 회, 賂 : 뇌물 뢰)

3 언어로 확인한 참 역사

- 위 단어는 "賄賂"자를 정책적으로 뜻으로 해석하여 백제 말 "와이로"가 "뇌물"이라는 뜻으로 바뀌고 말았다. 다시 말하면 '와이로?'라는 말이 한자(賄賂)의 뜻에 의하여 '뇌물'이라는 뜻으로 바뀌고 말았다.
- 위와 같은 방법으로 일본어?의 단어를 만든 결과 "賄賂"자를 'わいろ'라고 읽는 웃지 못할 꼴이 되었다. 이런 것을 우리는 지금까지 **명치식 읽기**라고 명명해 왔다.
- '賄賂'자가 없었다면 'わいろ'가 원래 무엇을 의미했던 백제 말인지 영영 몰랐을 것이다.

◦◦◦ '賄賂(회뢰)', 이 한자는 대학 시험에도 자주 출제되던 한자이다. '회뢰'를 한자로 어떻게 쓰느냐고 묻기도 했고, 그 뜻을 묻기도 했다. 우리나라 사전들이나 대학들이 '회뢰'에 위와 같은 사연이 있는 말인 줄 알고 사전에 싣고, 시험에 출제를 했었는지 묻고 싶다. <u>아니 "賄賂"를 "뇌물"이라는 뜻으로 사용하면 안 된다.</u> 이 말을 이렇게 사용하면 "일본말?"이라는 것을 인정해 주는 꼴이 되기 때문이다. 거듭 밝히지만 일본어 사전에 있는 한자들은 모두 '이두'이다. 그런 사실을 모르고 그대로 베껴 사용하면 엄청난 오류를 범하게 된다. 이 단어는 하나의 예에 불과하다는 사실도 함께 깨달아 주었으면 한다.

◦◦◦ 모든 일본말?은 이렇게 만들어졌다.

 가까 하고

1 연구하는 교실

일본말을 만들 때 모델이 된 말은 "(이것을) 끌어 갈까? 하고…"이다. 이 말을 일본인들은 사투리로 "끄사하 가까? 하고…"라고 했다. 이 말을 다시 현대 일본인들이 주로 사용하는 "백제글자"와 "이두"로 써보면 아래와 같다.

    筥箱函 匣筺? はこ
    거상함 갑광? 하고   (이두한자의 종성을 없애면)
    <u>거사하</u> 가과? 하고   (여기에서는 '과'와 '가'를 구별없이 사용)
    거사하 가가? 하고   (이 사투리를 현대인이 알기 쉽게 고치면)
    <u>꺼사하</u> 가까? <u>하고</u>
    <u>끌어</u>   갈까? 하고   (의 뜻이 된다)

- 거사하 → 꺼사하 : '끌어'의 사투리.
  한자에는 '꺼'자가 없<u>으므로</u> '거'자로 대용하고 있다.
- "가가? → 가까?"도 같은 변화를 거쳤다.

2
초대 천황, 명치(1867년 : 고종 15년) 이후 일본정부 산하 조선어 비밀연구원들이 위의 말의 띄어쓰기를 무시하며 함부로 갈라서 아래와 같은 사전적 단어를 만들어 내었다. 사실은 여기서 부터가 백제말(조선말)과 일본말?과의 경계선이다.

    はこ [筥. 箱. 函. 匣. 筺 : 상자.
        (筥 : 광주리 거, 箱 : 상자 상, 函 : 함 함, 匣 : 갑 갑, 筺 : 광주리 광)

3 언어로 확인한 참 역사

- 위 단어는 '筥. 箱. 函. 匣. 筺'자를 뜻으로 해석하여 '~하고'라는 백제말을 '**상자**'라는 뜻으로 바꾸어버렸다.
- 이렇게 단어를 만든 결과 "筥. 箱. 函. 匣. 筺"자를 "はこ"라고 읽는 **웃지 못할 꼴**이 되었다. 이런 것을 우리는 지금까지 "**명치식 읽기**"라고 명명해 왔다.

- '笘. 箱. 函. 匣. 筐'자가 없었다면 'はこ'가 원래 무엇을 의미했던 백제말인지 영영 몰랐을 것이다.
- 위에서 보듯이 조선(한국)사람들이 '이두'인 줄 알아보지 못하도록 한자 사이에 점을 찍어 두었다.
- 저들이 "はこ"를 어떻게 발음하든 간에 어원으로 보면 "하고"라고 발음해야 한다.
- 모든 일본말?은 이렇게 만들어졌다.

 # 왜, 보까?

1 연구하는 교실

일본말을 만들 때 모델이 된 말은 "왜, 보기만 할까? 타!"이다. 이 말을 일본인들은 사투리로 "왜, 보까? 타!"라고 했다. 이 말을 다시 현대 일본인들이 주로 사용하는 백제글자와 이두로 써보면 아래와 같다.

外, ほか?	他	(이두한자에 종성이 없으므로 그대로 백제말이다)
외 호까?	타!	("보"자를 연음화 하여 "호"자로 표기)
외, 보까?	타!	(이 말을 알기 쉽게 고치면)
왜, 볼까?	타!	
왜, 보기만 할까?	타!	(의 뜻이 된다)

2

초대 천황, 명치(1867년 : 고종 15년) 이후 일본정부 산하 조선어 비밀연구원들이 위의 말의 띄어쓰기를 무시하고 함부로 갈라서 아래와 같은 사전적 단어를 만들어 내었다. 사실은 여기서 부터가 백제말(조선말)과 일본말?과의 경계선이다.

ほか [外. 他] : 그 밖, 이외

3 언어로 확인한 참 역사

- 위 단어는 이두인 '外. 他'자를 정책적으로 뜻으로 해석하여 백제 말 "호까(=보까)?"가 "이외"라는 뜻으로 바뀌고 말았다.
- 위와 같은 방법으로 일본어?의 단어를 만든 결과 '外. 他'자를 'ほか'라고 읽는 웃지 못할 꼴이 되었다. 이런 것을 우리는 지금까지 **"명치식 읽기"**라고 명명해 왔다.
- '外. 他'자가 없었다면 'ほか'가 원래 무엇을 의미했던 백제 말인지 영영 몰랐을 것이다.
- 일본정부와 그 어용학자들은, 조선사람들이 "外. 他" 자가 조선말 이두인 줄 몰라보도록 글자사이에 점을 찍어 두었다.
- 모든 일본말?은 이렇게 만들어졌다.

 요미우리

よみ

1 연구하는 교실

일본말을 만들 때 모델이 된 말은, 뭘 잇는지는 몰라도 "또 이어면서"이다. 이 말을 일본인들은 사투리로 "또 이오미"라고 했다. 이 말을 다시 현대 일본인들이 주로 사용하는 "백제글자"와 "이두"로 써보면 아래와 같다.

讀 よみ
독 요미　　　(이두한자의 종성을 없애면)
도 요미　　　(한자에는 "또"자가 없으므로 "도"자로 대용)
또 요미　　　(이합사인 "요"자를 풀어 쓰면)
또 이오미　　(이 사투리를 현대인이 알기 쉽게 고치면)
또 이어면서　(의 뜻이 된다)

2
초대 천황, 명치(1867년 : 고종 15년) 이후 일본정부 산하 조선어 비밀연구원들이 위의 말을 함부로 갈라서 아래와 같은 사전적 단어를 만들어 내었다. 사실은 여기서 부터가 백제말(조선말)과 일본말?과의 경계선이다.

よみ [讀み : 읽기　　(讀 : 읽을 독)

3 언어로 확인한 참 역사

* 위 단어는 "讀"자를 뜻으로 해석하여 백제 말, '요미'가 "읽기"라는 뜻으로 바뀌고 말았다.
* 讀자 옆에 있는 み자는 "よみ"와 균형을 맞추기 위하여 일본정부와 어용학자들이 써넣은 글자이다.
* 위와 같은 방법으로 일본어?의 단어를 만든 결과 '讀み'자를 'よみ'라고 읽는 웃지 못할 꼴이 되었다. 이런 것을 우리는 지금까지 "**명치식 읽기**"라고 명명해 왔다.
* '讀'자가 없었다면 'よみ'가 원래 무엇을 의미했던 백제 말인지 영영 몰랐을 것이다.
* 파생

よむ [讀む] : 읽다.

うり

1 연구하는 교실

일본말을 만들 때 모델이 된 말은 "우리 매어서 고아"이다. 이 말을 일본인들은 사투리로 "우리 매, 과"라고 했다. 이 말을 다시 현대 일본인들이 주로 사용하는 "백제글자"와 "이두"로 써보면 아래와 같다.

  うり 賣, 瓜 (이 이두에는 종성이 없으므로 그대로 백제말임)
  우리 매, 과 (이 사투리를 현대인이 알기 쉽게 고치면)
  우리 매어서 고아 (의 뜻이 된다)

2 명치 이후 일본정부 산하 조선어 비밀연구원들이 위의 말을 함부로 갈라서 아래와 같은 사전적 단어를 만들어 내었다.

  うり [賣り] : (물건을) 팖. (賣 : 팔 매)
  [瓜] : 오이   (瓜 : 오이 과)

3 언어로 확인한 참 역사

- 위 단어는 "**賣**"자와 "**瓜**"자를 뜻으로 해석하여 백제 말, '**우리**'가 "**팖**"과 "**오이**"라는 뜻으로 바뀌고 말았다.
- 賣자 옆에 있는 "り"자는 "うり"와 균형을 맞추기 위하여 일본정부와 어용학자들이 만들어 넣은 글자이다.
- 위와 같은 방법으로 일본어?의 단어를 만든 결과 '賣り'와 '瓜'자를 'うり'라고 읽는 웃지 못할 꼴이 되었다. 이런 것을 우리는 지금까지 "**명치식 읽기**"라고 명명해 왔다.
- '賣. 瓜'자가 없었다면 '**우리**'가 원래 무엇을 의미했던 백제 말인지 영영 몰랐을 것이다.
- 파생

  うる [賣る] : 팔다.

다시 과거로 가서 "우리(うり)"와 만나보자.
　　"うり"라는 말이 백제말의 "우리"에서 나온 말임을 확실하게 검정해 볼 수가 있다.

① 茄子

　　　うり 蔓茄 子生
　　　우리 만가 자생　　(이두한자의 종성을 없애면)
　　　우리 마가 자새　　(이 사투리를 현대인이 알기 쉽게 고치면)
　　　우리 막아 자세　　(어떻게 자자는 것인지 설명이 필요 없을 것이다)

•• 이 말은 "うり"에서 언급된 "우리 매어서 고아"와 같은 뜻이다.
•• 말을 창조한다는 것은 어렵고도 어려운 일임이 틀림없다. 그래서 일본인 학자? 들은 어떻게 했는가? 말을 창조하지는 못하고 백제말의 골격을 유지하면서 아래와 같은 말을 만들어 내었다. 특히 "마가 자세"에서 띄어쓰기를 함부로 바꾸어 "가자(茄子)"라는 말을 조작해 내는 과정을 눈여겨 봐야한다.

　　　うりの 蔓(つる)に なすび(茄子)は 生(な)らぬ.
　　　(즉, 오이 덩굴에 가지는 안 열린다)
　　　(다시 말하면, 콩 심은데 콩 나고, 팥 심은데 팥 난다)

는 뜻이다.

② 위의 말을 더 쉽게 이해하자면 "つる"와 "なすび" 그리고 "なる"의 출생 유래를 알아 둘 필요가 있겠다.

　1) つる

　　ㄱ. 이 말을 만들 때 모델이 된 말은 "조저 넣어 하, 하면 확 쓸어"이다. 이 말을 일본인들은 사투리로 "조저 여 혀, 혀마 하꾸 쓰러"라고 했다. 이 말을 다시 현대 일본인들이 주로 사용하는 "백제글자"와 "이두"로 써보면 아래와 같다.

　　　釣吊 攣 弦,　鉉 蔓 鶴　　つる
　　　조적 연 현,　현만 학　　쓰루　　(이두한자의 종성을 없애면)

조저 여 혀,　혀마 하꾸　쓰루　(이 사투리를 알기 쉽게 고치면)
　　　조저 넣어 하, 하면 확　쓸어　(의 뜻이 된다)

- 조지다 : 일이나 말을 허술하게 하지 못하게 되게 단속하다.
- 여 : '넣어'의 사투리.
- 하, 하면 : 격정으로 인하여 말을 더듬는 모양.
- 쓰루 : "쓸어"의 일본지방 사투리.

ㄴ. 명치 이후 일본정부 산하 조선어 비밀연구원들이 위의 말을 함부로 갈라서 아래와 같은 사전적 단어를 만들어 내었다.

　　　つる [釣る. 吊る. 攣る] : 낚다.　(釣 : 낚을 조, 吊 : 이럴 적, 攣 : 연관될 련)
　　　　　[弦] : 현, 활 시위.　　　　(弦 : 시위 현)
　　　　　[鉉] : (냄비 등의) 들 손.　(鉉 : 솥귀 현)
　　　　　[蔓] : 덩굴.　　　　　　　(蔓 : 덩굴 만)
　　　　　[鶴] : 학　　　　　　　　(鶴 : 학 학)

2) なすび

ㄱ. 이 말을 만들 때 모델이 된 말은 "가자, 가! (하니까) 나서버리"더라는 말이다. 이 말을 일본인들은 사투리로 "가자, 가! (하니까) 나서비"라고 했다. 이 말을 다시 현대 일본인들이 주로 사용하는 "백제글자"와 "이두"로 써보면 아래와 같다.

　　　茄子, 茄! なすび　(한자에 종성이 없으므로 그대로 백제말)
　　　가자, 가! 나수비　(이 일본지방 사투리를 알기 쉽게 고치면)
　　　가자, 가! 나서버려 (의 뜻이 된다)

- 평가명(백제글자)으로는 "서"자를 표기할 수가 없으므로 부득이 "す"라고 썼다.

ㄴ. 명치 이후 일본정부 산하 조선어 비밀연구원들이 위의 말을 함부로 갈라서 아래와 같은 사전적 단어를 만들어 내었다. 사실은 여기서 부터가 백제말(조선말)과 일본말?과의 경계선이다.

　　　なすび [茄子. 茄] 가지. ⇒ なす (茄 : 연 줄기 가)

ㄷ. 더 깊이 연구하자면 이 단어를 봐야 한다.

　　なすびば [茄子(茄)齒] : 소녀가 가지껍질로 이를 덮어 시꺼멓게 하는 놀이.
　　(명치식 읽기)

◉ 일본정부의 어용학자들이 이 단어의 뜻을 만들어 놓고 얼마나 곤혹스럽고 답답했으면 이런 어처구니없는 설명을 갖다 붙였는지 이해가 될 것이다. 이 단어의 어원이 아래와 같기 때문이다.

◉ 茄子(茄)齒 → 가자 가치 : "가자 같이"의 이두, 사투리.

3) なる

ㄱ. 이 말을 만들 때 모델이 된 말은 "(일이 잘 안되려니) 날 새며 서버리"더라는 말이다. 이 말을 일본인들은 사투리로 "날 새며 서비"라고 했다. 이 말을 다시 현대 일본인들이 주로 사용하는 "백제글자"와 "이두"로 써보면 아래와 같다.

　　<u>なる</u> 生鳴 成爲
　　나루 생명 성위　　(이두한자의 종성을 없애면)
　　나루 새며 서위　　(일본지방 사투리를 고치면)
　　날　새며 서위　　('위'자는 '뷔'자를 연음화 한 것이므로)
　　날　새며 서뷔　　(현대인이 알기 쉽게 고치면)
　　날　새며 서버려　(의 뜻이 된다)

◉ "ㅂ"을 "ㅇ"으로 표기한 예는 많이 나온다.

ㄴ. 명치 이후 일본정부 산하 조선어 비밀연구원들이 위의 말을 함부로 갈라서 아래와 같은 사전적 단어를 만들어 내었다. 사실은 여기서 부터가 백제말(조선말)과 일본말?과의 경계선이다.

　　なる [生る] : (열매가) **열리다.**
　　　　[鳴る] : 울리다.　　(鳴 : 울 명)
　　　　[成る. 爲る] : 이루어지다.

◉ 모든 일본말?은 이렇게 만들어졌다.

171

 **(나) 왔다, 감아 봐!**

1 연구하는 교실

일본말을 만들 때 모델이 된 말은 "(팔을 벌리면서, 나) 왔다, 감아 봐"이다. 이 말을 일본인들은 사투리로 '와(ㅆ)다, 가마 봐'라고 했다. 이 말을 다시 현대 일본인들이 주로 사용하는 이두한자와 백제글자로 써보면 아래와 같다.

    わだ か ま　蟠
    와다 가마　반　　(이두인 '반'자의 종성을 없애면)
    와다 가마　바　　(현대인이 알 수 있게 고쳐 쓰면)
    왔다, 감아 봐　　(의 뜻이 된다.)

••• 와다 : '와다꾸시'에서 설명 했던 것처럼 '왔다'의 'ㅆ'을 기록하지 못한 상태이다. 平仮名(백제글자)으로는 "왔"자를 표기할 수 없었으므로 부득이 "와(わ)"자를 쓸 수밖에 없었다. 그러므로 일본인들이 실생활에서는 "왔다"라고 발음했다고 판단된다.

••• 가마 : '감아'의 사투리.
(왜인들은 종성을 발음하지 못하였으므로 "가마"와 같이, 종성이 자연스럽게 다음 말에 연철된 경우가 많다)

2
초대 천황, 명치(1867년 : 고종 15년) 이후 일본정부 산하 조선어 비밀 연구원들이 위의 말을 함부로 갈라서 아래와 같은 사전적 단어를 만들었다. 사실은 여기서 부터가 조선 말(백제 말)과 일본말?의 경계선이다.

    わだかまる [蟠る] : ①뒤얽히다. ②서리다, 감정의 응어리가 맺히다.　(蟠 : 서릴 반)

①은 "왔다, 감아 봐"의 백제말 뜻에서 나온 의미이고 ②는 한자의 뜻에서 나온 뜻임

3 언어로 확인한 참 역사

••• 위와 같은 방법으로 일본어?의 단어를 만든 결과 '蟠'자를 'わだかま'라고 읽는 웃지 못할 꼴이 되었다. 이런 것을 우리는 지금까지 **"명치식 읽기"**라고 명명해 왔다.

- 백제 말을 한자로 기록해 놓은 蟠(반)자가 없었다면 'わだかま'가 원래 무엇을 의미했던 백제 말인지 영영 몰랐을 것이다.
- "る"자는 일본정부와 어용학자들이 갖다 붙인 字이다.
- 위에서 보듯이 일본인들은 백제글자와 이두로 그 뜻을 펴나갔다. <u>따라서 우리는 한글과 **백제글자**(平仮名), 두 개의 문자를 만들어 낸 민족이다.</u>
- 모든 일본말?은 이렇게 만들어졌다.

 # 烏等孤의 비밀

성은구님 역주 일본서기 27쪽 상단에 보면 "烏等孤"라는 말이 나온다. 일본인들은 이것을 "おとこ"라고 읽으면서 "사나이, 남자"라는 뜻으로 정하였다. 그러나 이 한자 어디에도 "남자"라는 뜻은 없다. 일본인들이 왜 "烏等孤"를 "남자"라고 하는지 알아볼 필요가 있다.

1 原文

同會(二)一面(一), 時陰 神 先唱曰
喜哉遇二可美 少男(一)焉
[少男, 此云(二)烏等孤(一)]

2 音譯

동회이일면일, 시음 신 선창왈
희재우이가미 소남일언
[소남, <u>차운이오등고일</u>]

3 종성 제거

<u>도</u>회이이며<u>이, 시으</u> 시 서차와
희재<u>우이</u>가미 소나이어
[소나, <u>차우이오 드고이</u>]

4 이 사투리를 한 단계 알기 쉽게 고치면

또 회이이며 <u>이시으</u> 시, 서차 와
희재<u>위</u> 가미 소나이어
[소나, <u>차우이오 드괴</u>]

5 현대인이 알기 쉽게 고치면 (해석할 때에 가능하면 원문의 맛을 살리려 노력했다.)

또 빼이며 잇이어 시, 스쳐 와
휘저이어 가며, 일어서 (져서)
[서나, 채워 들어오게…]

6 언어로 확인한 참 역사

- 도 : 한자에는 '또'자가 없으므로 '도'자로 대용하고 있다. 경우에 따라서는 "토"자로 대용한 경우도 있다. 다른 글자도 한자에 없는 字가 나오면 이렇게 대용하였으므로 주의해야 한다.
- 회이이며 → 빼이이며 : '빼이며'의 이두, 사투리.
  한자에는 "빼"자가 없으므로 "회"자로 대용하고 있다. (서툴어서 그런지, 잘 들어가지 않는 상황을 설명하고 있다.)
- (一), 時陰 → 이시어 : '잇이어'의 이두, 사투리.
  여기에 소개할 때에는 (一), (二) 등으로 기록하였으나 일본서기 원문에서는 (一), (二) 등을 그냥 작게 표기했다. 그랬던 것을 작게 썼다고 슬쩍 무시하는 방법을 써서 '이두 문장'을 '한문의 문장'으로 바꾸어버렸다. 그러므로 다른 (一), (二) 등도 함께 읽어야 올바른 이두문장의 해석이 되고, 우리의 '백제 말과 문장'을 찾아낼 수 있게 된다. 그렇게 하고도 일본의 어용학자들은 '이두 문장'을 '한문의 문장'으로 만드는데 장해가 되는 말들이 많았다. 그래서 그런 단어 또는 문장들은 **지명**, 산 이름, **사람 이름**, 신의 이름, 신사 이름, 강 이름, **천황 이름** 등으로 바꾸었다. 띄어쓰기도 바꾸었다. 그렇게 하지 않으면 한문의 문장이 될 수가 없기 때문이다. 앞으로 이런 예가 수 없이 나올 것이다. 그런데 최근에 출판된(2010년 현재) 신간서적에는 작게 쓴 글자들은 아예 삭제되어 한문문장으로 바꾸어진 문장밖에 없었다. 우리나라 譯註者가 일본서기 원문에 있는 〈작게 쓰이어져 있는 글자〉들의 의미를 이해하지 못한 탓이다.
- 시 : 여성기의 옛 사투리.
- 희재위 : "휘저이어"의 옛 사투리.
- ~가미 : '~가며'의 사투리.

- 少男(소남) → 소나 → 스나 : '일어서나'의 의미. (한자의 뜻에 현혹되면 안 된다.) 한자에는 '스'자가 없으므로 '소'자로 대용하고 있다. 그러나 이상한 것은 平仮名이 발명되기 전, 한자로 백제말을 기록하는 단계에서도 왜인들은 "으"나 "어" 발음을 피하고 위처럼 "소"자 등으로 표기하는 예가 많다는 사실이다. 앞으로 규명해 내야 할 대목이다.
- 소나이어 → 서나져서 : '일어서져서'의 뜻.
- 차우이오 → 채우이어 → "채워지게"의 뜻이나 [채워]라고 해석했다. (※'이'는 피동을 나타내는 말)
- 드고이 → 드괴 → 드게 : '들어오게 → 들어오도록'의 이두, 사투리.
- 此云(二)烏 等孤(一) → 차우이오 드고이 → 차우이오 드괴
  위 이두문장에서 띄어쓰기를 바꾸어 烏等孤라는 단어를 만들어 내었다. 한마디로 "烏等孤"라는 말은 조작되어 만들어졌다. 그렇게 하여 아래 7항, "일본 어용학자들의 解釋"처럼 [少男, 이를 烏等孤(오도고)라 이른다.]라는 문장이 탄생하게 되었다.

7 일본 어용학자들의 해석

- 기둥의 저쪽에서 마주쳤다. 그때 음신이 먼저 「아아! 기쁘도다! 고운소남[오도고](若者)을 만나서!」 [少男, 이를 烏等孤(오도고)라 이른다.] 하고 말을 걸었다

(앞 회 "야 바까 조"를 참고하면 일본정부가 위 해석에서 "若者"라는 註釋을 단 이유도 알 수 있겠다. "若者"라는 말은 최근에 만들어진 말인데 일본서기에 주석을 단 것은 일본인뿐만 아니라 한국인을 속이기 위한 것이다. 한국인을 완벽하게 속일 수 있으면 미국 등 세계인을 속일 수 있으므로 이런 짓을 했다고 본다.)

8 결론

거듭 밝히지만 일본의 어용학자들은 "이두 문장"을 "한문의 문장"으로 바꾸어서, 억지로 "少男을 烏等孤라고 한다."라는 뜻을 만들어 내었다.

이런 것이 <u>일본 말이</u>다. 이런 것이 <u>일본서기</u>이다. 그러므로 일본서기는 <u>일본의 역사책이 아니다.</u> 백제고을의 사랑 이야기이다.

 # 또 울고

1 연구하는 교실

일본말을 만들 때 모델이 된 말은 "또 울고"이다. 이 말을 일본인들은 "또 우고"라고 했는데 이를 미루어 보면 이 말이 가장 최근에 만들어진 말이 아닐까 사료된다. 왜냐하면 보다 오래전에 이 말이 만들어졌다면 "또 우구"로 표기 되었을 것이다. 이 말을 현대 일본인들이 주로 사용하는 "백제글자"와 "이두"로 써보면 아래와 같다.

動 うご
동 우고   (이두인 '動'자의 종성을 없애면)
도 우고   (한자에는 '또'자가 없으므로 '도'자로 대응)
또 우고   (현대인이 알기 쉽게 고치면)
또 울고   (의 뜻이 된다)
(*물론 글자 그대로 "도우고"라는 말로 볼 수도 있다.)

2

초대 천황, 명치(1867년 : 고종 15년) 이후 일본정부 산하 조선어 비밀연구원들이 위의 말의 띄어쓰기를 무시하고 함부로 갈라서 아래와 같은 사전적 단어를 만들어 내었다. 사실은 여기서 부터가 백제말(조선말)과 일본말?과의 경계선이다.

うごく [動く] : 움직이다.   (動 : 움직일 동)

3 언어로 확인한 참 역사

- 위 단어는 이두인 "動"자를 정책적으로 뜻으로 해석하여, 백제 말, "(또)우고"가 "**움직이다**"라는 뜻으로 바꿔고 말았다.
- "うご"와 "動"자 옆에 "く"자를 붙여 "うごく"라는 동사를 만들었다.
- 위와 같은 방법으로 일본어?의 단어를 만든 결과 '動く'자를 'うごく'라고 읽는 웃지 못할 꼴이 되었다. 이런 것을 우리는 지금까지 "**명치식 읽기**"라고 명명해 왔다.
- '動'자가 없었다면 'うご'가 원래 무엇을 의미했던 백제 말인지 영영 몰랐을 것이다.
- 모든 일본말?은 이렇게 만들어졌다.

 # 우에 끼아서

1 연구하는 교실

일본말을 만들 때 모델이 된 말은 "어떻게 끼웠기에 져쌓(시오?)"이다. 이 말을 일본인들은 사투리로 "우에 끼아기에 져싸?"라고 했다. 이 말을 다시 현대 일본인들이 주로 사용하는 백제글자와 이두로 써보면 아래와 같다.

うえ　飢餓饑え 筌 上?
우에　기아기에 전 상?　　(筌과 上자의 종성을 제거하면)
우에　기아기에 <u>저 사</u>?　　(한자에 "끼,싸"자가 없어 飢,上자로 대용)
우에　<u>끼아기에</u> 저 싸?　　(이 사투리를 현대인이 알 수 있게 고치면)
<u>어떻게</u> 끼웠기에 <u>져 싸</u>(시오?)　　(의 뜻이 된다.)

- 우에 : "어떻게"의 일본지방 사투리.
- "우에노?" "우야노" "우짜노"는 모두 "어떻게 하노?"의 뜻이다.
- 일본 동경의 우에노(上野) 역 이름.
- 飢餓饑え(기아기에) → 끼아기에 : "끼웠기에"의 사투리. 이두.
- 筌 上(져 사) → 져 싸? : "져 싸(시오?)"의 사투리. 이두.
- ~쌓다 : ~대다. (울어대다)

2

초대 천황, 명치(1867년 : 고종 15년) 이후 일본정부 산하 조선어 비밀연구원들이 위의 말을 함부로 갈라서 아래와 같은 사전적 단어를 만들어 내었다. 사실은 여기서 부터가 백제말(조선말)과 일본말?과의 경계선이다.

うえ [飢え. 餓え. 饑え] : 굶주림.　　(飢 : 주릴 기, 餓 : 주릴 아, 饑 : 주릴 기)
　　 [筌] : 통발 (민물고기를 잡는 도구)　(筌 : 통발 전)
　　 [上] : 위, 높음, 높은 분.

- 위 단어의 뜻은 이두인 "飢.餓. 饑. 筌. 上"자를 뜻으로 해석한 결과 백제말 "우에"가 "굶주림, 통발, 높음" 등의 뜻으로 바뀌고 말았다.

- 飢, 餓, 饉 자 옆에 있는 "え"자는 "うえ"와 균형을 맞추기 위하여 일본정부와 어용학자들이 써 넣은 글자이다.
- 위와 같은 방법으로 일본어?의 단어를 만든 결과, 위 한자들을 "うえ"라고 읽는 웃지 못할 꼴이 되었다. 이런 것을 우리는 지금까지 "**명치식 읽기**"라고 명명해 왔다.
- 또한 위 한자들이 없었다면 "うえ"가 원래 무엇을 의미했던 백제말인지 영영 몰랐을 것이다.
- 그리고 위 단어에서 보듯이 단순히 "**굶주림**"이라는 뜻만을 나타내고자 했다면 "飢"자 하나만 기록 했어도 충분 했을 것이다. 필요 없이 같은 말을 되풀이할 사람은 없다. 굳이 "飢餓饉" 3자를 나열한 이유는 "**끼아기**(에)"라는 백제말을 기록하기 위한 "**이두**"라는 사실을 확실히 알 수 있다.
- 모든 일본말?은 이렇게 만들어졌다.

 우에노(역)

1 연구하는 교실
일본말을 만들 때 모델이 된 말은

　　나오는데 우짜노?
　　우짜기는? 싸야(지).

이다. 이 말을 현대 일본인들이 주로 사용하는 백제글자와 이두로 써보면 아래와 같다.

　　うえの?　　上野
　　우에노?　　상야　　(이두인 上자의 종성을 제거하면)
　　우에노?　　사야　　(한자에는 "싸"자가 없으므로 "사"자로 대용)
　　우에노?　　싸야　　(의 뜻이 된다)

••• 우에노 : '우야노'와 같은 뜻의 일본지방 사투리.

2
초대 천황, 명치(1867년 : 고종 15년) 이후 일본정부 산하 조선어 비밀연구원들이 위의 말의 띄어쓰기를 무시하고 함부로 갈라서 아래와 같은 사전적 단어를 만들어 내었다. 사실은 여기서 부터가 백제말(조선말)과 일본말?과의 경계선이다.

　　うえの (上 野) : 서울로 치면 청량리쯤에 해당하는 곳. 지방으로 가는 각종 열차의 출발역이 우에노 역이다.

3 언어로 확인한 참 역사
••• 위 단어는 이두인 "上野"를 일본정부가 역 이름으로 만들었다.
••• "우에노?" "우야노?" "우짜노?"는 모두 "어떻게 하노?"의 뜻이다.
••• 위와 같은 방법으로 일본어?의 단어를 만든 결과 "上"자를 '우에'라고 읽는 웃지 못할 꼴이 되었다.
••• '上野'자가 없었다면 'うえの'가 원래 무엇을 의미했던 백제말인지 영영 몰랐을 것이다.
••• 모든 일본말?은 이렇게 만들어졌다.

銀座와 御座는 원래, 의미하는 바가 같았던 이두

1. 모델이 된 말은 "(서로 멱살을 잡고, 뭣이 어쩌구) 어째?"라고 시비를 하는 말에서 비롯된 말이다. 이 말을 일본인들은 사투리로 "어짜?"라고 했다. 동경의 銀座는 오늘날 일본인들이 명치식 읽기로 "ぎんざ"라고 읽고 있지만, 우리의 명동을 생각해 보면 그 네들의 생활을 이해할 수 있다. 발전 초기 동경의 銀座는 이권을 두고 "뭣이 어짜고 어짜?"면서, 강탈의 시비가 끊이지 않았다. 그 "어짜?"라는 말을 이두로 "銀座?"라고 썼다. 銀座(은좌) → 으좌 → 어짜?가 된 것이다. 물론 한자에는 "짜"자가 없으므로 "座"자로 대용하게 되었다.

2. 내킨 김에 "御座います"도 함께 음미해 보면, "(뭣이 어쩌구) 어짜?"면서 멱살을 잡는 한편, "(이놈들이 남의 가게를 생으로 삼키려 드네! 날강도 아이가? 그렇지) 그 자? 이~" 거품을 물며 옆에 있던 똘마니에게 동의를 청한다. 똘마니는 "(형님 말이) 맞수!"하고 장단을 맞춘다. 이 말을 平仮名과 이두로 써보면 아래와 같다.

   御座? ござ? い~. ます!
   어좌? 고자? 이~. 마수! (이 이두로 쓴 사투리를 현대인이 알 수 있게 고치면)
   어짜?
   어째? 그자? 이~. 맞수! ("맞수"처럼 종성을 표기하지 못하여 "마수"라고 했음)

- 위 대화는 시비의 순간에 벌어진 대화를, 한국인이 이해할 수 있도록 일본인들이 차근 차근 표현하지는 못했지만 중심이 되는 말은 전부 기록한 셈이다. 오늘날 기록에 남아 있는 일본인들의 대화는 너무 많이 축약되어 무슨 말인지 알 수 없을 정도이다. 그러나 자세히 보면 이해할 수도 있다.
- 御座(어좌) → 어짜? : "어째?"의 일본지방 사투리, 이두.
- "그자? 이~"를 平仮名으로 써보면 "그"자가 "고"자로 바뀌어 "ござ? い~"로 될 수밖에 없다.
- 글쓴이 세대만 해도 "그래 그지!" 또는 "그래 그자!" 같은 사투리를 셀 수 없이 사용하며 자랐다.

◈◈◈ 마수(ます) : "맞수"의 일본지방 사투리.

3 명치이후 일본정부 산하 조선어 비밀연구원들이 위의 말을 함부로 갈라서 아래와 같은 사전적 단어를 만들어 내었다. 사실은 여기서 부터가 백제말(조선말)과 일본말?과의 경계선이다.

  ございます [御座います] : ①있습니다. (あるの 공손한 표현)
         ② ~합니다. ~입니다. (座 : 자리 좌)

4 **언어로 확인한 참 역사**
◈◈◈ 위 단어의 뜻은 일본정부가 정책적으로 해석한 결과 백제말과 완전히 다른 뜻으로 바뀌고 말았다.
◈◈◈ 위와 같은 방법으로 일본어?의 단어를 만든 결과 御座를 "ござ"라고 읽는 웃지 못할 꼴이 되었다.
◈◈◈ 또한 御座가 없었다면 "ござ"가 원래 무엇을 의미했던 백제말인지 영영 몰랐을 것이다. 또한 이제는 御자를 'お'가 아닌 'ご'라고 읽는 이유를 확실히 이해했을 것이다.
◈◈◈ 위의 설명을 보면 '御座' 옆에 있는 "います"는 "ござ" 옆에 있는 "います"와 균형을 맞추기 위하여 써넣은 글자라는 것을 알 수 있다.
◈◈◈ 모든 일본말?은 이렇게 만들어졌다.
◈◈◈ "ます"의 어원을 더욱 확실히 알기 위하여, 일본어 사전을 만들 때 모델로 삼았던 말, "째자 쩌있수, 맞수!"를 平仮名과 이두로 써보면 아래와 같다.

  在坐, 增益す, ます!
  재자 증익수, 마수! ('증'자와 '익'자의 종성을 없애면)
  재자 즈이수, 마수! (한자에는 '째, 쩌'자가 없으므로 '재'와 '즈'자로 대용하고 있음)
  째자 쩌이수, 마수! (이 말을 현대인이 알 수 있게 고치면)
  째자 쩌이었수, 맞수! (가 된다.)

◈◈◈ 쩌다 : "찌다"의 사투리.
◈◈◈ 찌다 : 뜨거운 김으로 익히다.

명치이후 일본정부산하 조선어 비밀연구원들이 위의 말을 함부로 갈라서 아래와 같은 사전적 단어를 만들어 내었다.

ます [在す, 坐す] : '계시다, 가시다'의 높임말.　　(在 : 있을 재, 坐 : 앉을 좌)
　　[增す, 益す] : 많아지다, 불어나다.　　　　　（增 : 더할 증, 益 : 더할 익)

▶ 在, 坐, 增, 益자 옆의 'す'자는 'ます'와 균형을 맞추기 위하여 써넣은 글자이다.

 # 끼이꾸라

1 연구하는 교실

일본말을 모델이 된 말은 "(저것 봐!) 끼어 있어!" 또는 "끼어 있구나!"이다. 이 말을 일본인들은 사투리로 "끼(어) 있구라! → 끼 이꾸라!"라고 했다. 이 말을 다시 현대 일본인들이 주로 사용하는 "백제 글자"와 "이두"로 써보면 아래와 같다.

 幾 いくら (이두인 '기'자에는 종성이 없으므로 그대로 백제말이다)
 기 이꾸라 (한자에는 '끼'자가 없으므로 '기'자로 대용하고 있다)
 끼 이꾸라! (이 사투리를 현대인이 알기 쉽게 고치면)
 끼어 있구나! (의 뜻이 된다)

- ~라 : 어감에 감탄을 나타내는 맺음 끝.

2 초대 천황, 명치(1867년 : 고종 15년) 이후 일본정부산하 조선어 비밀 연구원들이 위의 말의 띄어쓰기를 무시하고 함부로 갈라서 아래와 같은 사전적 단어를 만들어 내었다. 사실은 여기서 부터가 백제말(조선말)과 일본말?과의 경계선이다.

 いくら [幾] : 얼마 (幾 : 얼마 기)

3 언어로 확인하는 참 역사

- 위 단어는 이두인 "幾"자를 정책적으로 뜻으로 해석하여 백제말 "(끼)이꾸라"가 "얼마"라는 뜻으로 바뀌고 말았다.
- 위와 같은 방법으로 일본어?를 만든 결과 "幾"자를 "いくら"라고 읽는 **웃지 못할 꼴**이 되었다. 이런 것을 우리는 지금까지 "**명치식 읽기**"라고 명명해 왔다.
- "幾"자가 없었다면 "いくら"가 원래 무엇을 의미했던 백제말인지 영영 몰랐을 것이다.
- 모든 일본말?은 이렇게 만들어졌다.

いく와 ゆく

종합

아래에서 자세히 설명하겠지만 "いく"라는 말은 "(머리에) <u>이구</u>"라는 말에서도 나왔고, "<u>이기</u>(다), 즉 반죽하다, 짓 찧다"라는 말에서도 나왔다. 또 "ゆき"라는 말은 "<u>이우 끼</u>"라는 말에서 나왔다. 이렇게 말의 출처가 다르지만, 모델이 된 말에 들어간 行자의 뜻에 의하여 3가지 경우 모두에 "가다"라는 뜻이 생기게 되었다. 그러자 일본정부는

    いく [行く]→ ゆく (文章語적인 말), 奈良, 平安시대부터 いく와 함께 씌어 왔음.

이라는 설명을 만들어 붙여 두 단어의 충돌을 막았다.

<u>그러나 奈良, 平安시대에는 いく도, ゆく도 사용된 적이 없다.</u> 순수한 백제 말만 사용되었을 뿐이다. 이런 말들은 명치이후에나 개발된 말이다. 일본정부는 책상위에서 이렇게 상상하는 식으로 거짓 역사를 만들어 나갔다. 아래 설명을 참고하면 일본이 일본역사를 조작해 나간 방법을 엿볼 수 있을 것이다.

그런데 놀라운 사실은 일본의 학자라는 사람들이 이런 사실을 누구보다도 잘 알면서도 "<u>이런 역사기술은 시정되어야 한다.</u>"라고 주장하는 학자가 한 사람도 없다는 것이다. 왜 그럴까? 일본의 국익이 더 중요하다고 생각해서일까? 우리나라의 각종 토론마당에서 이런 문제가 제기 되었다면 정권탈취의 기회로 보고, 나라야 떠내려 가든 말든, 무기고에서 총을 꺼내어서라도 이기려 들 것이다. 국익에 관한 중요 사안은 까 발기지 말고 묻어 두어야 될 경우도 있다.

いく

1 연구하는 교실

일본말을 만들 때 모델이 된 말은 "(그만 쉬고) 서세, 해(서, 머리에) 이고 (길을 나섰지)"이다. 이 말을 일본인들은 사투리로 "서세, 해, 이구"라고 했다. 이 말을 다시 현대 일본인들이 주로 사용하는 "백제글자"와 "이두"로 써보면 아래와 같다.

185

```
逝生, 行,  いく
서생,  행,  이구        (이두한자의 종성을 없애면))
서새,  해,  이구        (이 사투리를 현대인이 알 수 있게 고치면)
서새,  해(서) (머리에) 이고 (의 뜻이 된다.)
```

- 이구 : '이고'의 사투리.
- 平仮名인 いく(이구)도 결국은 "백제말", "백제글자"라는 것을 알 수 있다.

2 초대 천황, 명치(1867년 : 고종 15년) 이후 일본정부 산하 조선어 비밀연구원들이 위의 말을 함부로 갈라서 아래와 같은 사전적 단어를 만들었다. 사실은 여기서 부터가 백제 말(조선 말)과 일본말?과의 경계선이다.

```
いく [逝く] : 죽다.          (逝 : 갈 서, 죽을 서)
     [生く] : 살다, 살아가다.  [い(生)きる의 문어 형]
     [行く] : 가다. ⇒ ゆく
     [奈良(나라), 平安(헤이안)시대부터 いく와 함께 씌어 왔음.
```

3 미래를 개척하기 위한 교실

- 위 단어는 이두인 逝, 生, 行자를 뜻으로 새긴 결과 백제말 "이구"가 "죽다, 살아가다, 가다" 등의 뜻으로 바뀌고 말았다.
- 이 결과 逝, 生, 行자를 모두 いく라고 읽는 웃지 못할 꼴이 되었다. 이런 것을 우리는 지금까지 "**명치식 읽기**"라고 명명해 왔다.
- 또한 逝, 生, 行자가 없었다면 'いく'가 원래 무엇을 의미했던 말인지 영영 몰랐을 것이다.

壹岐

1 연구하는 교실

일본인들이 "壹岐"라고 쓰든, "いき"라고 쓰든 간에, 원래는 우리말의 "이기(다)"와 같은 말이었다. "壹岐"는 이두로 쓴 것이고, "いき"는 平仮名(백제글자)으로 썼고 "이기"는 <u>한글</u>로 썼을 뿐이다. 시대에 따라, 나라에 따라 글자는 다르지만 그 뜻하는 바는 조금도 다르지 않다. 오늘날 일본인들이 이런저런 이유로 "壹岐"와 "いき"를 "이끼"라고 발음하고 있기는 하지만, 어원상으로 보면 "이기"와 같은 말이다. 따라서 옛 일본인들은 백제인과 완전히 같은 말을 사용하던 사람들이었다는 사실을 단적으로 보여주는 사례이다. 아래 글을 보면 더욱 자명해진다.

2 과거로 가서 확인하는 교실

일본말을 만들 때 모델이 된 말은 "X(이), 세계 해와, 이기수!"이다. 이 말을 일본인들은 사투리로 "시, 새기 해와, 이기수!"라고 했다. 이 말을 현대 일본인들이 주로 사용하는 백제말과 이두로 써보면 아래와 같다.

息, 生き 行往, いき粹
식, 생기 행왕, 이기수!　　(이두인 한자의 종성을 제거하면)
시, 새기 해와, **이기수!**　　(이 사투리를 현대인이 알기 쉽게 고치면)
x,　세계 해와, **이기소!**　　(의 뜻이 된다.)

- 시 : 여성기의 옛 이름.
- 새기 : '세계'의 사투리.
- 이기소 : '이기세요'의 사투리. 낮은 말.
- 이기다 : ①흙이나 가루 따위에 물을 부어 뒤섞어서 반죽하다.
　　　　　　②잘게 썰어서 짓찧다.
(- 이개다 : '뭉개 다'의 사투리 : 문질러 으깨거나 짓이기다.)
(- 으끼다 : '으깨다'의 사투리 : 큰 덩이 따위를 누르거나 문질러서 부서러뜨리다.)

3 초대 천황, 명치(1867년 : 고종 15년) 이후 일본정부산하 조선어 비밀연구원들이 위의 말을 함부로 갈라서 아래와 같은 사전적 단어를 만들어 내었다. 사실은 여기서 부터가 백제 말(조선 말)과 일본 말?과의 경계선이다.

いき [息] : 숨, 호흡.　　　　(息 : 숨 쉴 식)
　　[生き] : 생, 삶.

[行き. 往き] → ゆき　　(行 : 갈 행, 往 : 갈 왕)
[粋] : 세련됨, 멋있음.　　(粋 : 순수할 수)

4 미래를 개척하기 위한 교실

- 위 단어는 이두인 한자를, 뜻으로 또는 정책적으로 새긴 결과 백제 말 "이기"가 "숨, 삶" "멋있음" 등의 뜻으로 바뀌고 말았다.
- 위에서 보듯이, '行き' '往き'의 'き'자는 'いき' 및 '生き'와 균형을 맞추기 위하여 일본 정부의 어용학자들이 덧붙여 놓은 것이다.
- 위와 같이 단어를 만든 결과 '息. 生き. 行き. 往き. 粋' 등을 'いき'라고 읽는 웃지 못할 꼴이 되었다.
- 또 한 위의 이두 한자가 없었다면 'いき'가 원래 무엇을 의미했던 백제 말인지 영영 몰랐을 것이다.
- 파생

　　いく [生く] : (いきる의 문어 형) 살다, 살아가다.

유끼

1 ゆき

일본말을 만들 때 모델이 된 말은 "(계속) 해 와! 그래서, 이어서 끼워"이다. 이 말을 일본인들은 사투리로 "해 와! 해서, 이우 끼"라고 했다. 이 말을 다시 현대 일본인들이 주로 사용하는 "백제글자"와 "이두"로 써보면 아래와 같다.

行 往! 裄雪, ゆき
행 왕! 해설, 유끼　　　(이두 한자의 종성을 없애면)
해 와! 해서, 유끼　　　(이 사투리를 현대인이 알기 쉽게 고치면)
해 와! 해서, 이우 끼
해 와! 해서, 이어 끼워　(의 뜻이 된다)

- 이우 : "이어"의 옛 사투리.
  유 : '이우'의 이합사.
- 해서 : "그래서"의 의미.

2

초대 천황, 명치(1867년 : 고종 15년) 이후 일본정부 산하 조선어 비밀연구원들이 위의 말의 띄어쓰기를 무시하며 함부로 갈라서 아래와 같은 사전적 단어를 만들어 내었다. 사실은 여기서 부터가 백제말(조선말)과 일본말?과의 경계선이다.

ゆき [行き. 往き] : 감.　　　　　　　　　(往 : 갈 왕)
　[裄] : (일본 옷의) 등솔기에서 소매 끝까지의 부분. (裄 : 소매 길이 해)
　[雪] : 눈

3 언어로 확인한 참 역사

- 위 단어는 '行. 往. 裄. 雪'자를 뜻으로 해석하여 위 백제말(이우 끼 → 유끼)를 "감, 눈" 등의 뜻으로 바꾸어버렸다. 이렇게 단어를 만든 결과 "行. 往. 裄. 雪"자를 "ゆき"라고 읽는 웃지 못할 꼴이 되었다. 이런 것을 우리는 지금까지 "명치식 읽기"라고 명명해 왔다.

- '行. 往. 衍. 雪'자가 없었다면 'ゆき'가 원래 무엇을 의미했던 백제말인지 영영 몰랐을 것이다.
- 모든 일본말?은 이렇게 만들어졌다.

 이개지

1 연구하는 교실

일본말을 만들 때 모델이 된 말은 "(~을) 뭉개지"이다. 이 말을 일본인들은 사투리로 "(~을) 이개지"라고 했다. 이 말을 현대 일본인들이 주로 사용하는 백제글자와 이두로 써보면 아래와 같다.

　　いけ池　(이두한자에 종성이 없으므로 그대로 백제말이다.)
　　이게지　(이 사투리를 현대인이 알기 쉽게 고치면)
　　이개지　(의 뜻이 된다)

2 역사를 보는 눈

- 이개다 : "이기다, 뭉개다"의 사투리 : 문질러 으깨거나 짓이기다.
- 위에서 보듯이 모든 글자가 백제 말을 기록하기 위한 수단이었음을 알 수 있다.

3
초대 천황, 명치(1867년 : 고종 15년) 이후 일본정부산하 조선어 비밀연구원들이 위의 말을 함부로 갈라서 아래와 같은 사전적 단어를 만들었다. 사실은 여기서 부터가 백제 말(조선말)과 일본 말? 과의 경계선이다.

　　いけ [池] : 못　　(池 : 못 지)

4 언어로 확인한 참 역사

- 위 단어는 이두인 '池'자를 정책적으로 뜻으로 해석하여 백제 말 "이개"라는 말이 "못"이라는 뜻이 되었다.
- 위와 같은 방법으로 일본어?의 단어를 만든 결과 '池'자를 'いけ'라고 읽는 웃지 못할 꼴이 되었다. 이런 것을 우리는 지금까지 "명치식 읽기"라고 명명해 왔다.
- 다행히 **백제 말을 한자로 기록해 놓은** '池'자가 없었다면 'いけ'가 원래 무엇을 의미했던 백제 말인지 영영 몰랐을 것이다.
- 그리고 꼭 알아 두어야 할 일은, 일본인들이 "いけ"를 어떻게 읽든 간에 어원상으로

보면 "이개"라고 발음해야 한다.
- 또한, "いけ"라는 말은 "이개(다)"라는 사투리에서 나왔고, 壹岐는 현대말에 가까운 "이기(다)"라는 말에서 나왔으므로 "いけ"가 壹岐에 비하여 먼저 만들어진 말이라고 판단된다.
- 모든 일본말?은 이렇게 만들어졌다.

 가미 카제

1 연구하는 교실

일본말을 만들 때 모델이 된 말은 「(어머니께서), 가시면서 말씀하셨지? 씻어버리!(라고)」이다. 이 말을 일본인들은 사투리로 「가미 카제? "씨뿌!"」라고 했다. 이 말을 다시 현대 일본인들이 주로 사용하는 "백제글자"와 "이두"로 써보면 아래와 같다.

    かみ   かぜ? 神風!
    가미   카제? 신풍!   (이두 '神風'의 종성을 없애면)
    가미   카제? 시푸!   (한자에는 '씨, 뿌'자가 없으므로 "시, 푸"자로 대용)
    가미   카제? 씨뿌!   (이 사투리를 현대인이 알기 쉽게 고치면)
    가면서 카지? "씻어버리(라고)"   (의 뜻이 된다.)

2 역사를 보는 눈

- 가미 : '가며'의 사투리.
- 카제? → '카지?' : '말씀하시지?'의 사투리, 낮춤말.
- 神風(신풍) → 시푸 → 씨뿌 : '씻어버려'의 이두, 사투리.
  이런 변화는 다른 단어에도 적용되는 이두법칙이니만큼 매우 중요하다. 이 변화를 모르면 이두해석이 안 된다. 그리고 "神風"같은 한자의 뜻에 현혹되어서는 절대 안 된다.
- 위의 말들을 한 번 더 종합하면 "(엄마가) 가미카제?, 씨뿌(라고)"! 하는 말이다. 다시 말하면 어머니께서 어딘가, 가시면서 잘 씻지 않는 귀한 아들에게 당부한 말을, 누이가 듣고 그대로 동생에게 일러주는 말이다.
  「(어머니께서) 가시면서 말씀하셨지?, "씻어버리 (라고!)"」 이런 뜻이다.

3 초대 천황, 명치(1867년 : 고종 15년) 이후 일본정부 산하 조선어 비밀연구원들이 위의 말의 띄어쓰기를 무시하며 함부로 갈라서 아래와 같은 사전적 단어를 만들어 내었다. 사실은 여기서 부터가 백제말(조선말)과 일본말?과의 경계선이다.

かみ かぜ [神風] : ①신풍, 특히 려몽 연합군이 일본을 침공했을 때의 폭풍우를 일컬음.
②제2차 세계대전 중의 일본해군 특공대에 붙여진 이름.

4 연구하는 교실

- 위 단어는 '神風'을 뜻으로 해석하여 백제말 "가미 카제", 즉 "가시면서 말씀하셨지?"라는 말이 "신의 바람"이라는 뜻으로 바뀌고 말았다.
- 이렇게 단어를 만든 결과 "神風"자를 "かみかぜ"라고 읽는 웃지 못할 꼴이 되었다. 이런 것을 우리는 지금까지 "**명치식 읽기**"라고 명명해 왔다.
- '神風'자가 없었다면 'かみ かぜ'가 원래 무엇을 의미했던 백제말인지 영영 몰랐을 것이다.
- 파생

  かみ [神] : 신
  かぜ [風] : 바람

- 일본인들이 "かぜ"를 어떻게 발음하든 간에 어원으로 보면 "카제"라고 발음되어야 한다. 일본정부는 이런 식으로 발음을 비틀어 조선사람들과 조금씩 다르게 발음했다. 이 사실은 이 단어에만 국한된 것이 아니고 모든 단어가 그런 식이다. 조금씩 다르게 발음해야 조선인(한국인)들이 "이거 조선말이구나" 하지 않을 테니까.
- 모든 일본말?은 이렇게 만들어졌다.

5 미래에 시선을 둬야 하는 이유

그리고 "가미 카제"라는 말은 "려·몽 연합군의 사건"과 어떤 관련도 없다. 다만 "神風"이라는 이 단어와 "려·몽 연합군의 사건"과 연결시키면 사실같은 story가 연출되겠다 싶어, 일본정부가 옛날 일과 연결시켰을 뿐이다. 일본정부는 없었던 일도 있었던 일처럼 만들기 위하여 여러 가지 재미있는 허구를 만들어 이 사건 저 사건을 연결시켜 두곤 했다. 일본의 역사도 책상 위에서 만들어 낸 것이 대부분이다. 일본서기가 그 대표적인 예이다. 이 이야기는 다음에 또 이어나갈 수가 있을 것이다. 그 중에 한가지 "왕인" 이야기는 정말 소설 중의 소설이다. 그러나 일본정부는 한국의 협조를 얻어내어 "왕인 문화협회"라는 것을 만드는데 성공했다. 그 결과 허구를 사실과 연결시켜 두고는, 한국인 누구도 "왕인"의 실존을 거부할 수 없게 만들었다. "왕인 문화협회"는 폐쇄되어야 한다.]

일본학자들이 "足日木"의 뜻을 알 리가 없다

일본인 학자? 들은 이 한자를 위로 보고, 뒤집어 보고, 흔들어 봐도 도대체 그 뜻을 알 수가 없는 한자들이라고 생각하고 있다. 일본인의 선조가 써놓은 글자를 그 후손들이 그 뜻을 모른다면 이것은 무엇을 의미하는 것일까? 그 점에서는 한국 교수, 학자들도 마찬가지다. 그 해답은 吏讀로 읽어야 한다는 것이다. 그런데도 일본교수들은 곧 죽어도 "足日木"을 한국말로 읽는 것을 거부하고 있다. <u>그렇게 읽으면 그것은 곧 "百濟"를 인정한다는 뜻이니까!</u>

1 원문과 음역 (万葉集 卷 第二의 107절)

    足日木　　　　　(족일목)
    乃 山之 四付二妹　(내 산지 사부이매)
    待跡吾立所　　　　(대적오립소)
    沾 山之 四附二　　(저 산지 사부이)

2 위 이두의 종성을 제거하면

    조이모
    내 사지 사부이매
    대저고리소
    저 사지 사부이

3 위 사투리를 현대인이 알 수 있게 고치면

    조이면
    내 x지 싸뷔매
    뒤적거리소
    저 자지 싸뷔

4 좀 더 다듬으면

(글쓴이는 이 글을 읽을 때 마다, 倭 시대에, 그것도 吏讀로 이렇게 주옥같은 글을 남기신 선인들을 감탄하고 또 감탄한다)

조이면
내 x지 싸버리매
뒤적거리소
(그러면) 저 자지 싸버려

* (.)안의 글은 이해를 돕기 위하여 글쓴이가 써넣은 것임.
* 일본인들이 원래 '사지'라고 하던 것을 나중에 'x지'로 바꾸어 발음했는지 여부는 더 두고 보아야 알 일이겠다. 또 그러나 일본인들은 '자'발음을 '사'로 발음하는 경향이 있는 것은 사실이다.
  예) (깨)물어 재끼→ 무라 작끼 → 무라사끼(보라색)
     팔뚝을 "물어 재끼"니 시퍼렇게 보라색으로 멍이 드는데서 유래한 뜻이다.
* ~모 : '~면'의 사투리.
* 待跡吾立所(대적오립소) → 대저고리소(일종의 연철) : '뒤적거리소'의 일본지방 사투리, 이두표현.
* 뒤적거리다 : 이리저리 들추며 찾다.
* ~부이→ '~뷔'
  이 변화는
  今日(금일) → 그이 → 긔 : '끼'의 이두표현과 같은 변화임.

5 결론

한자로 쓰이어진 위 문장은 백제 말을 이두로 쓴 것인데 일본의 학자들이 한자의 뜻으로 해석코자 고집하니 해석이 될 리가 없다. 설사 그들이 이두 문장인 것을 안다고 해도 백제의 후예라는 것을 부정해온 터라 백제 말로 옮길 수는 없는 처지. 억지 춘향식으로 해석을 시도한 것은 李寧熙, 金仁培 등 한국의 학자도 마찬가지였다. 이 분들은 양주동식 이두로 이리저리 꿔어 맞추어 보았지만 원문보다 설명이 더 장황하게 길어질 뿐, 복잡 난해하여 나중에 보면 본인도 모를 해석이 되고 말았다.

이두란 그렇게 난해한 것이 아니다. 그나마 만엽집은 문장이 짧으니까 꿰어 맞추어 보기라도 했지만, '일본서기'처럼 문장이 길면 그 짓도 할 수 없게 된다. 그래서 '일본서기'를 이두로 해석 해본 이가 한 사람도 없는 것이다. <u>참고로 李寧熙와 金仁培씨에게 '足日木'을 어떻게 해석 했는지 알아보면 그 분들이 얼마나 황당한 일을 하였는지 짐작 하고도 남을 것이다.</u> 또한 다른 노래에서도 '足日木'이라는 단어가 수차례 나오는데 그 분들의 해석을 적용해 보면 전혀 맞지가 않는다. 같은 단어가 노래마다 그 뜻이 달라져야 한다면 분명히 잘 못 해석되었기 때문일 것이다. 따라서 '만엽집'에 있는 모든 노래는 위와 같은 방법으로 해석해야 한다. 그리고 '万葉集(만엽집)'의 뜻은 "마여지 → 모아 넣(었)지"로 이해해야 한다. "まんようしゅう(만요- 슈)"로 읽어서는 안 된다. <u>그러니까 책 이름을 말할 때는 "마 여지"라고 해야 한다.</u>

- 마 : '모아'의 사투리.
- 여지 : '넣지' 또는 '넣었지'의 사투리.

 이야(서) 밀어 여

1 연구하는 교실

일본말을 만들 때 모델이 된 말은 "이어서 밀어 넣어 해버려"이다. 이 말을 일본인들은 사투리로 "이야 미례 여 혐부"라고 했다. 이 말을 다시 현대 일본인들이 주로 사용하는 백제글자와 이두로 써보면 아래와 같다.

　　いや　　弥礼　厭嫌否
　　이야　　미례　염 혐부　　(이두한자의 종성을 없애면)
　　이야　　미례　여 혐부　　(이 사투리를 현대인이 알기 쉽게 고치면)
　　이어서 밀어 넣어 해버려　　(의 뜻이 된다)

••• 일본지방에는 많은 사투리 중에 "잇다, 이어"의 사투리가 가장 많다고 본다. 헤아려 보지는 않았지만, 대단히 많다.

2 초대 천황, 명치(1867년 : 고종 15년) 이후 일본정부산하 조선어 비밀연구원들이 백제말의 띄어쓰기를 무시하고 함부로 갈라서 아래와 같은 사전적 단어를 만들어 내었다. 사실은 여기서 부터가 조선말(백제말)과 일본말의 경계선이다.

　　いや [弥] : ①점점, 더욱 더 ②대단히　　(弥 : 두루 미)
　　　　 [礼] : 존경함, 예의.　　　　　　　　(礼 : 예절 예)
　　　　 [厭 嫌] : 싫음　　　　　　　　　　　(厭 : 싫을 염, 嫌 : 싫어할 혐)
　　　　 [否] : 아니오.　　　　　　　　　　　(否 : 아닐 부)

3 언어로 확인한 참 역사

••• 위 단어는 이두인 '弥. 礼. 厭 嫌. 否'자를 정책적으로 뜻으로 해석하여 백제 말 "이야(서)"가 "점점, 아니오" 등의 뜻으로 바뀌고 말았다.
••• 위와 같은 방법으로 일본어?의 단어를 만든 결과 '弥. 礼. 厭 嫌. 否'자를 'いや'라고 읽는 웃지 못할 꼴이 되었다. 이런 것을 우리는 지금까지 "명치식 읽기"라고 명명해 왔다.

- '弥. 礼. 厭 嫌. 否'자가 없었다면 'いや'가 원래 무엇을 의미했던 백제 말인지 영영 몰랐을 것이다.
- 모든 일본말?은 이렇게 만들어졌다.

 # 易優야

1 연구하는 교실

일본말을 만들 때 모델이 된 말은 "이어야 싸시어, 이~"이다. 이 말을 일본인들은 사투리로 "이우야 싸시, 이~"라고 했다. 이 말을 다시 현대 일본인들이 주로 사용하는 백제글자와 이두로 써보면 아래와 같다.

  易優や　さし, い~　　(이두한자에 종성이 없으므로 그대로 백제말임)
  이우야　사시, 이~　　(平仮名에는 "싸"자가 없으므로 "さ"자로 대용)
  이우야　싸시, 이~　　(현대인이 알기 쉽게 고치면)
  이어(해)야 싸시어, 이~　(의 뜻이 된다)

2

초대 천황, 명치(1867년 : 고종 15년) 이후 일본정부 산하 조선어 비밀연구원들이 위의 말을 <u>띄어쓰기를 무시하고 함부로 갈라서</u> 아래와 같은 사전적 단어를 만들어 내었다. 사실은 여기서 부터가 백제말(조선말)과 일본말?과의 경계선이다.

  やさしい [易しい] : 쉽다.　　(易 : 쉬울 이)
     [優しい] : 우아하다.　(優 : 품위 있을 우)

3 언어로 확인한 참 역사

- 위 단어는 이두인 '易. 優'자를 정책적으로 뜻으로 해석하여 백제 말 "(이우)야 사시, 이"가 "쉽다, 품위 있다"라는 뜻으로 바뀌고 말았다.
- 위와 같은 방법으로 일본어?의 단어를 만든 결과 '易しい. 優しい'자를 'やさしい'라고 읽는 웃지 못할 꼴이 되었다. 이런 것을 우리는 지금까지 "**명치식 읽기**"라고 명명해 왔다.
- '易. 優'자가 없었다면 'やさしい'가 원래 무엇을 의미했던 백제 말인지 영영 몰랐을 것이다.
- '易. 優' 자 옆에 있는 'しい'자는 'やさしい'와 균형을 맞추기 위하여 일본정부의 어용학자들이 써넣은 글자이다.

- 일본정부와 그 어용학자들은, 조선사람들이 "易. 優"자가 조선말 이두인 줄 몰라보도록 별도로 단어를 만들었다.
- 이 단어도 백제말 "(이우)**야 사시**, 이~"의 띄어쓰기를 무시하고 악랄한 방법으로 일본말? "やさしい"라는 것을 만들었다.
- 모든 일본말?은 이렇게 만들어졌다.

 # 까이지매

1 연구하는 교실

일본말을 만들 때 모델이 된 말은 "확! 까이 지매"이다. 이 말을 일본인들은 더 심한 사투리로 "학 까이 지매"라고 했다. 이 말을 다시 현대 일본인들이 주로 사용하는 "백제 글자"와 "이두"로 써보면 아래와 같다.

  虐! 苛い　　じめ
  학! 가이　　지매　　(이두인 "학"자의 종성을 아래로 연철하면)
  하! ㄱ가이 지매　　(이 사투리를 현대인이 알 수 있게 고치면)
  확!　까이 지매　　(의 뜻이 된다.)

2 역사를 보는 눈

- 까이다 : 무릎 따위에 깊은 상처를 입다.
- 虐! 苛い じめ (하ㄱ가이 지매) → "확! 까이 지매"의 이두. 한자에는 "까"자가 없으므로 "가"자로 대용하고 있다.
- ~매 : 까닭이나 근거를 나타내는 말. (가난하매 공부하기가 어려웠다.)

3

초대 천황, 명치(1867년 : 고종 15년) 이후 일본정부 산하 조선어 비밀연구원들이 위의 말의 띄어쓰기를 무시하고 함부로 갈라서 아래와 같은 사전적 단어를 만들어 내었다. 사실은 여기서 부터가 백제말(조선말)과 일본말?과의 경계선이다.

  いじめる [虐める. 苛める] : 못살게 굴다, 골리다.　　(虐 : 학대할 학, 苛 : 가혹할 가)

4 언어로 확인한 참 역사

- 위 단어는 이두인 "虐, 苛"자를 정책적으로 뜻으로 해석하여 백제 말, "(까)이 지매"가 "못 살게 굴다"라는 뜻으로 바꾸고 말았다.
- 'る'자는 일본정부와 어용학자들이 만들어 넣은 글자이다.
- 虐과 苛자 옆의 'める'는 'いじめる'와 균형을 맞추기 위하여 만들어 넣은 글자이다.

- 위와 같은 방법으로 일본어?의 단어를 만든 결과 "虐. 苛"자를 'いじ'라고 읽는, 웃지 못할 꼴이 되었다.
- '虐, 苛'자가 없었다면 'いじめ'가 원래 무었을 의미했던 백제말인지 영영 몰랐을 것이다. 글 읽는 이 여러분도 "아! 그랬었구나!"하면서 무척 놀라고 있을 것이다.
- 또한 일본어?는 우리말의 무진장한 보고이기도 하다. 우리 사투리를 연구했던 많은 학자들이 여기에서 처음 접하는 사투리들을 만나보고 무척 경이롭게 살펴봤을 것이다.

 # "一"을 "이찌"라 하는 이유

1 연구하는 교실

일본말을 만들 때 모델이 된 말은 "(무슨) 일 있지?"이다. 이 말을 일본인들은 사투리로 "이루 이찌?"라고 했다. 이 말을 현대 일본인들이 주로 사용하는 "백제 글자"와 이두로 써보면 아래와 같다.

　　一　　いち
　이루 이찌?　　(이 사투리를 현대인이 알 수 있게 고치면)
　일　있지?　　(의 뜻이 된다.)

2 명치이후 일본정부 산하 조선어 비밀연구원들이 위의 말을 함부로 갈라서 아래와 같은 사전적 단어를 만들어 내었다. 사실은 여기서 부터가 백제말(조선말)과 일본말?과의 경계선이다.

　　いち [一] : 일, 하나.

3 켜켜이 묻혔던 과거를 알았으니, 후예들아! 미래를 어떻게 할래?

※※※ 위 단어는 이두인 '一'자를 뜻으로 해석한 결과 백제말, "(일) 이찌"가 "하나"라는 뜻으로 바뀌고 말았다.

※※※ 위와 같은 방법으로 일본어?의 단어를 만든 결과 '一'자를 '이찌'라고 읽는 웃지 못할 꼴이 되었다.

※※※ 모든 일본말?은 이렇게 만들어졌다.

 囃子林

1 연구하는 교실

일본말을 만들 때 모델이 된 말은 "(낟알이) 자잘해서, (라고 하)시(어)"이다. 이 말을 일본인들은 사투리로 "자자리 하야, 시(어)"라고 했다. 이 말을 다시 현대 일본인들이 주로 사용하는 백제글자와 이두로 써보면 아래와 같다.

囃子林 はや, し
잡자림 하야, 시   (이두한자의 종성을 없애면)
자자리 하야, 시   (이 사투리를 알기 쉽게 고치면)
자잘해서, (하)시 (의 뜻이 된다)

••• 자잘하다 : 잘다.
••• 하야 : "하여"의 사투리.

2
초대 천황, 명치(1867년 : 고종 15년) 이후 일본정부 산하 조선어 비밀연구원들이 위의 말의 띄어쓰기를 무시하고 함부로 갈라서 아래와 같은 사전적 단어를 만들어 내었다. 사실은 여기서 부터가 백제말(조선말)과 일본말?과의 경계선이다.

はやし [囃子] : 반주음악   (囃 : 장단 잡을 잡)
     [林] : 숲   (林 : 수풀 림)

6 언어로 확인한 참 역사

••• 위 단어는 이두인 '囃子. 林'자를 정책적으로 뜻으로 해석하여 백제 말 "~하야, 시"가 "반주음악, 숲"이라는 뜻으로 바뀌고 말았다.
••• 위와 같은 방법으로 일본어?의 단어를 만든 결과 '囃子. 林'자를 'はやし'라고 읽는 웃지 못할 꼴이 되었다. 이런 것을 우리는 지금까지 "**명치식 읽기**"라고 명명해 왔다.
••• '囃子. 林'자가 없었다면 'はやし'가 원래 무엇을 의미했던 백제 말인지 영영 몰랐을 것이다.
••• 일본정부와 그 어용학자들은, 조선사람들이 "囃子. 林"자가 조선말 이두인 줄 몰라보

도록 각각 다른 단어를 만들어 분리시켜 두었다.
● 모든 일본말?은 이렇게 만들어졌다.

 잠 와

1 연구하는 교실

일본말을 만들 때 모델이 된 말은 "싸고 나면 잠(이) 와"이다. 이 말을 왜인들은 사투리로 "싸마 쟈마"라고 했다. 이 말을 현대 일본인들이 주로 사용하는 백제 글자와 이두로 기록하면 아래와 같다.

    邪魔 じゃま   (이두한자에 종성이 없으므로 그대로 백제말이다)
    사마 쟈마   (한자에는 "싸"자가 없으므로 "사"자로 대용)
    싸마 쟈마   (이 사투리를 현대인이 알기 쉽게 고치면)
    싸면 잠와   (의 뜻이 된다)

- 邪魔(사마) : '싸면'의 옛 사투리, 이두.
- 쟈마→ 잠 와 : '잠이 와'의 뜻.

2
초대 천황, 명치(1867년 : 고종 15년) 이후 일본정부 산하 조선어 비밀연구원들이 위의 말의 띄어쓰기를 무시하고 함부로 갈라서 아래와 같은 사전적 단어를 만들어 내었다. 사실은 여기서 부터가 백제말(조선말)과 일본말?과의 경계선이다.

    じゃま [邪魔] : ①방해, 훼방
                  ②사마, 불도의 수행을 방해하는 악마.   (邪: 간사할 사, 魔: 마귀 마)

3 언어로 확인한 참 역사

- 위 단어는 이두인 "邪魔"자를 정책적으로 뜻으로 해석하여 백제 말, '쟈마'가 '방해, 악마'라는 뜻으로 바뀌고 말았다.
- 위와 같은 방법으로 일본어?의 단어를 만든 결과 "邪魔"자를 "쟈마"라고 읽게 되었다. 다시 말하면 邪(사)자를 じゃ(쟈)라고 읽는, 웃지 못할 꼴이 벌어지게 된 것이다. 일본정부는 이런 식으로 백제말과 조선말을 말살하고 새로운 일본말을 창조?해 내었다.

※※ '邪魔'자가 없었다면 '쟈마'가 원래 무었을 의미했던 백제말인지 영영 몰랐을 것이다.
※※ 모든 일본말?은 이렇게 만들어졌다.

 # 조오와

1 연구하는 교실

일본말을 만들 때 모델이 된 말은 "(기분이) 좋오와"이다. 이 말을 일본인들은 사투리로 "조오와"라고 했다. 이 말을 다시 백제글자와 이두로 써보면 아래와 같다.

    終おわ
    종오와   (이두 "종"자의 종성을 없애면)
    조오와   (현대인이 알기 쉽게 고치면)
    좋 아   (의 뜻이 된다)

2
초대 천황, 명치(1867년 : 고종 15년) 이후 일본정부 산하 조선어 비밀연구원들이 위의 말의 띄어쓰기를 무시하며 함부로 갈라서 아래와 같은 사전적 단어를 만들어 내었다. 사실은 여기서 부터가 백제말(조선말)과 일본말?과의 경계선이다.

    おわる [終(わ)る] : 끝나다.   (終 : 끝날 종)

3 언어로 확인한 참 역사

- 위 단어는 '終'자를 뜻으로 해석하여 '(조)오와'라는 백제말이 '끝나다'라는 뜻으로 바뀌어버렸다.
- 이렇게 단어를 만든 결과 "終(わ)る"자를 "おわる"라고 읽는 웃지 못할 꼴이 되었다. 이런 것을 우리는 지금까지 **"명치식 읽기"**라고 명명해 왔다.
- '終'자가 없었다면 'おわる'가 원래 무엇을 의미했던 백제말인지 영영 몰랐을 것이다.
- 終자 옆에 있는 "(わ)る"는 "おわる"와 균형을 맞추기 위하여 일본정부와 어용학자들이 만들어 넣은 글자이다. "る"자도 물론 만들어 붙인 글자이다.
- 모든 일본말?은 이렇게 만들어졌다.

미래에, 일본과 만주를 병합하여 한국을 세계 최강국으로 만들자면... 이것이 오늘을 사는 우리들의 명제이다.

 # 찌라시

1 연구하는 교실

할배요! 이거 왠 겁니꺼? 하고 물었더니, 할배는 "(장에서) '샀지', 시어" 쓰다. 이 말을 일본인들은 사투리로 "(장에서) '사찌라' 시(어)"라고 했다. 이 말을 현대 일본인들이 주로 사용하는 백제글자와 이두로 써보면 아래와 같다.

散ちら, し
산찌라, 시   (이두인 '散(산)'자의 종성을 없애면)
사찌라, 시   (이 사투리를 현대인이 알기 쉽게 고치면)
샀지라, 시
샀지, 시어   (의 뜻이 된다.)

- 사찌라 → 샀지라 : '샀지'의 일본지방 사투리. (비슷한 말 : 샀지러, 옳지러, 못 봤지러)
- し(시) : '시어'를 의미.
  일본어?는 이렇게 백제인에 대한 존칭어로 점철되어 있는 것이 특징이다.
  다른 예 : さびしい
- 그런데도 일본서기의 일본 측 해석에서는 백제와 백제인을 마음껏 비하하고 있다. 이런 것이 일본인의 심층 구조이다.

2 초대 천황, 명치(1867년 : 고종 15년) 이후 일본정부산하 조선어 비밀연구원들이 위의 말을 함부로 갈라서 아래와 같은 사전적 단어를 만들어 내었다. 사실은 여기서 부터가 백제 말(조선 말)과 일본 말?과의 경계선이다.

ちらし [散らし] : ①광고지 ②어지름, 흩뜨림.   (散 : 흩어질 산)

3 언어로 확인한 참 역사

- 위 단어는 일본정부가 이두인 '散'자를 뜻으로 해석하여 백제 말 "(새)찌라, 시"를 "광고지"라는 뜻으로 바꾸고 말았다.

- '散(산)'자 옆의 'らし'는 'ちらし'와 균형을 맞추기 위하여 일본정부와 어용학자들이 만들어 써넣은 글자이다.
- 또한 '散'자가 없었다면 'ちらし'가 원래 무엇을 의미했던 백제 말인지 영영 몰랐 을 것이다.
- 위와 같은 방법으로 일본어?의 단어를 만든 결과 '散らし'를 'ちらし'라고 읽는 웃지 못할 꼴이 되었다. 이런 것을 우리는 지금까지 **"명치식 읽기"**라고 명명해 왔다.
- 모든 일본말?은 이렇게 만들어졌다.

 # 저미세

1 연구하는 교실

일본말을 만들 때 모델이 된 말은 "(~를) 저미세!"이다. 이 말을 현대 일본인들이 주로 사용하는 "백제 글자"와 "이두"로 써보면 아래와 같다.

店みせ
점미세!   (이두인 "점"자의 종성을 없애면)
저미세!   (의 뜻이 된다.)

••• 저미다 : (여러 개의 작은 조각으로) 얇게 베다.

2 과거로 가보는 교실

일본역사란 간단히 말하면, 백제시대 다음에 군인들만의 오랜 칼싸움(무시무시한 암흑기)을 거쳐, 명치가 들어서면서 천황이라는 칭호를 처음 사용하였다. 그야말로 명치시대에 와서야 백제를 이은 정통 국가가 형성되었다고 봐야 한다. 때가 닿으면 후일, 일본역사를 재조명 할 것이다.

3

명치이후 일본정부 산하 조선어 비밀연구원들이 위의 말의 띄어쓰기를 무시하고 함부로 갈라서 아래와 같은 사전적 단어를 만들어 내었다. 사실은 여기서 부터가 백제말(조선말)과 일본말?과의 경계선이다.

みせ [店] : 가게   (店 : 가게 점)

4 언어로 확인한 참 역사

••• 위 단어는 이두인 '店'자를 정책적으로 뜻으로 해석하여 백제 말, '(저)미세'라는 말이 "가게"라는 뜻으로 바뀌고 말았다.
••• 위와 같은 방법으로 일본어?의 단어를 만든 결과 '店'자를 'みせ'라고 읽는 웃지 못할 꼴이 되었다. 이런 것을 우리는 지금까지 **"명치식 읽기"**라고 명명해 왔다.

- ‘店’자가 없었다면 ‘みせ’가 원래 무엇을 의미했던 백제 말인지 영영 몰랐을 것이다.
- 그러므로 부러진 칼로 부자관계를 확인하듯, ‘백제 글자’와 ‘이두’가 한 치의 착오도 없이 걸맞아 들어가므로 일본 말이라는 것은 바로 백제 말이라는 것을 알 수 있다.
- 모든 일본말?은 이렇게 만들어졌다.

 **'조쏘' 하야**

1 연구하는 교실

일본말을 만들 때 모델이 된 말은 "(그 여인이) '좋소, 하여 잤었지"이다. 이 말을 왜인들은 사투리로 '조소, 하야 자스찌'라고 했다. 이 말을 다시 현대 일본인들이 주로 사용하는 이두한자와 백제글자로 써보면 아래와 같다.

　　(그 여인이)
　　早速 はや, い~, 者勝ち
　　조속, 하야, 이~, 자승찌　　(이 말에서 종성을 제거하면)
　　조소, 하야, 이~, 자스찌　　(이 말을 현대인이 알기 쉽게 고치면)
　　좋소, 하여, 이~, 잤었지　　(의 뜻이 된다.)

- 조소 : '좋소'처럼 종성을 기록하지 못했다.
- ~하야 : '~하여'의 사투리
- 자스찌 : **잤었지**라는 말의 종성을 표현하지 못한 결과이다. 또한 "<u>스</u>"자를 "<u>자</u>"의 <u>종성으로 봐서</u> "**잤지**"라고 볼 수도 있다.
- ~이 : 이야기의 흥을 돋우거나 동의를 청하는 도움말.

2 초대 천황, 명치(1867년 : 고종 15년) 이후 일본정부 산하 조선어 비밀 연구원들이 위의 말을 함부로 갈라서 아래와 같은 사전적 단어를 만들었다. 사실은 여기서 부터가 백제 말(조선 말)과 일본 말의 경계선이다.

　　はやい [早い, 速い] : 빠르다　　(早 : 일찍 조, 速 : 빠를 속)

- 여기에서 위의 말을 원용하여 아래와 같은 말도 만들었다.
　　はやい者(もの)勝(か)ち : 먼저 온 사람이 유리함.

3 언어로 확인한 참 역사

- 위 단어는 이두인 '**早, 速**'자를 정책적으로 뜻으로 해석하여 백제 말 "**~ 하야, 이~**"가

"**빠르다**"라는 뜻으로 바뀌고 말았다.
- ※※ 위와 같은 방법으로 일본어?의 단어를 만든 결과 '早い. 速い'자를 'はやい'라고 읽는 웃지 못할 꼴이 되었다. 이런 것을 우리는 지금까지 "**명치식 읽기**"라고 명명해 왔다.
- ※※ 또한, "早. 速"자와 "者勝ち"가 없었다면 "はやい"가 원래 무엇을 의미했던 백제 말인지 영영 몰랐을 것이다.
- ※※ 그리고 일본정부와 그 어용학자들은, 조선사람들이 "早. 速"이 조선말 이두인 줄 몰라보도록 글자사이에 점을 찍어 두었다.
- ※※ '早. 速'자 옆에 있는 "い"자는 'はやい'와 균형을 맞추기 위하여 일본정부의 어용학자들이 만들어 넣은 자이다.
- ※※ 모든 일본말?은 이렇게 만들어졌다.

 # 住相 撲쓰면

1 연구하는 교실

일본말을 만들 때 모델이 된 말은 "(금덩어리 하나 쯤) 주워 봤으면, 이~"이다. 이 말을 일본인들은 사투리로 "주사 바수마, 이~"라고 했다. 이 말을 "백제글자"와 "이두"로 써보면 아래와 같다.

住相 撲すま, い~.
주상 박수마, 이~.   (이두한자의 종성을 없애면)
주사 **바수마**, 이~.   (이 사투리를 현대인이 알기 쉽게 고치면)
줏아 밧스면, 이~
주워 봤으면, 이~.   (의 뜻이 된다.)

- 주사(住相) : '주워'의 사투리, 이두.
- 바수마(撲すま) : '봤으면'의 사투리, 이두.
- 이~ : 이야기의 흥을 돋우거나 동의를 청하는 도움말.

2
명치 이후, 일본정부산하 조선어 비밀연구원들이 위의 말의 띄어쓰기를 무시하고 함부로 갈라서 아래와 같은 사전적 단어를 만들어 내었다. 사실은 여기서 부터가 조선말(백제말)과 일본말의 경계선이다.

すまい [住(ま)い] : ①삶, 거주함. ②사는 곳.   (住 : 살 주)
[相 撲] : 씨름.   (相 : 서로 상, 撲 : 칠 박)

4 언어로 확인한 참 역사

- 위 단어는 "住. 相 撲"자를 뜻으로 해석한 결과 백제말 "(바)수마이"라는 말이 "**삶, 씨름**"이라는 뜻으로 바뀌고 말았다. 다시 말하면 일본인들은 한국말을 하대 그 뜻을 다르게 사용한다고 보면 되겠다.
- '주사 바수마, 이~.'라는 말에서 '아버지 가방에 …'식으로 아무데나 끊어 '수마이(すまい)'라는 말을 조작해 내었다. 이렇게 단어를 만든 결과 "住(ま)い"와 "相 撲"자를 "す

217

まい"라고 읽게 되었다. 이런 것을 우리는 지금까지 "**명치식 읽기**"라고 명명해 왔다.
- 백제말을 한자로 기록해 놓은 '住相 撲(주사 바)'자가 없다면 'すまい'가 원래 무엇을 의미했던 백제말인지 영영 몰랐을 것이다.
- 그리고 '住'자 옆에 붙어 있는 [(ま)い]자는 'すまい'와 균형을 맞추기 위하여 일본정부와 어용학자들이 써넣은 글자이다.
- 모든 일본말?은 이렇게 만들어졌다.

 조하요-

1 연구하는 교실

산을 타는 기분이 어떠신지? 엄청 '조하요-' '왜'인은 사투리지만 정확하게 말했다. 다시 이 말을 현대 일본인들이 주로 사용하는 이두한자와 백제글자로 써보면 다음과 같다.

  早はよう (제거할 종성이 없으므로 그대로 백제말이 된다.)
  조하요- (의 뜻이 된다)

••• 조하요 : '좋아요', '좋습니다.'의 옛 사투리.

2
초대 천황, 명치(1867년 : 고종 15년) 이후 일본정부 산하 조선어 비밀 연구원들이 위의 말을 함부로 갈라서 아래와 같은 사전적 단어를 만들었다. 사실은 여기서 부터가 조선말(백제말)과 일본말?의 경계선이다. (단 お와 御자는 존칭어이다)

  おはよう[御早う] : 안녕하시오. (早 : 일찍 조)

3 언어로 확인한 참 역사

••• 위 단어는 이두인 '早'자를 정책적으로 뜻으로 해석하여 백제 말 "(조)하요-"가 "안녕하시오."라는 뜻으로 바뀌고 말았다. 早자에 '안녕하시오'라는 뜻은 없다.
••• 위와 같은 방법으로 일본어?의 단어를 만든 결과 '早'자를 'はよ'라고 읽는 웃지 못할 꼴이 되었다. 이런 것을 우리는 지금까지 "명치식 읽기"라고 명명해 왔다.
••• <u>백제 말을 한자로 기록해 놓은</u> '早'자가 없었다면 'おはよう'가 원래 무엇을 의미했던 백제 말인지 영영 몰랐을 것이다.

4 미래의 한국과 일본

이제 일본어에 숨겨진 비밀이 속속 들어나고 있지만 일본이 이렇게까지 했을 줄은 아무도 꿈에도 몰랐었다.

219

백제의 모든 것, 조선의 모든 것, 정치, 경제, 사회, 역사. 문화, 등등 특히 말까지 훔쳐가지 않았던가? 그렇게 해놓고 그들은 '**도래인**'이라는 멋진 거짓말을 창안해 내었다. 도래인이라니...? 옛 일본에 살았던 사람들은 모두가 백제인이었다. 어쩌다가 왕인(실존한 적이 없었던 헛개비이지만) 같은 몇 사람이 일본에 가서 그들을 도와서 일본에 천자문 정도의 문화를 전달 해준 정도가 아니라 바로 백제인들이 옛 일본의 주체였고 백제왕의 신민이었다. 일본에 현재남아 있는 건물, 그림 한 장, 작은 조각품 하나, 음식에 이르기까지, 모두가 백제인의 유산이다. 백제인들은 일상생활에서 백제말을 사용하고 백제 글자를 썼었다. 이렇게 우리의 모든 것을 훔쳐가 놓고는 오늘에 와서 일본정부가 '과거도 현재도 잊고 미래만 보고 사이좋게 지내자'고 한다. 이제 일본 측의 이런 제안이 얼마나 허망하고 허망한 것인지 우리는 알고 있다. 일본정부는 이런 제안을 하기 전에 먼저 오늘의 일본인들은 백제인의 후예들이라고, 백제왕의 신민이었다고 고백해야 한다. 그 뒤에야 진정한 한, 일 관계가 미래를 향해 나아 갈 수 있을 것이다.

 蜘蛛雲

1 연구하는 교실

일본말을 만들 때 모델이 된 말은 "구으면 지저요"이다. 이 말을 일본인들은 사투리로 "구모 지주우"라고 했다. 이 말을 다시 현대 일본인들이 주로 사용하는 백제글자와 이두로 써보면 아래와 같다.

    くも   蜘蛛雲
    구모   지주운 (이두한자의 종성을 없애면)
    구모   지주우 (이 사투리를 현대인이 알기 쉽게 고치면)
    구으면, 지저요 (의 뜻이 된다)

- 구모 : "구으면"의 사투리.
- 지주우 : "지저요"의 사투리.

2 초대 천황, 명치(1867년 : 고종 15년) 이후 일본정부 산하 조선어 비밀연구원들이 위의 말의 띄어쓰기를 무시하고 함부로 갈라서 아래와 같은 사전적 단어를 만들어 내었다. 사실은 여기서 부터가 백제말(조선말)과 일본말?과의 경계선이다.

    くも [蜘 蛛] : 거미   (蜘 : 거미 지, 蛛 : 거미 주)
        [雲] : 구름   (雲 : 구름 운)

3 언어로 확인한 참 역사

- 위 단어는 이두인 '**蜘蛛. 雲**'자를 정책적으로 뜻으로 해석하여 백제 말 "**구모**"가 "거미, **구름**"이라는 뜻으로 바뀌고 말았다.
- 위와 같은 방법으로 일본어?의 단어를 만든 결과 '蜘蛛. 雲'자를 'くも'라고 읽는 웃지 못할 꼴이 되었다. 이런 것을 우리는 지금까지 "**명치식 읽기**"라고 명명해 왔다.
- '蜘蛛, 雲'자가 없었다면 'くも'가 원래 무엇을 의미했던 백제 말인지 영영 몰랐을 것이다.
- 모든 일본말?은 이렇게 만들어졌다.

 取立

1 연구하는 교실

일본인들은 "取り立て"를 "とりたて"라고 읽는다. 그러나 이것은 "명치식 읽기"를 한 것으로 "とりたて"라고 읽는 이유는 따로 그 유래를 알아봐야 알 수 있다. 여기에서 일어사전에 나와 있는 단어를 한번 살펴보자.

  とりたて [取(り)立て] : ①거두어 들임, 징수.
          ②갓 땀, 갓 잡음. (取 : 취할 취, 立 : 설 립)

2 과거로 가서 확인해 보는 교실

위 단어에서 "갓 땀, 거두어 들임"이라는 뜻은 어떻게 생겼을까? 한자의 뜻만으로는 그 의미를 알아내기에는 합당하지 못하다는 것을 알 수 있다. 이 단어의 뜻은 이두로 읽어야만 정확하게 알 수 있다.

  (밤나무를 장대로) 取立
      취립 (이두한자의 종성을 없애면)
      취리 (이 말을 알기 쉽게 고치면)
      치리 (의 뜻이 된다)

즉 장대로 밤나무를 치면 밤을 따서 거두어 들일수 있게 된다. 위 단어는 이렇게 만들어졌다. 取立의 경우는 取立만 백제말이고 'とりたて'는 명치식 읽기를 한 것이다. 그러므로 이 단어는 일본말 만들기의 또 다른 방법 중의 하나가 된다.

3 파생

  とりたてる [取り立てる] : ①거두다, 징수하다. ②발탁하다.

-- 일본말?이라는 것은 이렇게 만들어졌다.

 取敢

1 연구하는 교실

일본말을 만들 때 모델이 된 말은 "쳐가서 돌려 해줘"이다. 이 말을 일본인들은 사투리로 "치가 돌리아 해주"라고 했다. 이 말을 다시 현대 일본인들이 주로 사용하는 백제글자와 이두로 써보면 아래와 같다.

取敢	とりあ	えず	
취감	도리아	애주	(이두 "감"자의 종성을 없애면)
취가	도리아	애주	(平仮名에는 "돌"자가 없어서 "도"자로 대용)
취가	돌리아	애주	(이 말을 알기 쉽게 고치면)
치가(서)	돌리어	해주	
쳐가(서)	돌려	해줘	(의 뜻이 된다)

- 取敢(치가) : "쳐가서"의 이두, 사투리.
- 애주 : "해주"의 일본지방 사투리.

繪(그림 회)자도 "え"로 읽는 등 통상 "해"자 등을 "애"로 읽는 경우가 있다. 이에 관한 예는 차차 예시해 나가고자 한다.

2

초대 천황, 명치(1867년 : 고종 15년) 이후 일본정부 산하 조선어 비밀연구원들이 위의 말의 띄어쓰기를 무시하고 함부로 갈라서 아래와 같은 사전적 단어를 만들어 내었다. 사실은 여기서 부터가 백제말(조선말)과 일본말?과의 경계선이다.

  とりあえず [取(り)敢えず] : ①곧바로, 지체없이.
         ②우선 (取 : 취할 취, 敢 : 감히 감)

3 언어로 확인한 참 역사

- 위 단어는 이두인 '取敢'자를 정책적으로 해석하여 백제 말 "돌리아 해주"가 "곧바로, 우선"이라는 뜻으로 바뀌고 말았다.
- 위와 같은 방법으로 일본어?의 단어를 만든 결과 '取り敢えず'를 'とりあえず'라고

읽는 웃지 못할 꼴이 되었다. 이런 것을 우리는 지금까지 "**명치식 읽기**"라고 명명해 왔다.
- ‶'取敢'자가 없었다면 'とりあえず'가 원래 무엇을 의미했던 백제 말인지 영영 몰랐을 것이다.
- ‶일본인들이 "ず"자를 어떻게 발음하든, 어원상으로 보면 "주"라고 발음해야 한다.
- ‶'取敢'자 옆에 있는 "り"자 'えず'자는 とりあえず와 균형을 맞추기 위하여 일본정부와 어용학자들이 만들어 넣은 글자이다.
- ‶일본정부와 그 어용학자들은, 조선사람들이 "取敢"자가 조선말 이두인 줄 몰라보도록 "り"자 "えず"자를 덧붙여 두었다.
- ‶파생

    あえず [敢えず] : ①미쳐 다하지 못하고 ②참지 못하고
    あえて [敢えて] : ①감히, 무리하게 ②전혀, 조금도 (부정의 말이 따름)

- ‶모든 일본말?은 이렇게 만들어졌다.

 # "贅澤(췌택)"을 왜 "사치"라고 할까?

1 연구하는 교실

"贅澤"이라고 쓰고 "ぜい-たく"라고 읽지만 "ぜい-たく"는 명치식 읽기로서 백제말이 훼손되어 있는 상태이다. 그리고 한자를 뜻으로 읽어 봐도 "혹 췌"와 "못 택"자 이니만큼 "사치"라는 뜻과는 거리가 멀다. 그렇다면 왜 "贅澤"이 "사치"라는 뜻을 가졌을까? 이 한자를 "이두"로 읽어보면 쉽게 이해할 수 있다.

    贅澤
    췌택   (이두인 '택'자의 종성을 없애면)
    췌태   (한자에는 '때'자가 없으므로 '태'자로 대용하고 있음)
    췌때   (이 사투리를 현대인이 알기 쉽게 고치면)
    취했대   (의 뜻이 된다)

∴ 그러므로 일본의 어용학자들이 일본 말이라는 것을 만들 당시는, 일반인들이 술에 취하는 것은 "사치"였다는 것을 알 수 있다. 그만큼 사는 것이 각박하고 찌들어 있었다. 고관대작들만 술을 마셨다고 보면 되겠다.

2 초대 천황, 명치(1867년 : 고종 15년) 이후 일본정부 산하 조선어 비밀연구원들이 명치식 읽기를 덧 붙여, 아래와 같은 사전적 단어를 만들어 내었다. 사실은 여기서 부터가 백제말(조선말)과 일본말?과의 경계선이다.

    ぜい-たく [贅澤] : 사치

∴ 모든 일본말?은 이렇게 만들어졌다.

 ## 찌어 가라

1 연구하는 교실

일본말을 만들 때 모델이 된 말은 "넣어(서) 찢어 가라!"이다. 이 말을 일본인들은 사투리로 "여(서) 찌 가라!"라고 했다. 이 말을 다시 현대 일본인들이 주로 사용하는 "백제 글자"와 "이두"로 써보면 아래와 같다.

  力, ち から!
  력, 찌 가라!   (이두인 '<u>력</u>'자의 종성을 <u>없애면</u>)
  려, 찌 가라!   (옛날부터 '려'는 '여'로도 읽었다.)
  <u>여, 찌 가라!</u>   (이 사투리를 현대인이 알기 쉽게 고치면)
  <u>넣어(서) 찢어 가라!</u> (의 뜻이 된다)

- (.)안의 글은 이해를 돕기 위하여 글쓴이가 써넣은 글임.
- 여 : '넣어'의 사투리.
- 찌 : '찢어'의 사투리.
- "~가라" : '계속하여 해 가라'는 뜻.
 다른 예 : '저어 가라', '높여 가라'.

2
초대 천황, 명치(1867년 : 고종 15년) 이후 일본정부 산하 조선어 비밀연구원들이 위의 말의 띄어쓰기를 무시하고 함부로 갈라서 아래와 같은 사전적 단어를 만들어 내었다. 사실은 여기서 부터가 백제말(조선말)과 일본말?과의 경계선이다.

  ちから〔力〕: 힘

3 언어로 확인한 참 역사

- 위 단어는 이두인 '力'자를 정책적으로 뜻으로 해석하여 백제 말, '찌 가라'라는 말이 '힘'이라는 뜻으로 바뀌고 말았다.
- 위와 같은 방법으로 일본어?의 단어를 만든 결과 '力'자를 'ちから'라고 읽는 웃지

못할 꼴이 되었다. 이런 것을 우리는 지금까지 "**명치식 읽기**"라고 명명해 왔다.
⁕⁕ '力'자가 없었다면 'ちから'가 원래 무엇을 의미했던 백제말인지 영영 몰랐을 것이다.
⁕⁕ 모든 일본말?은 이렇게 만들어졌다.

 # 찔려도 매

1 연구하는 교실

일본말을 만들 때 모델이 된 말은 "찔리어 저도 매어 봐!"이다. 이 말을 일본인들은 사투리로 '찌리우 저도 매 바'라고 했다. 이 말을 다시 현대 일본인들이 주로 사용하는 이두한자와 백제글자로 써보면 아래와 같다.

```
止留    停と   め泊
지류    정도   매 박     (이두한자에서 종성을 없애면)
지류    저도   매 바     (이 말을 현대인이 알기 쉽게 고쳐 쓰면)
지리우 저도 매어 바!    (더 표준말로 바꾸면)
찔리어 져도 매어 봐!    (의 뜻이 된다.)
```

- 지류 → 지리우 : '찔리어'의 이두 표현.
- 매 : '매어'의 사투리.
- 바 : '봐'의 사투리.

2
초대 천황, 명치(1867년 : 고종 15년) 이후 일본정부 산하 조선어 비밀 연구원들이 위 의 말에서, 머리 떼어내고 꼬리 떼어내고 하면서 함부로 갈라서 아래와 같은 사전적 단어를 만들어 내었다. 사실은 여기서 부터가 백제 말(조선 말)과 일본 말의 경계선이다.

```
とめる [止める. 留める. 停める] : 멈추다. 세우다. 정지하다.
        [泊める] : 묵게하다. 재우다. 숙박시키다.
             (止 : 그칠 지, 留 : 머무를 류, 停 : 머무를 정, 泊 : 묵을 박)
```

3 언어로 확인한 참 역사

- 위 단어는 이두인 '止. 留. 停. 泊'자를 정책적으로 뜻으로 해석하여 백제 말 "(~저)도 매(바)"가 "멈추다, 묵게하다" 등의 뜻으로 바뀌고 말았다.
- 위와 같은 방법으로 일본어?의 단어를 만든 결과 '止. 留. 停. 泊'자를 'と'라고 읽는

웃지 못할 꼴이 되었다. 이런 것을 우리는 지금까지 "**명치식 읽기**"라고 명명해 왔다.
- "止. 留. 停. 泊" 자 옆에 있는 "める"는 "とめる"와 균형을 맞추기 위하여 일본정부가 만들어 넣은 글자이다. "る"자도 물론 만들어 붙인 字이다.
- '止. 留. 停. 泊'자가 없었다면 'とめ(る)'가 원래 무엇을 의미했던 백제 말인지 영영 몰랐을 것이다.
- 일본정부와 그 어용학자들은, 조선사람들이 "止. 留. 停. 泊"가 조선말 이두인 줄 몰라보도록 글자사이에 점을 찍어 두었고 또 다른 단어도 만들어 두었다.
- 위 단어는 가장 악랄한 방법으로 일본말이라는 것을 만든 것 중의 하나이다.
- 파생

    とまる : 멈추다, 숙박하다.

- 백제 말(조선 말)을 이렇게 분해하고 시해한, 그리고 또 지금도 시해하고 연구하는 학자? 들이 아직도 있다고 본다. 그렇다면 그들은 일본 말? 이라는 것이 어떻게 만들어 졌는지, 그 어원을 누구보다 잘 알 것이다. 그런데도 시미즈 교수가 이른바 일본어의 어원을 연구하여 발표하겠다는 것은 넌센서이다. 그는 일본 말의 진짜 어원을 깊이깊이 파묻으려고 연구한다고 밖에 볼 수 없는 인물이다.
- 모든 일본말?은 이렇게 만들어졌다.

 **(찌)하 주까**

1 연구하는 교실

일본말을 만들 때 모델이 된 말은 "찢어 줄까? 시(어), 이~"이다. 이 말을 일본인들은 사투리로 "찌하 주까? 시, 이~"라고 했다. 이 말을 다시 현대 일본인들이 주로 사용하는 "백제 글자"와 "이두"로 써보면 아래와 같다.

    恥は ずか? し,   い~. (한자에 제거해야 할 종성이 없으므로 그대로 백제말이다.)
    치하 주까? 시,   이~. (한자에 "찌"자가 없으므로 "치"자로 대용)
    찌아 주까? 시어,   이~. (이 사투리를 현대인이 알기 쉽게 고치면)
    찢어 줄까? (하)시어, 이~. (의 뜻이 된다)

- 찌하 : "찢아"의 사투리.
- 시 : '하시어'의 줄인 말.

2

초대 천황, (1867년 : 고종 15년) 명치이후 일본정부 산하 조선어 비밀연구원들이 위의 말의 띄어쓰기를 무시하고 함부로 갈라서 아래와 같은 사전적 단어를 만들어 내었다. 사실은 여기서 부터가 백제말(조선말)과 일본말?과의 경계선이다.

    はずかしい [恥ずかしい] : 부끄럽다.   (恥 : 부끄러울 치)

3 언어로 확인한 참 역사

- 위 단어는 이두인 '恥'자를 정책적으로 뜻으로 해석하여 백제 말, '(치)하주까, 시이'라는 말이 **"부끄럽다"**라는 뜻으로 바뀌고 말았다.
- '恥'자 옆의 'ずかしい'는 'はずかしい'와 균형을 맞추기 위하여 일본정부가 써넣은 글자이다.
- 위와 같은 방법으로 일본어?의 단어를 만든 결과 '恥'자를 'は'라고 읽는 웃지 못할 꼴이 되었다. 이런 것을 우리는 지금까지 **"명치식 읽기"**라고 명명해 왔다.
- 그리고 '恥'자가 없었다면 'はずかしい'가 원래 무엇을 의미했던 백제 말인지 영영

몰랐을 것이다.
* 일본인들이 "ず"자를 어떻게 발음하든 간에, 어원으로 보면 "주"자로 발음 되어야 한다.
* 파생

　は [歯] : 이

 "(뭐라)고 카는가에?"

1 연구하는 교실

일본말을 만들 때 모델이 된 말은 "(뭐라)고 말 하는가요?"이다. 이 말을 일본인들은 사투리로 "~고 카는가에?"라고 했다. 이 말을 다시 현대 일본인들이 주로 사용하는 "백제글자"와 "이두"로 써보면 아래와 같다.

　~考 かんがえ?　　　(이두 '考'자에 종성이 없으므로 그대로 백제말이다)
　~고 칸가에?　　　　(이 일본지방 사투리를 현대인이 알기 쉽게 고치면)
　~고 **카는**가에?
　~고 말하는가요?　　(의 뜻이 된다)

- 일본에서는 "카는"이 줄어서 "칸"으로 발음 되었다.
　다른 예 : **나는** 가→ **난** 가 / 또라**이는**→ 또라**인** / **걔는**→ **걘**
- 카다 : '말하다'의 사투리.

2
초대 천황, 명치(1867년 : 고종 15년) 이후 일본정부 산하 조선어 비밀연구원들이 위의 말의 띄어쓰기를 무시하며 함부로 갈라서 아래와 같은 사전적 단어를 만들어 내었다. 사실은 여기서 부터가 백제말(조선말)과 일본말?과의 경계선이다.

　かんがえ [考え] : 생각　　(考 : 생각할 고)

3 언어로 확인한 참 역사

- 위 단어는 '考'자를 뜻으로 해석하여 '~카는 가에'라는 백제말을 '생각'이라는 뜻으로 바꾸어버렸다.
- 이렇게 단어를 만든 결과 "考"자를 "かんがえ"라고 읽는 웃지 못할 꼴이 되었다. 이런 것을 우리는 지금까지 "명치식 읽기"라고 명명해 왔다.
- '考'자가 없었다면 'かんがえ'가 원래 무엇을 의미했던 백제말인지 영영 몰랐을 것이다.
- 考자 옆에 있는 え자는 "かんがえ"와 균형을 맞추기 위하여 일본정부의 어용학자들이

써넣은 글자이다.
- 일본인들이 "かんがえ"를 어떻게 발음하든 간에 어원상으로 보면 일본어라는 것을 감안하더라도 "칸가에"라고 발음해야 한다.
- 모든 일본말?은 이렇게 만들어졌다.

1~2세기 로마제국에 패망하여 전 세계로 흩어졌던 유대인들은 1948년 5월에 다시 이스라엘을 건국하였다. 유태인들은 약 2000년이 지난 지금에 와서도 우리 땅이요, 하고 살고 있지 않은가?
일본 땅 전체가 우리 땅이라는 사실을 몰랐으면 몰라도, 이제 그 사실을 알아낸 이상, 좌시만 할 수 없다.

 "澤庵"은 일본의 중 이름이 아니다

1 연구하는 교실

일본말을 만들 때 모델이 된 말은 "(무를 등겨에 묻어) 띄웠지"이다. 이 말을 일본인들은 사투리로 "때와찌 → 때아찌"라고 했다. 이 말을 다시 현대 일본인들이 주로 사용하는 백제글자와 이두로 써보면 아래와 같다.

    澤庵漬
    택암지 　(이두인 한자의 종성을 제거하면)
    태아지 　(한자에는 '때'자가 없으므로 '태'자로 대용하고 있음)
    때아지 　(이 사투리를 현대인이 알 수 있게 고치면)
    때와찌
    띄웠지 　(의 뜻이 된다.)

◦◦◦ 띄우다 : 메주 따위를 뜨게 하다.

2
초대 천황, 명치(1867년 : 고종 15년) 이후 일본정부산하 조선어비밀 연구원들이 "澤庵漬"를 줄여서 "澤庵"으로 쓰면서 "명치 식 읽기"로 "たくあん(다꾸앙)"이라고 했다. 그리고는 아래와 같은 단어를 만들어 내었다.

    たくあん [澤庵] : 단무지.
        "澤 庵"은 단무지를 만드는 법을 고안해낸 중의 이름.

3 언어로 확인한 참 역사

◦◦◦ '庵'자는 '암자 암'자 이므로 일본정부나 학자? 들이 "澤庵"을 스님 이름 이라고 지어내도 조선이나 한국 사람들이 그것이 거짓임을 깨닫지 못하였다. 일본정부는 이런 방법으로 백제문화를 일본 문화라면서 바꾼 예가 수없이 많다.
◦◦◦ 몇 달 전인가도 '澤庵'이 스님 이름이라고 강변한 분이 계셨는데 말도 안되는 주장을 했다.
◦◦◦ 단무지는 옛날부터 한국인의 음식이다.

◈◈◈ 일본정부나 학자?들이 선대나라 백제를 부정한다면 그 어떤 문화나 유적도 순수 일본의 것은 없다. 모두 백제에서 물려받은 것이다.

 痛 傷悼

1 연구하는 교실

일본말을 만들 때 모델이 된 말은 "(좀)있다(가) 또 싸도"이다. 이 말을 일본인들은 사투리로 "이따 또 싸도"라고 했다. 이 말을 다시 현대 일본인들이 주로 사용하는 백제글자와 이두로 써보면 아래와 같다.

いた	痛	傷悼	
이따	통	상도	(이두한자의 종성을 없애면)
이따	토	사도	(한자에는 "또, 싸" 자가 없으므로 "토, 사"자로 대용)
이따	또	싸도	(현대인이 알기 쉽게 고치면)
있다(가)	또	싸도	(의 뜻이 된다)

2

초대 천황, 명치(1867년 : 고종 15년) 이후 일본정부 산하 조선어 비밀연구원들이 위의 말의 띄어쓰기를 무시하고 함부로 갈라서 아래와 같은 사전적 단어를 만들어 내었다. 사실은 여기서 부터가 백제말(조선말)과 일본말?과의 경계선이다.

　　　いたむ [痛む. 傷む] : ①아프다 ②파손되다 ③(음식이) 상하다.
　　　　　　　　　　　(痛 : 아플 통, 傷 : 상처 상)
　　　　　[悼む] : 슬프하다. (悼 : 슬프할 도)

3 언어로 확인한 참 역사

- 위 단어는 이두인 '痛. 傷. 悼'자를 정책적으로 뜻으로 해석하여 백제 말 "이따(무)"가 "상하다, 슬프하다"라는 뜻으로 바뀌고 말았다.
- 위와 같은 방법으로 일본어?의 단어를 만든 결과 '痛. 傷. 悼'자를 '이따'라고 읽는 웃지 못할 꼴이 되었다. 이런 것을 우리는 지금까지 **명치식 읽기**"라고 명명해 왔다.
- '痛. 傷. 悼'자가 없었다면 '이따'가 원래 무엇을 의미했던 백제 말인지 영영 몰랐을 것이다.
- 일본정부와 그 어용학자들은, 조선사람들이 "痛. 傷. 悼"자가 조선말 이두인 줄 몰라 보도록 글자사이에 점을 찍어 두었다.

※※ "む"자는 물론 일본정부가 갖다 붙인 字이다.
※※ 모든 일본말?은 이렇게 만들어졌다.

 八百屋을 왜 "채소가게"라 할까?

1 연구하는 교실

일본말을 만들 때 모델이 된 말은 "파 베야 하오"이다. 그러나 일본인들은 수차례 설명했던 것처럼 원주민들이 원래 말을 할 줄 몰랐던 탓에 그 후손들도 백제말을 잘 할 수 없었다. 이렇게 된 원인에는 한글과 달리 平仮名이 백제말을 정확하게 발음하지 못한 탓도 크다. 이런저런 이유로 일본인들은 많은 말들을 빼먹고 하는 경우가 많았다. 백제의 '왜'지방에서는 채소가게가 따로 없었고, 채소밭에 이런저런 채소를 기르고 있으면, 사람들이 와서 사 가곤 했다. 마침 파를 사러 왔는데, 베어놓은 파가 없었다. (왜에서는 파를 뿌리채 팔지 않고 베어 팔았다는 사실을 알 수 있다. 평균기온이 높아서, 또 자라곤 했기 때문이다) 아낙네가 밭에다 대고 (남편에게) '파, 베야 오!'라고 외친다. '파 베야 하오'를 '파, 베야 오'라고 한 것이다. 이 정도는 그래도 말하는 실력이 좋은 편이다. 앞으로 차차 경험해 보면 알겠지만, 자칫 말을 알아듣지 못할 정도로 빼먹는 경우도 많다. 위 말을 현대 일본인들이 주로 사용하는 "백제 글자"와 "이두"로 써보면 아래와 같다. 그러나 이 경우는 우선 '八百'부터 어원을 찾아봐야 한다.

　　八、百や お
　　팔, 백야 오!　　　(이두 한자의 종성을 없애면)
　　파, 배<u>야 오</u>!　　　(이 사투리를 현대인이 알기 쉽게 고치면)
　　파, 베야 하오!　　(의 뜻이 된다)

2 초대 천황, 명치(1867년 : 고종 15년) 이후 일본정부 산하 조선어 비밀연구원들이 위의 말의 띄어쓰기를 무시하며 함부로 갈라서 아래와 같은 사전적 단어를 만들어 내었다. 사실은 여기서 부터가 백제말(조선말)과 일본말?과의 경계선이다.

　　やお [八百] : 이런 식으로 말을 갈라서 새 말을 만들었지만, 한 가지 더 조건이 있다.

　　A. '八百屋'이라고 쓸 경우에만 "채소가게"처럼 '八百'이 "채소"라는 의미가 된다.

'屋'자가 없으면, '八百'을 뜻으로 해석하여
B. "やお [八百] : **팔백, 수효가 매우 많음을 나타내는 말**"이라는 의미로 변질되고 만다. 이 처럼 일본인의 심성은 이중 잣대로 구성 되어 있다. 선대의 나라 "백제"를 따르자니 현대 일본정부가 가로 막고 잊어라 하고, 일본정부를 따르자니 할아버지 나라말이 본능적으로 뇌리를 스친다.

3 이쯤에서 일본인들이 屋자를 'や'라고 읽는 이유도 알아 두어야 한다. 모델이 된 말은 "(친정집도) 오가야"이다. 이 말을 현대 일본인들이 주로 사용하는 "백제 글자"와 "이두"로 써보면 아래와 같다.

   屋家や
   옥가야   (이두인 '옥'자의 종성을 없애면)
   오가야   (의 뜻이 된다)

4 명치이후 일본정부 산하 조선어 비밀연구원들이 위의 말의 띄어쓰기를 무시하며 함부로 갈라서 아래와 같은 사전적 단어를 만들어 내었다.

   や [屋. 家] : 그 직업에 종사하는 사람(집)임을 나타내는 말.

5 **언어로 확인한 참 역사**

- 위와 같은 방법으로 일본어?의 단어를 만든 결과 "八百"자를 'やお'라고 읽고, '屋. 家'를 'や'라고 읽는 웃지 못할 꼴이 되었다. 이런 것을 우리는 지금까지 "**명치식 읽기**"라고 명명해 왔다.
- '八百'자가 없었다면 'やお'가 원래 무엇을 의미했던 백제 말인지 영영 몰랐을 것이다. 또 '屋. 家'자가 없었다면 'や'가 원래 무엇을 의미했던 백제 말인지 영영 몰랐을 것이다.
- '屋. 家'처럼 가운데에 점을 찍어서 '屋. 家'가 '오가(ㄴ다)'는 뜻을 나타내는 이두라는 사실을 눈치 채지 못하도록 했다.

6 이렇게 하여 "やおや [八百屋] : 채소가게"라는 단어가 탄생하게 된다.

 # ~하거라, 시(어)

1 연구하는 교실

일본말을 만들 때 모델이 된 말은 "조면, 조이면, 하거라, 시(어)"이다. 이 말을 일본인들은 사투리로 "조모, 조이모, 히구라, 시"라고 했다. 이 말을 다시 현대 일본인들이 주로 사용하는 "백제 글자"와 "이두"로 써보면 아래와 같다.

蜩茅, 蜩日暮, ひぐら, し
조모, 조일모, 히구라, 시   (이두인 '일'자의 종성을 제거하면)
조모, 조이모, 히구라, 시   (이 사투리를 현대인이 알 수 있게 고치면)
조면, 조이면, 하거라, 시어   (의 뜻이 된다.)

- 조모 : '조면'의 사투리.
- 조다 : 느슨하거나 헐거운 것을 바짝 켱기게 하다.
- 조이다 : '조다'의 피동.
- 그러나 국어사전의 설명은 다르다.
  죄다(=조이다) : 느슨하거나 헐거운 것을 바짝 켱기게 하다.
  조다 : '죄다'의 사투리. (어떻게, 국어사전의 설명이 옛날보다 부족하다)
- 히구라 : '하거라'의 일본지방 사투리.
- 시 : '하시어'의 줄인 말.
- "조이모(蜩日暮)" 즉 "조이어 지면"의 사투리는, 이두로 "足日木"이라고 쓰기도 했지만, 글쓰는이의 취향에 따라 "蜩日暮"라고 쓰기도 했다는 것을 알 수 있다.
- 지금의 일본인들은, 자기들의 할아버지 때만 해도, "히구라시"가 "~하거라, 시어"라고만 알았는데, 나중에 나이가 든 후 일본정부가 "쓰르라미"라고 가르치니 머리에 들어오지 않아 고생이 이만저만이 아니었다는 일화를 들어가며 자랐을 줄 안다.

2 초대 천황, 명치(1867년 : 고종 15년) 이후 일본정부 산하 조선어 비밀연구원들이 위의 말의 띄어쓰기를 무시하고 함부로 갈라서 아래와 같은 사전적 단어를 만들어 내었다. 사실은 여기서 부터가 백제말(조선말)과 일본말?과의 경계선이다.

ひぐらし [蜩. 茅蜩] : 쓰르라미　(蜩 : 매미 조, 茅 : 띠 모)
　　　　[日暮(ら)し] : 진종일　(暮 : 저물 모)

3 언어로 확인한 참 역사

- 위 단어는 이두인 "蜩. 茅蜩. 日暮"자를 정책적으로 뜻으로 해석하여 백제 말, 'ひぐらし'라는 말이 "쓰르라미, 진종일"이라는 뜻으로 바뀌고 말았다.
- "ひぐらし"와 균형을 맞추기 위하여 "日暮"에, 원래는 없었던 "(ら)し"를 덧붙였다.
- 위와 같은 방법으로 일본어?의 단어를 만든 결과 '蜩. 茅蜩. 日暮(ら)し'자를 'ひぐらし'라고 읽는 웃지 못할 꼴이 되었다. 이런 것을 우리는 지금까지 "명치식 읽기"라고 명명해 왔다.
- '蜩. 茅蜩. 日暮'자가 없었다면 'ひぐらし'가 원래 무엇을 의미했던 백제 말인지 영영 몰랐을 것이다.
- 파생

　　ひ [日] : 해, 태양, 햇빛, 낮, 하루.
　　くらし [暮(ら)し] : 생활, 생계
　　くらす [暮(ら)す] : 살다, 살아가다.

<u>이 단어의 어원은 위와 같은 방법으로만 찾아낼 수 있다. 다른 곳에서는 찾을 수가 없다.</u>
- 모든 일본말?은 이렇게 만들어졌다.

 하나는

1 연구하는 교실

일본말을 만들 때 모델이 된 말은 "하나는, (둘은)" 등이다. 이 말을 일본인들은 줄여서 "하난"이라고 했다. 이 말을 다시 현대 일본인들이 주로 사용하는 백제글자와 이두로 써보면 아래와 같다.

    何なん
    하난   (이 사투리를 알기 쉽게 고치면.)
    하나는   (의 뜻이 된다)

••• 갠 : "그 얘는"을 줄인 말.

2

초대 천황, 명치(1867년 : 고종 15년) 이후 일본정부 산하 조선어 비밀연구원들이 위의 말을 함부로 갈라서 아래와 같은 사전적 단어를 만들어 내었다. 사실은 여기서 부터가 백제말(조선말)과 일본말?과의 경계선이다.

    なん [何] : 몇, 얼마.   (何 : 어찌 하, 무엇 하)

3 언어로 확인한 참 역사

••• 위 단어는 이두인 何(하)자를 뜻으로 해석한 결과 백제말 "(하)난"이라는 말이 "얼마"라는 뜻으로 바뀌고 말았다.
••• 위와 같은 방법으로 일본어?의 단어를 만든 결과, 何자를 "なん"이라고 읽는 웃지 못할 꼴이 되었다.
••• 또한 何자가 없었다면 "なん"이 원래 무엇을 의미했던 백제말인지 영영 몰랐을 것이다.
••• 모든 일본말?은 이렇게 만들어졌다.

 # 빨리 하나 봐

일본어를 연구할 때 주의할 점은, 일본어가 만들어지거나 문법적으로 정립된 시점이 그리 오래지 않다는 점이다. 그러다 보니, 현대 한국인들이 들어도 조금도 귀에 거슬리지 않는 말들이 모델이 되어 있기도 해서, '일본말은 한국말'이라는 사실을 더욱 실감할 수 있다.

1 연구하는 교실

일본말을 만들 때 모델이 된 말은 "빨리 하나 봐!"이다. 이 말을 일본인들은 사투리로 "빨리 하나 바"라고 했다. 이 말을 다시 현대 일본인들이 주로 사용하는 "백제글자"와 "이두"로 써보면 아래와 같다.

話離 はな 放!
화리 하나 방!   (이 말에서 放자의 종성을 제거하면)
화리 하나 바!   (한자에는 '빠'자가 없으므로 '話'자로 대용하고 있음)
빠리 하나 바!   (이 사투리를 현대인이 알기 쉽게 고치면)
빨리 하나 봐!   (의 뜻이 된다)

2 사색하는 교실

- 빠리 : '빨리'를 의미함.
한자로 표기하다보니 종성인 "ㄹ"을 표기하지 못한 상태이지, 당시 왜인들이 "빠리"라고 말한 것은 아니라고 본다.

3 초대 천황, 명치(1867년 : 고종 15년) 이후 일본정부 산하 조선어 비밀연구원들은 위의 말을 함부로 갈라서 아래와 같은 사전적 단어를 만들어 내었다. 사실은 여기서 부터가 한국말과 일본말의 경계선이다.

はな·す [話す] : 말하다. 이야기하다.   (話 : 말할 화)
　　　　[離す] : 떼다. 풀다.　　　　　(離 : 떼 놓을 리)

[放す] : 풀어놓다. 놓아주다.　　(放 : 놓을 방)

4 언어로 확인한 참 역사

- 위 단어는 '話. 離. 放'자를 뜻으로 해석한 결과 백제말 "~ 하나(수)"라는 말이 "말하다, 떼다" 등의 뜻으로 바뀌고 말았다. 다시 말하면 일본인들은 한국말을 하되, 그 뜻을 다르게 사용한다고 보면 되겠다.
- 이렇게 단어를 만든 결과 "話. 離. 放"자를 "はな"라고 읽는, 웃지 못할 꼴이 되었다. 이런 것을 우리는 지금까지 "**명치식 읽기**"라고 명명해 왔다. 그리고 "はな・す"의 "す"자는 일본정부의 어용학자들이 만들어 붙인 자이다.
- 또한, 백제말을 한자로 기록해 놓은 '話. 離. 放'자가 없었다면 'はな'가 원래 무엇을 의미했던 백제말인지 영영 몰랐을 것이다.
- 德川까지만 해도 그들은 백제말, 조선말을 썼다. 明治이후 개혁을 한답시고 민족의 말을 말살시켜버린 것이다. 이때의 조선 지식인들은 일본이 무슨 짓을 하는지도 몰랐고, 대원군과 민비는 당파싸움만 일삼았다. 임진왜란이 일어나기 2년 전, 황윤길과 김성일을 일본에 보내었을 때도 그들은 싸우기만 했다. 선조가 부사인 김성일이 주장하는 대로 일본은 쳐들어오지 않는다고 믿었다가 온 나라가 초토화되다 싶지 않았던가! 오늘의 현실과 닮아 있는 것 같아 너무나 안타깝다.
- 모든 일본말?은 이렇게 만들어졌다.

 # 부하라우

1 연구하는 교실

일본말을 만들 때 모델이 된 말은 "부어라우!"이다. 이 말을 일본인들은 사투리로(모델이 된 사람은 말을 좀 더듬고 있다) "부, 부하라우!"라고 했다. 이 말을 다시 현대 일본인들이 주로 사용하는 "백제글자"와 "이두"로 써보면 아래와 같다.

拂, 祓はらう!
불, 불하라우!   (이두한자의 종성을 없애면)
부, 부하라우!   (이 사투리를 현대인이 알기 쉽게 고치면)
부, 부어라우!   (의 뜻이 된다)

2

초대 천황, 명치(1867년 : 고종 15년) 이후, 일본정부산하 조선어 비밀연구원들이 위의 말을, 띄어쓰기를 무시하고 함부로 갈라서 아래와 같은 사전적 단어를 만들어 내었다. 사실은 여기서 부터가 조선말(백제말)과 일본말의 경계선이다.

はらう [拂う] : 없애다.   (拂 : 떨 불)
       [祓う] : 신에게 빌어 부정, 재앙을 쫓다.   (祓 : 푸닥거리할 불)

3 언어로 확인한 참 역사

- 위 단어는 '拂'자와 '祓'자를 뜻으로 해석한 결과 백제말 "(부)하라우"라는 말이 "**없애다**"와 "**재앙을 쫓다**"라는 뜻으로 바뀌고 말았다. 다시 말하면 **일본인들은 한국말을 하대 그 뜻을 다르게 사용한다**고 보면 되겠다.
- 이렇게 단어를 만든 결과 "拂う"와 "祓う"를 "はらう"라고 읽게 되었다. 이런 것을 우리는 지금까지 "**명치식 읽기**"라고 명명해 왔다.
- 백제말을 한자로 기록해 놓은 '拂. 祓'자가 없었다면 'はらう'가 원래 무엇을 의미했던 백제말인지 영영 몰랐을 것이다.
- 그리고 '拂. 祓'자 옆에 붙어 있는 (う)자는 'はらう'와 균형을 맞추기 위하여 일본정부와 어용학자들이 써넣은 글자이다.

●●● 여기에서 꼭 알아 두어야 할 일은 "부하라우 → 부어라우"처럼 변화한 사실이다. "하"가 "어" 또는 "아" 등으로 바뀌었다. 자주 나오는 변화이므로 주의해야 한다.

 # 쪼하지매

1 연구하는 교실

일본말을 만들 때 모델이 된 말은 "X, 쪼아지매"이다. 이 말을 일본인들은 옛 사투리로 "시, 쪼하지매"라고 했다. 이 말을 다시 현대 일본인들이 주로 사용하는 "백제 글자"와 "이두"로 써보면 아래와 같다.

 始, 初はじめ (이두 한자에 종성이 없으므로 그대로 백제말이다)
 시, 초하지매 (이 사투리를 현대인이 알 수 있게 고치면)
 X, 쪼아지매 (의 뜻이 된다)

2 사색하는 교실

- 始(시) : 여성기의 옛 이름, 이두. (이외에도 사용되는 이두는 是, 神 등 다양하게 쓰였다)
- 쪼다 : 뾰족한 끝으로 찍다.

 (한자에는 '쪼'자가 없으므로 '초(初)'자로 대용하고 있다. 경우에 따라 '조'자를 대용할 수도 있다. 물론 다른 字, 예를 들면, '때'자 등도 같은 논리가 적용된다. 이두 기법상 매우 중요하므로 유념해야한다)

3
초대 천황, 명치(1867년 : 고종 15년) 이후 일본정부 산하 조선어 비밀연구원들이 위의 말의 띄어쓰기를 무시하고 함부로 갈라서 아래와 같은 사전적 단어를 만들어 내었다. 사실은 여기서 부터가 백제말(조선말)과 일본말?과의 경계선이다.

 はじめ [始め. 初め] : 처음, 시작. (始 : 처음 시, 初 : 처음 초)

4 언어로 확인한 참 역사

- 위 단어는 이두인 '始. 初'자를 정책적으로 뜻으로 해석하여 백제 말 "(쪼)하지매"가 "시작"이라는 뜻으로 바뀌고 말았다.
- 위와 같은 방법으로 일본어?의 단어를 만든 결과 '始め. 初め'자를 'はじめ'라고 읽는 웃지 못할 꼴이 되었다. 이런 것을 우리는 지금까지 **"명치식 읽기"**라고 명명해 왔다.

- ※ '始. 初'자가 없었다면 'はじめ'가 원래 무엇을 의미했던 백제 말인지 영영 몰랐을 것이다.
- ※ 始와 初자 옆의 'め'자는 'はじめ'와 균형을 맞추기 위하여 일본정부와 어용학자들이 써넣은 字이다.
- ※ 모든 일본말?은 이렇게 만들어졌다.

 # "鳩山"을 "하토야마"라 읽는 이유

1 鳩(하토)

일본말을 만들 때 모델이 된 말은 "구워도…"이다. 이 말을 일본인들은 사투리로 "구하도…"라고 했다. 이 말을 다시 현대 일본인들이 주로 사용하는 "백제 글자"와 "이두"로 써보면 아래와 같다.

    鳩はと   (이두한자에 종성이 없으므로 그대로 백제말이다)
    구하도   (이 사투리를 현대인이 알기 쉽게 고치면)
    구워도   (의 뜻이 된다)

~하도 : "~워도"의 옛 사투리.
["삶아 → 사무하"처럼 "~워, ~아, ~어"로 바뀌기 전에, 옛날에는 "~하"로 썼다.]

이런 예는 지금까지만도 여러 차례 보아온 터다.

가. 초대 천황, 명치(1867년 : 고종 15년) 이후 일본정부 산하 조선어 비밀연구원들이 위의 말의 띄어쓰기를 무시하며 함부로 갈라서 아래와 같은 사전적 단어를 만들어 내었다. 사실은 여기서 부터가 백제말(조선말)과 일본말?과의 경계선이다.

    はと [鳩] : 비둘기   (鳩 : 비둘기 구)

나. 언어로 확인한 참 역사

위 단어는 이두인 "鳩"자를 뜻으로 해석하여 백제말 "(구)하도"가 "비둘기"라는 뜻으로 바뀌고 말았다. 일본정부와 그 어용학자들에 의하여 지구상 최고의 '희극'이 탄생하였다고 하겠다.

이와 같은 방법으로 일본어의 단어를 만든 결과 '鳩'자를 'はと'라고 읽는 웃지 못할 꼴이 되었다. 이런 것을 우리는 지금까지 "명치식 읽기"라고 명명해 왔다. 한번 이렇게 정하면 다른 문장에서 "鳩"자가 나와도 "はと"라고 읽게 된다. 느닷없이 '鳩'자를 "はと"라고 읽으면 전문가인 어떤 한국사람도 그것이 한국말인 줄 알아낼 수 있는

사람은 없을 것이다. 지금까지 사실이 그러했다.
- '鳩'자가 없었다면 'はと'가 원래 무엇을 의미했던 백제말인지 영영 몰랐을 것이다. <u>이제 일본의 역사 전체가 거짓이라는 사실을 깨달을 때가 되었다.</u> 백제고을에 왠 "**천황**"이라는 것이 있을 수 있다는 말인가?
- 일본인들이 "はと"를 "하토"라고 발음하든, "하또"라고 발음하든 간에 어원으로 보면 "하도"라고 발음 되어야 한다. 그러나 이렇게 발음하면 한국사람들이 금방 알아들을 가능성이 있으므로 "하토"라고 하는 것이다.

2 山(야마)

같은 방법으로 모델이 된 말은 "(쌀을) 사야만..."이다. 이 말을 일본인들은 사투리로 "사야마..."라고 했다. 이 말을 다시 현대 일본인들이 주로 사용하는 "백제 글자"와 "이두"로 써보면 아래와 같다.

    山やま
    산야마   (이두인 '산'자의 종성을 없애면)
    사야마   (이 사투리를 현대인이 알기 쉽게 고치면)
    사야만   (의 뜻이 된다)

- ~야마 : "~야만"의 사투리.
- "やま"는 일본말도 아니고 일본 글자도 아니다. "백제말"이요, "백제 글자"이다.

가. 명치이후 일본정부 산하 조선어 비밀연구원들이 위의 말의 띄어쓰기를 무시하며 함부로 갈라서 아래와 같은 사전적 단어를 만들어 내었다. 사실은 여기서 부터가 백제말(조선말)과 일본말?과의 경계선이다.

    やま [山] : 산

나. 언어로 확인한 참 역사

- 위 단어는 이두인 "山"자를 뜻으로 해석하여 백제말 "(사)야마"가 "산"이라는 뜻으로 바꾸어버렸다.

- 이와 같은 방법으로 일본어의 단어를 만든 결과 '山'자를 'やま'라고 읽는 웃지 못할 꼴이 되었다. 이런 것을 우리는 지금까지 "**명치식 읽기**"라고 명명해 왔다.
- '山'자가 없었다면 'やま'가 원래 무엇을 의미했던 백제말인지 영영 몰랐을 것이다.
- 어쨌든 "백제글자"와 "이두"가 한 치의 착오도 없이 걸맞아 들어가므로 일본어의 정체가 뭣인가 하는 명제를 속 시원하게 밝혀주고 있다고 하겠다.
- 모든 일본말?은 이렇게 만들어졌다.

 # "한소대"가 진짜 뭐꼬?

1 연구하는 교실

일본말을 만들 때 모델이 된 말은 "한 솥, 해봤나요?"이다. 이 말을 일본인들은 사투리로 "한 솥, 해봤수?"라고 했다. 이 사투리를 다시 현대 일본인들이 주로 사용하는 "백제글자"와 "이두"로 써보면 아래와 같다. 그러나 일본인들은 "솥, 해"를 "소, 대"라고 밖에 발음하지 못했다는 사실을 기억해 주었으면 한다.

```
はん そ, で 半袖
한   소, 대 반수     (이두한자의 종성을 없애면)
한   소, 대 바수     (이 사투리를 현대인이 알기 쉽게 고치면)
한   솥, 해 봤수?   (의 뜻이 된다)
```

2 역사를 보는 눈

- 나중에 부연 설명이 있겠지만 "에도"도 사실은 "(부족)해도"라는 뜻이다.
- 요즘은 "냄비"라는 은어가 있지만 백제의 '왜 고을'에서는 '솥'이라고 했다.

3
초대 천황, 명치(1867년 : 고종 15년) 이후 일본정부 산하 조선어 비밀연구원들이 위의 말의 띄어쓰기를 무시하며 함부로 갈라서 아래와 같은 사전적 단어를 만들어 내었다. 사실은 여기서 부터가 백제말(조선말)과 일본말?과의 경계선이다.

    はんそで [半袖] : 반 소매   (袖 : 소매 수)

4 언어로 확인한 참 역사

- 위 단어는 '半袖'자를 뜻으로 해석하여 "한 솥 애"라는 백제말을 "반 소매"라는 뜻으로 바꾸어 버렸다. 이렇게 단어를 만든 결과 백제말 "半袖"자를 "はんそで"라고 읽는 웃지 못할 꼴이 되었다. 이런 것을 우리는 지금까지 **명치식 읽기**라고 명명해 왔다.
- '半袖'자가 없었다면 'はんそで'가 원래 무엇을 의미했던 백제말인지 영영 몰랐을 것이다.

5 파생

はん [半] : 절반.
そで [袖] : 소매.

●●● 모든 일본말?은 이렇게 만들어졌다.

 **(원래대로) 해놔 죠고**

1 연구하는 교실

일본말을 만들 때 모델이 된 말은 그림 같은 것이 "찢어(지)구 (난 후에, 원래대로) 해 놔라"라고 떼를 쓴다는 말이다. 이 말을 일본인들은 제 뜻을 다 펴지 못하면서, 사투리로 "찌저구, 해놔 죠고"라고 했다. 이 말을 현대일본인들이 주로 사용하는 "백제 글자"와 "이두"로 써보면 아래와 같다.

    埴猪口, へな-ちょこ　　　(이두한자에 종성이 없으므로 그대로 백제말이다)
    치저구, 해나 죠고　　　　(한자에는 '찌'자가 없으므로 '치'자로 대용)
    찌저구, 해나 죠고　　　　(이 사투리를 현대인이 알기 쉽게 고치면)
    찢어(지)구, 해 놔 도고
    찢어지구, 해 놔 다오
    찢어지고, 해 놔라!　　　　(의 뜻이 된다)

※ 말을 할 줄 몰랐던 원주민 어머니에게서 말을 충분히 배우지 못한 관계로 중요한 말들을 여러 곳, 빼먹고 있다. 그러나 한편으로 생각해 보면 새 일본말?을 만드는데 긴 백제말을 줄여서 간편하게 할 필요성도 있었을 것이다.

※ "埴猪口"와 "七子鏡"의 한자는 달라도 "찢어"의 의미를 표현하고 있다.
    埴猪(치저) → **찌저** : '찢'자의 이두표현.
    七子(칠자) → 치자 → **찌자** : '찢'자의 이두표현.
    즉, '埴猪'와 '七子'는 '**찢**'자를 표기하기 위한 <u>같은 이두</u>이다. 이러한 표현을 알고 나면 일본서기 등을 이해하기 쉬워진다.

2 초대 천황, 명치(1867년 : 고종 15년) 이후 일본정부 산하 조선어 비밀연구원들이 위의 말의 띄어쓰기를 무시하며 함부로 갈라서 아래와 같은 사전적 단어를 만들어 내었다. 사실은 여기서 부터가 백제말(조선말)과 일본말?과의 경계선이다.

    へな-ちょこ [埴猪口] : 풋내기, 애송이.　(埴 : 찰흙 치, 猪 : 물괴일 저)

3 언어로 확인한 참 역사

- 위 단어 "へな-ちょこ"의 뜻은, "埴猪口"의 한자의 뜻과는 어떤 상관도 없다. 뿐만 아니라 한자의 뜻으로는 아무런 의미도 없다는 사실을 알 수 있다. 백제말의 이두로 해석해야 '애송이, 풋내기' 같은 단어 뜻이 나온다. 이제 일어사전에 있는 한자는 전부 "이두"라는 사실을 확실히 깨달았을 것이다.
- 거듭 밝히지만 "へな-ちょこ"나 "埴猪口"는 백제말(조선말)을 기록한 글자이며 '찢어져버린 것'을 '원래대로 해 놔라'고 떼를 쓴다는 뜻이다. 경험이 많은 사람이라면 떼를 쓰지 않을 것이다. 그런 뜻에서 "풋내기, 애송이"라는 뜻이 되었다. 일본의 어용학자들도 이 단어의 어원이 백제말(조선말)에서 비롯되었다는 사실을 잘 알고 있었음은 말 할 것도 없다. 그들도 명치이전까지는 일상생활에서 백제말을 사용해 왔던 터이니까…
- 일본인들이 "へな-ちょこ"를 어떻게 발음하든 간에 어원으로 보면, "해 놔 죠고"라고 발음되어야 한다.
- 위와 같은 방법으로 일본어?의 단어를 만든 결과 "埴猪口"자를 'へな-ちょこ'라고 읽는 웃지 못할 꼴이 되었다. 이런 것을 우리는 지금까지 **"명치식 읽기"**라고 명명해 왔다.
- '埴猪口'자가 없었다면 'へな-ちょこ'가 원래 무엇을 의미했던 백제 말인지 영영 몰랐을 것이다.
- 모든 일본말?은 이렇게 만들어졌다.

 해 놔졌지?

1 연구하는 교실

앞 회에서 보았듯이 이미 찢어진 것을 원래대로 '<u>해놔 죠고</u>'라고 하니, 기가 막힐 일이지만 사나이는 더 능글맞게 찢어진 치마를 『<u>젖히</u>』며, 『(이것봐, 원래대로) <u>해 놔졌지</u>, (아무 흔적도 없잖아!)』하고 너스레를 떤다. 이 말을 일본인들은 사투리로 "<u>저치(며) 해 나저찌</u>"라고 했다. 이 말을 현대일본인들이 주로 사용하는 "백제 글자"와 "이두"로 써보면 아래와 같다.

<u>粘土埴</u>,　へ なつち?
점토치,　해 나저찌?　　(이두인 '점'자의 종성을 없애면)
<u>저토치</u>,　해 나저찌?　　(이 문장을 현대인이 알기 쉽게 고치면)
<u>젙치</u>,　해 나저찌?
<u>젖히</u>(며),　해 놔졌지?　　(의 뜻이 된다)

▶▶ 粘土埴(저토치) → 젙치 : '젖히'의 이두 표현. 사투리.
　　물론 지금의 문법과는 다르지만, '젖'자의 종성을 'ㅈ'으로 사용하지 않고 'ㅌ'으로 사용한 것이 흥미롭다. 일본인들이 '며'자를 표기하지 못한 것도 흥미롭다.

▶▶ へ なつち(해 나저찌) : '해 놔졌지?'의 일본지방 사투리.
　　또, 백제말 어원을 다룰 때에는 'つ'자를 '쓰'나 '쯔'로만 발음해야 한다는 고정관념에 잡혀 있으면 어원을 찾을 수가 없다. 일본인들이 '저'자나 '처'자 등도 'つ'자로 표기했다는 사실을 잊어버리면 안 된다.

2 초대 천황, 명치(1867년 : 고종 15년) 이후 일본정부 산하 조선어 비밀연구원들이 위의 말의 띄어쓰기를 무시하고 함부로 갈라서 아래와 같은 사전적 단어를 만들어 내었다. 사실은 여기서 부터가 백제말(조선말)과 일본말?과의 경계선이다.

　　へな-つち [粘土, 埴土] : 점토, 찰흙.　　(※ 粘 : 끈끈할 점, 埴 : 찰흙 치, 土 : 흙토)

3 언어로 확인한 참 역사

* 위 단어는 이두인 '粘土. 埴土'자를 정책적으로 뜻으로 해석하여, 백제말 '해 나저찌' 가 '점토, 찰흙'이라는 뜻으로 바뀌고 말았다.
* 그리고 위에서 보듯이 원래의 이두는 "<u>粘土埴</u>"이었다. 그러나 일본의 어용학자들은 "粘土"와 균형을 맞추기 위하여 '埴'자 옆에도 '土'자를 덧붙여 "<u>粘土, 埴土</u>"라는 새 단어를 만들어 내었다. 과연 남의나라 말을 이 지경으로 망가뜨려 놓아도 국제법상 문제가 안 되는 것일까?
* 위와 같은 방법으로 일본어?의 단어를 만든 결과 '<u>粘土, 埴土</u>'자를 'へな-つち'라고 읽는 웃지 못할 꼴이 되었다. 이런 것을 우리는 지금까지 "**명치식 읽기**"라고 명명해 왔다.
* '<u>粘土, 埴土</u>'자가 없었다면 'へな-つち'가 원래 무엇을 의미했던 백제 말인지 영영 몰랐을 것이다.
* 모든 일본말?은 이렇게 만들어졌다.

 해 나부리

1 연구하는 교실

일본말을 만들 때 모델이 된 말은 앞 회의 "해 나 죠고"와 "해 나졌지?"에 이어 "해 놔버려! 해 놨지?"이다. 아무리 달래어도 "원래대로 해달라"고 떼를 쓰니, 옆에서 보고 있던 형의 친구도 화가 났는지 "(원래대로) 해놔 (줘)버려" 하면서 찢어진 그림을 풀로 이리저리 붙이더니 "(이제 다) 해놨지?"라고 하는 장면이다. 힘센 자의 속성상 비록 동생벌이지만 주먹이 날라 올지도 모를 만큼 분위기가 험악해 진다. 이 말을 일본인들은 사투리로 "해 나부리! 해 나지?"라고 표기했다. 표기는 이렇게 했어도 이것은 어디까지나, 平仮名(백제글자)으로는 종성을 표기할 수 없어서 부득이 이렇게 표기한 것이고 실제 발음은 "해놨지?"하고 발음했을 것으로 사료 된다. 이 정도 예비 지식을 가지고, 위의 말을 현대 일본인들이 주로 사용하는 "백제 글자"와 "이두"로 써보면 아래와 같다.

へ なぶり. へ な振
해 나부리. 해 나진   (이두인 '진'자의 종성을 없애면)
해 나부리. 해 나지   (이 사투리를 현대인이 알기 쉽게 고치면)
해 놔버려. 해 놨지? (의 뜻이 된다)

2
초대 천황, 명치(1867년 : 고종 15년) 이후 일본정부 산하 조선어 비밀연구원들이 위의 말의 띄어쓰기를 무시하며 함부로 갈라서 아래와 같은 사전적 단어를 만들어 내었다. 사실은 여기서 부터가 백제말(조선말)과 일본말?과의 경계선이다.

へなぶり [へな振(り)] : 명치 37, 38년경에 유행한 狂歌의 한 형태.
夷曲(ひなぶり-히 나부리)을 흉내 낸 말. (振 : 떨칠 진)

3 언어로 확인한 참 역사

夷曲(이곡)은 성은구 님이 역주한 일본서기 75쪽 아래쯤에 나오는 말인데 우리말 "~이고"를 의미하는 "이두"이다. 그리고 "히 나부리"는 "해 나부리"의 더 심한 사투리

에 지나지 않는다. 이런 것을 일본정부와 어용학자들이 37, 38년 경에 유행한 狂歌니, 夷曲이니 하니까, 사실인 것처럼 보이나, 모두가 만들어 낸 설명이다. 일본의 어용학자들은 이런 식으로 일본 역사를 대부분 책상 위에서 만들어 내었다. 또 '夷曲'과 'ひなぶり'는 아무 상관도 없는 말인데 '夷曲'에 'ひなぶり'라는 주석을 달았다. 이런 속사정을 모르는 미국인들은 '광가'니 '이곡'이니 하니까, 일본이 대단한 문화를 갖고 있는 '신비의 나라'라고 믿고 있다.

- 振자 옆의 (り)자는 원래는 없던 자이나 'へなぶり'의 'り'자와 균형을 맞추기 위하여 어용학자들이 써넣은 글자이다.
- 위와 같은 방법으로 일본어?의 단어를 만든 결과 "振(り)"자를 'ぶり'라고 읽는 웃지 못할 꼴이 되었다. 이런 것을 우리는 지금까지 "명치식 읽기"라고 명명해 왔다.
- 파생

　　ぶり[振り] : [접미어] 〈시간의 경과를 나타내는 말에 붙어〉 …만에.

- 모든 일본말?은 이렇게 만들어졌다.

일본아! 아무리 말을 만들어도 그렇지 "부리"가 뭐냐?

 통신사 황윤길과 부사 김성일의 우화

임진왜란 때 일본은 모든 것을 조사해 놓고 전쟁을 시작했다. 선조와 그 아들들의 성격은 어떻고, 아들 중에 누가 똑똑하고 정치의 역학관계(동인, 서인의 세력 다툼)는 어떠했는지도 알고 있었다. 조선 팔도를 헤매며 국부와 군사력도 조사를 했음은 두 말할 것도 없다. 결론적으로 x총(조총, 즉 한자의 뜻으로 해석하여 새총은 절대로 아님)과 활의 싸움은 일본의 승리를 의미한다고 자신했다. 그러나 조선은 불행히도 정보라는 개념조차 없었다. 물론 대치하고 있는 왜군을 격파하기위하여 전술상 필요한 여러 가지를 조사하기는 했지만 일본 본국에 가서 일본의 왕이 누구이고 그 자손은 몇이며 일본의 국부는 어느 정도인지, 장관급 인사는 누구이며 주 무기는 무엇인지, 그리고 가장 중요한 것은 그들이 어떤 말을 쓰며 무엇을 해먹고 사는지 전혀 아는바가 없었다. 남아 있는 기록도 없다. 유성룡 대감의 증언에 의하면 (*징비록) '너희 왕은 어디에 있느냐' 물으니까, '저어기'라며 먼 손짓을 했다는 것이다. 없는 왕을 찾으니 그럴 수밖에 없지 않겠는가? 그러나 당시에 그런 것이 확인 되지 않았으니, 일본이 터무니없이 '만세일계' 운운 하며(아직도 이 말을 주장하는 넋 나간 한국학자?도 있다. 누구라고 지칭은 않겠지만) 농경시대부터 '천황'이라는 것이 존재 했던 듯 우기고 있다. 지금까지 우리가 살펴본 '왜'는 백제의 말을 썼으며 백제의 한 고을이었고 그 백성들은 백제의 신민이라는 것이 명확한데, 독자 국가도 아닌데, 무슨 천황같은 소리를 해대는지... 그런 것 모두가 지어낸 역사인데도 우리의 역사학계는 아직도 진실을 모르고 있다.

또 한 가지 특기할 것은 일본이 백제말(조선말)을 좀 변형시켜 말한다고 하여 전혀 눈치도 채지 못하는 조선 사람을 보고, 어쩌면 그렇게 모를 수 있을까?

한편으로 의아해 하며, 한편으로는 좀 부족한 사람들이 아닌가, 라고 생각하면서부터 일본인들이 조선 사람을 우습게 보는 계기가 되지 않았나, 여겨진다. 백제말(조선말)을 변형시켜 일본말이라는 것을 만들기 전에는 조선 사람을 하늘같이 여기던 그들이다. 그들이 갖고 있는 모든 문화라는 것이 백제, 조선에서 물려받은 것인데, 우리가 깔보아도 좋을 그들인데 말이다. 여기에서 짚고 넘어가야 할 사건은, 임진왜란이 일어나기 약 2년전(1590년), 통신사 황윤길과 부사 김성일을 일본에 보내어 일본이 과연 처 들어 올 것인지 여부를 확인케 한 적이 있다. 부사 김성일은 '처 들어오지 않는다'고 했다. 이 때 선조는 서인인 김성일의 말을 지지하면서, 장차 참혹한 전쟁이 밀려오는데도 국방을 소홀이 하고 말았다. 그 때 선조가 일본 몰래 정보원을 보내었다면 두 사람의 답은 일치했을 것이다. 그런데 일본이 한창 전쟁 준비를 하고 있는 현장을 방문한 조선의 중요 관리를, 그들이 돌아가면 일본이 전쟁 준비를 하고 있다고 일일이 보고할 것이 뻔한데, 그렇게 되면 조선이 일본의 침략에 대비하여 10만군을 양병한다면 일본의 모든 계획이 수포로 돌아가고 말텐데, 정보가 뭔지 알고 있었던 일본이 그들을 곱게 돌려보내었을까? 조선의 정치가들은 정보라는 것이 무엇인지도 모르는 채, 임진왜란을 앞두고 나라야 망하거나 말거나, 백성이야 굶거나 말거나, 동인, 서인으로 갈라져 자기네 잇속만 차렸던 것처럼, 경제가 공황에 빠져 국가가 위기에 처해 있는데도, 여야(동인, 서인)가 격돌하는 것을 보면 한숨이 절로 나온다. 누구를 위한 격돌인가? 국민이 모두 우울증에 걸려있는 것이 보이지 않는가? 지금은 모든 것을 뒤로하고 함께 뭉쳐 난국을 타개해야 할 때이다.

 # 흐미하다께

1 연구하는 교실

일본말을 만들 때 모델이 된 말은 "희미하다께, 다 밉다께"이다. 이 말을 일본인들은 더 심한 사투리로 "흐미하다께, 다 미하다께"라고 했다. 이 사투리를 다시 현대 일본인들이 주로 사용하는 "백제 글자"와 "이두"로 써보면 아래와 같다.

 ふみ はだけ, 踏 みはだけ
 후미 하다께, 답 미하다께　　(이두인 '답'자의 종성을 없애면)
 후미 하다께, 다 미하다께　　(이 사투리를 현대인이 알기 쉽게 고치면)
 흐미 하다께, 다 미하다께
 희미 하다께, 다 밉다니까　　(의 뜻이 된다)

2 사색하는 교실

- 다 미하 : '모두 다 미워'의 사투리.
- 주의 할 것은 "흐미 하다께"의 "미 하"는 띄어 써야 하고 "다 미하"와는 그 뜻이 완전히 다르다. 그러나 일본어라는 것을 만들어 놓으니까 그 구분이 안 된다. 주의해 주기 바란다.
- 다께 → 당께 : '~다니까'의 사투리.

3 초대 천황, 명치(1867년 : 고종 15년) 이후 일본정부 산하 조선어 비밀연구원들이 위의 말의 띄어쓰기를 무시하며 함부로 갈라서 아래와 같은 사전적 단어를 만들어 내었다. 사실은 여기서 부터가 백제말(조선말)과 일본말?과의 경계선이다.

 ふみはだける [踏みはだける] : 양다리를 벌리고 자세를 취하다.　　(踏 : 밟을 답)

4 언어로 확인한 참 역사

- 위의 설명을 종합해보면 여자가 남자와 함께 잠을 잔 것은, 여러 사람이 관여되어 반 강제로 이루어 졌다는 것을 알 수 있다. 그래서 관련된 사람들이 밉고, 앞이 희미

해 졌다는 뜻이 내재되어 있다. 'ふみはだける'의 뜻을, "양다리를 벌리고 자세를 취하다"라고 했는데, 무엇을 하기위한 자세를 취했는지 자명한 일이다. 踏자의 한자 뜻과는 아무런 관련도 없다.

- 이렇게 단어를 만든 결과 "踏"자를 "ふ"라고 읽는 웃지 못할 꼴이 되었다. 이런 것을 우리는 지금까지 "**명치식 읽기**"라고 명명해 왔다.
- '踏みはだける'자가 없다면 'ふみはだける'가 원래 무엇을 의미했던 백제말인지 영영 몰랐을 것이다.
- 위에서 보듯이 "백제글자"와 "이두"가 한 치의 착오도 없이 걸맞아 들어가므로 일본어는 백제어(조선어)라고 해도 과언이 아니라는 것을 속 시원하게 밝혀주고 있다.
- 파생

　　　ふむ [踏む] : 밟다.
　　　ふんばる [踏ん張る] :「ふみはる」의 변한 말.
　　　　　①(다리를 벌리고) 힘껏 버티다. ②(마지막에 있는 힘을 다해) 참고 견디다.
　　　はる [張る] : ①(온 면이) 깔리다. ②뻗다. ③부풀다. ④긴장하다.

- "ふんばる" 이 말도 「다 자(고 나니 온 세상이) 흐미하(게 보이더라)는 뜻이 내재 되어 있다」는 것을 알 수 있다.

5 역사를 보는 눈

이렇게 왜인들이 일상 생활에서 백제말을 사용했고 백제왕의 신민이었음이 명백한데도, 거꾸로 왜가 신묘년에 바다를 건너와 백제와 신라를 신민으로 삼았다고 하고 있다. 뿐만 아니라 任那日本府가 고대 한국을 다스렸다고 우기고 있다. 백제의 한 고을이면서 어떻게 백제를 쳐부수고 지배할 수 있다는 말인가? 이제 우리는 한·일간의 역사를 바로잡아야 한다. 바야흐로 그래야 할 시대가 도래해 왔다!

 미고 또…

1 연구하는 교실
'밀고 또 죄며' 이 말을 일본인들은 사투리로 '미고 또 조며'라고 했다. 이 말을 현대 일본인들이 주로 사용하는 백제글자와 이두로 써보면 아래와 같다.

  みこ と 尊命 미고 또 존명 (이두한자의 종성을 없애면)
  미고 또 조며   (이 사투리를 현대인이 알 수 있게 고치면)
  밀고 또 죄며   (의 뜻이 된다.)

2 역사를 보는 눈
- 미고 : '밀고'의 사투리.
- と : 여기에서는 백제 말 '또'를 의미했다.
- 조며 : {'조이며' → '죄며'}의 사투리.
- 죄다 : (벌어지거나 넓어진) 사이를 좁히다.
- 平仮名도 결국은 백제 말을 기록하기 위한 수단이었음을 명백히 알 수 있다.

3
초대천황, 명치(1867년 : 고종 15년) 이후 일본정부 산하 조선어 비밀 연구원들이 위의 말의 띄어쓰기를 바꾸면서 함부로 갈라서 아래와 같은 사전적 단어를 만들어 내었다. 사실은 여기서 부터가 백제 말(조선 말)과 일본 말?과의 경계선이다.

  みこと [尊. 命] : 古代에 神이나 貴人의 이름에 붙인 높임말(尊 : 높을 존, 命 : 명령 명)

4 언어로 확인한 참 역사
- 위 단어는 일본정부가 이두 尊자를 정책적으로 해석하여 "미고 또…" 라는 백제말이 "古代에 神이나 貴人의 이름에 붙인 높임말"이라는 뜻으로 바뀌었다.
- 위와 같이 단어를 만든 결과 尊자와 命자를 みこと라고 읽는 웃지 못할 꼴이 되었다. 이런 것을 우리는 지금까지 "명치식 읽기"라고 명명해 왔다.
- 또한 尊자와 命자가 없었다면 みこと가 원래 무엇을 의미했던 백제 말인지 영영

몰랐을 것이다.
- 위에서 보듯이 '尊命'은 '조며 → 죄며'의 이두이다. 그러므로 尊자와 命자를 붙여 써야 한다. 그러나 일본정부는 이 말이 백제 말이라는 사실을, 조선 사람들이 눈치 채지 못하게 '尊. 命'처럼 사이에 점을 찍어 분리시켜 두었다.
- 그리고 일본정부는 단어의 뜻에서 '古代에...'라는 표현을 썼다. 이런 표현을 한 이유는, 고대에도 일본말이라는 것이 있었구나 하고 속아주기를 바라는 마음에서, 이었을 것이라고 판단된다.

5 백제가 통치했던 일본

이제 베일에 가렸던 일본어의 정체는 백일하에 드러났다. 이제 일본정부와 일본의 지식인들은 자기들이 옛날에 백제왕의 신민이었음을 고백해야 할 차례이다. 그리고 왜[=(복종 해)야마되는 백제의 한 고을이었다는 사실도 고백해야 한다. 옛날에 '임나일본부'가 있었다느니, 바다를 건너와 백제를 쳐부수었다느니, 신라를 정벌했다느니, 독도가 일본 땅이니, 칠지도를 헌상 받았다느니, 왕인 운운 하는 헛소리는 집어치워야 할 것이다.

그리고 사죄해야 할 것이다. 터무니없는 역사소설 '일본서기'로 백제 대왕께 저지른 죄 씻을 길이 없다고... 깊이깊이 사죄해야 할 것이다. 그 후에야 한국과 일본은, 일본 수상이 원했듯이 미래 지향적인 사이가 될 수 있을 것이다.

 # 사주미에

1 연구하는 교실

대륙에서는 백제, 고구려, 신라, 삼국시대에서 통일 신라, 고려, 조선으로 이어져 갔지만 일본에서는 백제, 그리고 863년에 걸친 긴 칼싸움의 와중에, 일본으로 이어져 갔다. 지금까지 보아온 많은 단어들과 개략해 본 일본의 역사는 위와 같은 사실을 입증하면서, 역사를 똑바로 알고 새로 기록해 가라고 아우성치고 있다. 이야기를 이어가기 위하여 새로운 예를 하나 더 들어 보자!

'[(그 사람이 예, 치마, 저고리를) 사주면서 예, (같이 살자고 그래 예)]'

이 말을 일본 사람들은 더 심한 사투리로 '사주미, 에…'라고 했다. 이 말을 다시 현대 일본인들이 주로 사용하는 백제글자와 이두로 써보면 아래와 같다.

  三重み　え
  삼중미　　에　　(이두한자의 종성을 없애면)
  사주미　　에　　(이 말을 현대인이 알기 쉽게 고치면)
  사주면서 에　　(의 뜻이 된다.)

- ~미 : '~면서'의 사투리.
- ~에 : '~요'의 사투리.

2 초대 천황, 명치(1867년 : 고종 15년) 이후 일본정부 산하 조선어 비밀 연구원들이 위의 말을 함부로 갈라서 아래와 같은 현 이름을 만들었다. 사실은 여기서 부터가 백제 말(조선말)과 일본 말?과의 경계선이다.

  みえ [三重] : 현 이름.

3 언어로 확인한 참 역사

- 위 단어는 이두인 '三重'자를 정책적으로 처리하여 백제 말 "(사주)미에"가 "현 이름"으로 바뀌고 말았다.

- 위와 같은 방법으로 일본어?의 단어를 만든 결과 '三重'자를 'みえ'라고 읽는 웃지 못할 꼴이 되었다. 이런 것을 우리는 지금까지 "**명치식 읽기**"라고 명명해 왔다.
- <u>백제 말을 한자로 기록해 놓은</u> '三重'자가 없었다면 'みえ'가 원래 무엇을 의미했던 백제 말인지 영영 몰랐을 것이다.
- 일본 사람아! 그 이전에 백제 사람아! 너와 나의 말을 어떻게 이 지경으로 만들었더냐?

 # 혹 "뽀모"라는 사투리를 아십니까?

1 연구하는 교실

일본말을 만들 때 모델이 된 말은 "빻으면..."이다. 이 말을 일본인들은 사투리로 "뽀모..."라고 했다. 이 말을 다시 현대 일본인들이 주로 사용하는 이두로 써보면 아래와 같다.

蒲鉾   (이 한자에는 종성이 없으므로 그대로 백제말이다.)
포모   (한자에는 "뽀"자가 없으므로 '포'자로 대용하고 있다)
뽀모   (이 사투리를 현대인이 알 수 있게 고치면)
빻으면   (의 뜻이 된다.)

● ~모 : "~면"의 일본지방 사투리.
● 그런데 일본인들은 蒲鉾(뽀모)를 'かまぼこ'라고 읽고 있다. 蒲자를 'かま'라고 읽는 이유는 일본역사①에 자세하게 설명해 두었다. 그렇지만 鉾자를 'ほこ'라고 읽는 까닭은 무엇일까?

2 역사를 보는 눈

이 때 모델이 된 말은 "~하고, (그냥) 모... 못 가!"이다. 이 말을 일본인들은 사투리로 "~호고, 모... 못 가!"라고 했다. 이 말을 다시 현대 일본인들이 주로 사용하는 백제글자와 이두로 써보면 아래와 같다.

ほこ, 矛... 鉾 戈   (이 말에는 종성이 없으므로 그대로 백제말이다.)
호고, 모... 모 과!   (일본인들은 '과'와 '가'를 구별 못하기도 했다.)
호고, 모... 모가!   (이 말을 현대인이 알기 쉽게 고치면)
하고, 모... 못 가!   (의 뜻이 된다.)

● 호고 : '하고'의 일본지방 사투리.

3. 초대 천황, 명치(1867년 : 고종 15년) 이후 일본정부 산하 조선어 비밀연구원들이 위의 말의 띄어쓰기를 무시하고 함부로 갈라서 아래와 같은 사전적 단어를 만들어 내었다. 사실은 여기서 부터가 백제말(조선말)과 일본말? 과의 경계선이다.

ほこ [矛. 鉾. 戈] : 쌍날칼을 꽂은 창 비슷한 옛 무기.
(矛 : 창 모, 鉾 : '창 모'자의 고자, 戈 : 창 과)

- 이 단어의 뜻은 일본정부가 한자의 뜻을 참고로 하여 정책적으로 만들어 낸 뜻이다. 옛날에 실제로 이런 무기는 없었다. 일어 사전에 흔히 '奈良시대의 풍속', '平安시대의 관복' 등으로 기술된 대부분이 지어낸 설명이다. 이렇게 지어 내거나 기술해도 누가 진실을 알 수 있겠는가? 로켓을 타고 그 시대로 가볼 수도 없으니 탄로 날 일도 없을 것이다. 그런 논리에서 만들어 낸 엉터리 뜻들이다.
- 이렇게 하여 "かまぼこ [蒲 鉾] : **어묵, 생선묵**"이라는 황당한 단어가 탄생하게 되었다. 이 단어의 뜻은, 위에서 보듯이 한자의 뜻과는 아무상관도 없다. **백제말대로, 빻**으니까 '어묵'이 되었다는 뜻이다.

 # 우외구마

1 연구하는 교실

일본말을 만들 때 모델이 된 말은 '의외입니다'인데 왜인들은 사투리로 '우외구마'라고 했다. 이 말을 현대 일본인들이 사용하는 백제글자와 이두한자로 써보면 아래와 같다.

熊隈くま
웅외구마　　(이두한자의 종성을 없애면)
우외구마　　(이 사투리를 알기 쉽게 고치면)
의외입니다　(의 뜻이 된다)

2 역사를 보는 눈

- 우외 : '의외'의 사투리 (이 말은 조선시대 쯤의 사투리가 아닐까?)
  의외 : 뜻밖, 생각 밖.
- ~구마 : '~ㅂ니다'의 사투리.
  (반말이나 혼잣말에서 느낌이나 깨달음 따위를 나타내는 맺음 끝)
  (예 : 착한 사람이구마)
  (사투리의 변화 : 구마→ 구먼→ 구만)

3

초대 천황, 명치(1867년 : 고종 15년) 이후 일본정부산하 조선어 비밀연구원들이, 위의 말의 띄어쓰기를 무시하고 함부로 갈라서 아래와 같은 사전적 단어를 만들어 내었다. 사실은 여기서 부터가 백제말(조선말)과 일본말?과의 경계선이다.

くま [熊] : 곰　　　　　(熊 : 곰 웅)
　　 [隈] : 구석지고 으슥한 곳.　(隈 : 모퉁이 외)

4 언어로 확인한 참 역사

- 위 단어는 이두인 '熊隈'자를 정책적으로 뜻으로 해석하여 백제 말 "~구마"가 "곰, 으석한 곳"이라는 뜻으로 바뀌고 말았다.

- 위와 같은 방법으로 일본어?의 단어를 만든 결과 '熊隈'자를 'くま'라고 읽는 웃지 못할 꼴이 되었다. 이런 것을 우리는 지금까지 "명치식 읽기"라고 명명해 왔다.
- <u>백제 말을 한자로 기록해 놓은</u> '熊. 隈'자가 없었다면 'くま'가 원래 무엇을 의미했던 백제 말인지 영영 몰랐을 것이다.
- 일본정부와 그 어용학자들은, 조선사람들이 "熊. 隈"가 조선말 이두인 줄 몰라보도록 각각 다른 단어를 만들어 두었다.
- 이렇게 생성된 くま(구마)라는 말을, 일본서기에서 '구마나리'같은 말에 섞어 넣어, くま(=곰)라는 말이 마치 720년경에도 사용되었던 것처럼 날조하고 있다.

  더구나 '구마나리'라는 말은 '~(하)구 마나. 이(어)'라는 백제말을 이리저리 끼워 맞추어 만들어 낸 말이 아니었던가?
- 일본정부가 천황들의 선조는 한민족이었다,고 하거나 **외**가가 한국쪽이라고 말하는 것은, 은근히 한민족의 자부심을 추켜올려 주는 대신 옛날부터 천황이 존재했었다고 부각시키고 '왜'가 독자 국가임을 주장하겠다는 일본인의 전략이다.

 "구마나리"가 임나국의 읍인가?

"구마나리"의 참뜻을 알게 되면 글 읽는 이 여러분은 아마도 분노할 것이다.

1 원문(성은구님 역주 일본서기 324쪽)

이십일년 춘삼월, 천황문하백제위이
고려일소파상, 이이구마나리일사이
문주왕일, 구이흥기국일, 시인개운,
백제국, 수삼속기망, 취우창하일,
실뢰이어천황일, 경조이기국일
〈문주왕개로왕모제야, 일본
구기운, 이이구마나리일, 사이
미다왕일, 개시오야. 구마나리자, 임나
국하치호리현지별읍야〉

二十一年 春三月, 天皇聞下百濟爲=
高麗-所破上, 以=久麻那利-賜=
汶洲王-, 救=興其國-, 時人皆云,
百濟國, 雖三屬旣亡, 聚=憂倉下-,
實賴=於天皇-, 更造=其國-
〈汶洲王蓋鹵王母弟也, 日本
旧記云, 以=久麻那利-, 賜=
未多王-, 蓋是誤也. 久麻那利者, 任那
國下哆呼唎縣之別邑也〉

••• 작은한자 -, = 등은 한문 문장일 때는 필요없지만, 백제말로 바꿀 때는 해석에 포함시켜야 한다.

2 종성제거와 띄어쓰기 변경

이시이 여 추사워, 처화 무하배제 위이~
고려, 이소 파사이이구 마나, 리이사 이~
무주와, 이구이흐 기구이~, 시, 이개우
배제구 수사소. 기마, 취우 차하이~
시뢰이어 처 화, 이~, 겨, 조이기구 이~.
〈무주와 개로와모 제야, 이보,
구기우 이이구 마나, 리이사 이~
미다 와, 이개시오야구 마나, 리 자이나.
구하치호 이혀지벼으야〉

3 해석

잇어 넣어 추스러시어 처 빻먹어 **배째비이**
꼴려, 이어 파쌓이**구 마나, 리어시어** 이~
무자 익히어, 기구, 이~, x, 이개어
배 **째구** 쑤시어소. 기면 치어 차, 이~.
돌리이어 **처 빻**, 이~, 껴 조이키구, 이~.
〈무자 가려우면 째야, **입**,
구기우**구 마나, 리어시어** 이~.
밀다(가) 와, 이개시어야**구 마나, 리어 자이나**.
구워치워 이어져버려야〉

••• 현대 일본어 사전에 나오는 한자들도 위와 같이 읽으면, 백제말의 원래의 뜻을 찾아 낼 수 있다.

4 미흡한 곳을 다듬으면

이어 넣어 추스러시어, 처 빻어 먹으며 배 째버려
꼴려, 이어 파쌓-지**구 마나, 이어시어**, 이~.
무자 익히어, 기구, 이~. x, 이개어
배 째고 쑤시시소. 기면 치어 차, 이~.
돌려서 처빻어, 이~. 껴 조이키구, 이~.

〈무자 가려우면 째야.
입, 구기우**구 마나,** 이어시어, 이~.
밀다(가) 와, 이개시어야, **구 마나.**

(여자는)
이어 재워지나.
구워치워 이어져버려야〉

5 도움말

여기에서는 백제와 고구려, 이 두 나라를 마음껏 비하하고 있다.

그러나 위의 문장에서 중요한 포인트는 '구마나리'라는 말이 '~구 마나 리(에)'라는 백제말을 이리저리 끼워 맞추어 조작해 낸 말이라는 사실이다. 그런데도 일본정부는 '일본측의 해석'에서 "久麻那利[고무나리](충남 공주의 고칭인 熊津인가)"라는 주석을 달고 있다. 마치 熊津을 '구마나리'라고 읽고, 또한 이 말이(곰 → 고무)에서 久麻(구마)라는 말이 나온 듯 유도하고 있다. 실제로 우리나라의 어떤 교수는 熊津을 곰나루, '구마나리'라고 대놓고 말하는 이도 있었다. 구마(くま)라는 말은 바로 앞 회에서 밝힌 것처럼 "우외구마"라는 말에서 유래 되었다. 일본정부와 어용학자들은 이 말의 원래 어원을 숨기려 하고 있다. 그러다 보면 언젠가는 일본말이 백제말이라는 등식이 무너지고 말 터이니까. 아무튼 '구마나리'라는 말이 조작된 말이 확실한 만큼 '구마나리'가 '임나국의 邑'이라는 일본정부의 주장은 엉터리이며, 아울러 '임나'라는 나라도 존재 한 적이 없었다는 사실을 함께 알 수 있다. 그런데 일본정부는 언제 일본서기를 이렇게 조작했을까? 내용으로 보아 그 시점이 그리 오래지 않아 보인다.

6 언어로 확인한 참 역사

- (.) 안의 글자는 글쓴이가 써넣은 字이다.
- 이시이 : '잇어'의 옛 사투리.
- 여 : '넣어'의 사투리.
- 추사워 : '추스르고 싶어'의 옛말.
- 추다 : 추스르다.
- 무하 : '먹어'의 옛 사투리.
- 배제(百濟) : '배 째'의 이두.
- 위(爲) : "뷔"자가 없으므로 연음화 하여 표기함.
- 배 째비이(百濟爲=) : "배 째버려"의 이두. 사투리.
- 고려 : 실제는 고구려이나 고려로 표기했다. 여기에서는 '꼴려'의 뜻으로 사용했음
- 이소(-所) : '이어'의 옛 사투리, 이두.
- 파 싸이이구(破上, 以=久) : "파쌓-지구"의 이두.
- 리이사 : '이어시어'의 옛말.

- **무주와**(汶洲王) : '무자'를 풀어서 쓴 말. 이두.
- **이구이흐**(-, 救=興) : '익히어'의 옛말. 이두.
- **기구**(其國) : "기고"의 사투리, 이두.
- **시**(時) : '여성기'의 옛말. x字로 표현하였다.
- **이개우**(人皆云) : "이개어"의 사투리, 이두.
- **배 제구**(百濟國) : '배 째구'의 이두.
- **수사소**(雖三屬) : "쑤시어소"의 이두.
- **기마**(旣亡) : "기면"의 사투리, 이두.
- **취이우 차하**(聚=憂倉下) : "치어 차"의 이두, 사투리.
- **시뢰이어**(實賴=於) : '돌리이어'의 옛 사투리, 이두. *pump를 시루다.
- **처 화, 이~**(天 皇-) : 한자에는 "빠"자가 없으므로 "화"자로 대용. 즉 "처(서) 빨"를 의미하고 있다.
- **개루와모**(蓋鹵王母) : "가려우면"의 사투리, 이두.
- (日本)**이보** : '입'을 의미 (입을 한자로 기록하려면 이런 방법밖에 없다)
  (앞 회에서는 "里北(이북) → 이부 : 입"이라고 기록하기도 했다)
- **리어** : "이어"의 의미.
- **입, 구기우구 마나, 이어시어.**
- **미다 와**(未多王) : 밀다가 와.
- **이개시오야구**(-, 蓋是誤也. 久) : "이개시어야 하구"의 이두.
- **자이나**(者任那) : "재워지나"의 옛 표현. 이두. '임나'라는 나라는 없었다.
- **구하** : '구워'의 옛말.
- **치호이어 → 치워이어** : "치워져"의 의미.
- **구하치호 이혀지벼으야**(國下哆呼喇懸之別邑也) : '구워치워 이어져버려야'의 이두.

7 일본 측의 해석

21년 춘삼월에 천황은 백제가 고(구)려에 파하였다는 것을 듣고 久麻那利[고무나리](충남 공주의 고칭인 웅진인가)를 문주왕에게 賜하여 그 나라를 救起시켰다. 때의 사람은 다 『백제국은 속당은 이미 망하고 倉下[헤스오되]에 모여서 근심하고 있다가 실로

275

천황의 힘에 의하여 다시 그 나라를 만들었다.』고 말하였다.
(문주왕은 개로왕의 母弟이다. 日本旧記에 의하면 구마나리를 미다왕에게 賜하였다고 이른다. 이것은 잘못일 것이다. 구마나리는 임나국의 下哆呼 唎懸[아로시다고리노고오리]의 別邑이다.)

8 日本書紀는 歷史小說

일본정부는(國)下哆呼 唎懸 → (구)하치호 이혜을 마치 임나국의 무슨 현(懸)인 것처럼 조작해 놓았다. 그렇게 해 놓고 "구마나리"가 이 현의 "別邑"이라고 했다. 그렇다면 앞에서 "久麻那利가 (충남 공주의 고칭인 웅진인가)"라고 유도 설명을 했는데, 공주가 "구마나리"이며 이 "공주"가 "下哆呼 唎懸"의 "別邑"이라는 뜻이 된다. 이제는 글 읽는 이 모두, 日本書紀가 조작된 역사 책, 아니, "<u>장편 역사 소설</u>"이 확실하구나, <u>하고 깨달았을 것이다.</u> 더욱 가관인 것은 "下哆呼 唎懸"을 [아로시다고리노고오리]라고 읽고 있다는 사실이다. 이게 무슨 황당한 말인가?
[아로시다고리노고오리]라니...
이 말의 뜻은 일본인 대학교수라도 모른다. 이렇게 읽는 방법은 명치(1867년 : 고종 15년) 이후에나 개발되었는데 일본정부의 주장대로 720년?에 만들어졌다는 日本書紀를 위와 같이 읽을 수는 없다. 마치 現代自動車를 타고 丑슈 옛 고을에 가는 격이다. 처음부터 끝까지 모두가 조작이요, 소설이다. 그러므로 '왜'는 원래 백제의 한 고을이었는데, 이 사실을 숨기기 위하여 거꾸로 "임나일본부"가 한반도의 남쪽지방을 지배했었다, 고 역사를 조작하기에 이른 것이다.

 니, 하지?

1 연구하는 교실

일본말을 만들 때 모델이 된 말은 "너, 할꺼지? 여기 서 봐! (라고 하면서) '이쁘'에 끼우매"이다. 이 말을 일본인들은 사투리로 "니, 하지? 소 바! (라고 하면서) '이빠'에 끼오매"라고 했다. 이 말을 다시 현대 일본인들이 주로 사용하는 백제글자와 이두로 표기 하면 아래와 같다.

    に, はち? そば!
    니, 하지? 소 바!   (이 말을 이해하기 쉽게 고치면)
    너, 할꺼지? (여기) 서 봐!   (의 뜻이 된다.)

    二八   蕎麥
    이팔   교맥   (이두한자의 종성을 없애면)
    이파   교매   (한자에는 '빠'자가 없으므로 '파'자로 대용)
    이빠   기오매   (이 사투리를 알기 쉽게 고쳐 쓰면)
    '이쁘'(에) 끼우매   (의 뜻이 된다.)

••• 이빠 : '이쁘'의 사투리. 여성기를 의미하고 있다. 또 한편으로 '이파 → 잎 → 입'을 의미할 수도 있다. 어쨌든 '여성기'를 의미하고 있다.
(이 시기에 "입"의 종성이 'ㅍ'이 되었건, 'ㅂ'이 되었건, 신경 쓸 일은 없다.)

••• 일본인들은 '이쁘(에)'처럼 중요한 말들을 빼어먹는 경우가 많다. 심할 경우에는 대화의 뜻을 모를 경우도 많다. 한마디로 백제 말(조선 말)이 서툴렀다. 그러나 일본말을 새로 만들면서 백제말의 토씨까지 신경 쓸 수는 없었을 것이다.

2 초대 천황, 명치 이후 일본정부 산하 조선어 비밀 연구원들이 위 ①, ② 두 개의 문장으로 아래와 같은 사전적 단어를 만들어 내었다. 사실은 여기서 부터가 백제 말(조선 말)과 일본 말?과의 경계선이다.

    にはち そば [二八蕎麥] : ㄱ. 밀가루와 메밀을 2:8의 비율로 섞은 국수.
                         ㄴ. (옛날에) 한 그릇에 16푼하던 싸구려 메밀국수.

3 언어로 확인한 참 역사

여기에서 한 번 더 ①과 ②를 재배열 해보면,

　①に, はち? そば!
　②二　八　　蕎麥

- 이 결과 아래, 위 두 말이 만나서 二자를 に라고 읽고, 八자를 はち라고 읽는 웃지 못할 꼴이 되었다. 이런 것을 우리는 지금까지 "**명치식 읽기**"라고 명명해 왔다.
- 일본인들이 はち를 어떻게 읽든 간에 어원상으로 보면 "**하지**"라고 읽어야 한다.
- 이렇게 우리는 "に, はち? そば"라는 말의 어원을 알고 있으므로, 일본정부가 "に, はち? そば"의 뜻을 '밀가루와 메밀을 2:8의 비율로 섞은 국수'라든가, '16푼하던 싸구려 메밀국수'라고 지어낸 것을 보면 배꼽을 잡느라 분노할 틈이 없다.

 # 일본인의 政体 -소바-

1 연구하는 교실

'너, (저 쪽으로) 서 봐! 젖혀 봐! (하고는) 끼우매'라는 말이 있다. 이 말을 일본인들은 사투리로 '너, 소 바! 저쳐 바! 끼오매'라고 했다. 이 말을 다시 현대 일본인들이 주로 사용하는 백제글자와 이두로 써보면 아래와 같다.

 稜, そ ば!, 岨側 傍!, 蕎麥
 릉, 소 바!, 저측 방!, 교맥 (이두한자의 종성을 없애면)
 르, 소 바!, 저츠 바!, 교매 (현대인이 알기 쉽게 고치면)
 느, 소 바!, 저처 바!, 기오매 (이 사투리를 표준어로 바꾸면)
 너, 서 봐!, 젖혀 봐!, 끼우매 (의 뜻이 된다.)

- 稜(릉) → 르 → 느 : '너'의 일본지방 사투리.
- 소 바 : '서 봐'의 일본지방 사투리.
- 저처 바 : '젖혀 봐'의 사투리.
- 기오매 : '끼우매'의 사투리. (=끼우므로)
- ~매 : 앞말이 뒷말의 이유나 전제가 됨을 나타내는 종속적 연결 어미. (눈감으면 보인다 하매)

2

초대 천황, 명치(1867년 : 고종 15년) 이후 일본정부 산하 조선어 비밀 연구원들이 위의 말을 함부로 갈라서 아래와 같은 사전적 단어를 만들었다. 사실은 여기서 부터가 백제 말(조선 말)과 일본 말?과의 경계선이다.

 そば [稜] : 모서리. 모퉁이.   (稜 : 모릉)
   [岨] : 절벽.(정책적으로 만들어 낸 뜻) (岨 : 흙 덮힐 저.)
   [側. 傍] : 곁. 옆.   (側 : 곁 측, 傍 : 곁 방)
   [蕎麥] : 메밀국수, そば切(ぎ)り의 준 말. (切 : 끊을 절)

3 언어로 확인한 참 역사

- 위 단어는 이두인 '稜. 岨. 側傍. 蕎麥'자를 정책적으로, 또는 뜻으로 해석하여 백제 말 "소바"가 "모퉁이, 메밀국수" 등의 뜻으로 바뀌고 말았다.
- 위와 같은 방법으로 일본어?의 단어를 만든 결과 '稜. 岨. 側傍. 蕎麥'자를 'そば'라고 읽는 웃지 못할 꼴이 되었다. 이런 것을 우리는 지금까지 "명치식 읽기"라고 명명해 왔다.
- <u>백제 말을 한자로 기록해 놓은</u> '稜. 岨. 側傍. 蕎麥'자가 없었다면 'そば'가 원래 무엇을 의미했던 백제 말인지 영영 몰랐을 것이다.
- 일본정부와 그 어용학자들은, 조선사람들이 "稜. 岨. 側傍. 蕎麥"가 조선말 이두인 줄 몰라보도록 글자사이에 점도 찍고, 새 단어도 만들어 두었다.
- 일본정부는 '稜(릉→르→느 : 너)'라는 백제 말을 '모퉁이'라는 뜻으로 바꾸기도 하고, '暖(난→나)'라는 백제 말을 '따뜻하다'는 뜻으로 바꾸기도 했다.

4 잘못된 역사는 정정되어야 한다.

(가) そばを そば切(ぎ)り의 준 말이라고 하고 있으나 사실은,

```
そ ば,     切り
소 바!,    절리      (이두한자의 종성을 없애면)
소 바!,    저리      (이 사투리를 현대어로 바꾸면)
서 봐!,    저 쪽으로  (의 뜻이 된다.)
```

즉 '저 쪽으로 서 봐!'라는 뜻이다. 그러므로 'そば(소바)'는 '저 쪽으로 서봐'라는 말이 줄어서 된 말이다. (나) 또한, 일본정부는 そば를 '(옛 이름 そばむぎ의 준 말) 메밀'이라는 뜻으로도 풀이 하고 있다. 사실은 'むぎ(무기)' 즉, 한국의 '묵'을 '무기'라고 기록한 것에 지나지 않는다. 그러므로 'そばむぎ(소바무기)'는 일본 사람들의 논리대로 하면 '메밀 묵'이라는 뜻이다. 이들 말이 풍기는 흐름을 보면 '메밀 묵'을 먹다가 '메밀국수'로 발전해간 과정을 보는 듯하다.

(다) 이렇게 해놓고도, 백제를 부정하고 백제인이 선조임을 부정하고 있다. 그런데

어떻게 미래를 위하여 사이좋게 지낼 수가 있는가? 보물이란 보물은 다 가져가고, '우리의 불행'으로 '일본의 번영'을 이루고 '세계의 선진국'이 되어놓고, 앞으로 또 무슨 위해를 가할 것이 남아 사이좋게 지내자고 하는가? 일본정부는 먼저 일본이 무엇을 의미하며, <u>일본인이 누구라는 것을 밝혀야 한,</u> 일간에 진정한 미래가 있을 수 있다.

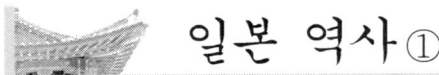
일본 역사 ①

백제가 망하기 전에는 물론 백제의 지시를 받는 '행정구'(이를 편의상 '야마되' 현이라 칭함. 일본은 '왜'라고 칭하고 있음.)가 있었지만, 백제가 망한 후에는 이 행정구를 찢어 여러 대장이 다스리고 있었다. 이들은 밤낮없이 싸우다가, 내일은 또 다른 대장이 나와서 작은 지역을 지키며 내가 주인이요, 했다. 이런 전쟁 아닌 싸움은 織田信長(豊臣秀吉의 주인)이 鳥銃을 손에 넣음으로 해서 거의 통일되기에 이른다. 그러나 이 싸우는 기간은 **나라시대(710년)**부터 1573년(아즈찌 모모야마 시대, 즉, 織田信長과 豊臣秀吉의 시대)까지 무려 863년간이나 계속된다. 백제본국이 없으니 무주공산이 된 야마되 현은 먼저 차지하는 사람이 임자였던 것이다. 이 기간 동안 백제의 신민들은 살아남기 위하여 칼을 쥔 사람에게 충성하며 복종할 수밖에 없었다. 칼로 다스려진 나라에서 그렇게 살아남은 백제의 신민들은 21세기 현대 민주주의 국가에 살면서도 겁에 질려, 정부가 어느 때이든 '모여라!' 한마디 명령만 하면, 정부를 위하여, 나라를 위하여, 살아남기 위하여, 거꾸로 목숨을 내어놓는, 그런 슬픈, 눈물 나는 애환을 가슴에 품고 겉으로는 씩씩하게 一生懸命, 살아가고 있는 것이다. 그들은 저마다 언제이든 국가를 위하여? 폭발할 수 있는 후지산을 갖고 있다.

1 '야마되'와 '야마도' (~710년)

일본은 '야마되'와 '야마도'를 일본의 다른 고대 국가라고 하지만, 사실은 백제의 한 지방 '현(가칭)'이었다. 왜냐하면 '야마되'는 일본서기에서 '耶痲騰-(야마드이)'라고 썼는데 이두 식으로 읽으면 '야마 듸(다.)' 즉, '야매(ㄴ) 되(다.)'의 사투리로서 '**백제왕의 명령에 복종해야만 된다**'는 의미이다. 그러나 나중에 일본정부가 '騰-'자에서 작은 (-)자를 슬쩍 떼어내고 騰자만 표기함으로서 발음이 '야마되'에서 '야마도'로 바뀌었을 뿐이다. 우리나라 말이 '듸'에서 '되'로 표준화 되자 일본정부도 근세에 와서 "이"자를 떼어내고 騰, 等자 등을 '도'자로 읽게 되었다고 보면 쉽게 이해될 것이다. 뿐만 아니라 '야마되'는 '야마되 현'에 대한 백제의 통치 정책이기도 했다.

또한 이 말은 '야마또 정신'의 뿌리가 된 말로서 2차 대전 때에 일본의 젊은이들이 전투기를 타고 미국 함대에 뛰어 들었던 무시무시한 정신이 되기도 했다. **백제대왕의 명령은 오늘, 지금도 유효하다.** 본론으로 돌아가서, 백제의 '야마되 현'은 백제가 망한 (660년) 후에도 710년까지 50년간은 무사히 건재해 있었다. 옛 일본에서 우리의 백제는 그때까지 살아 있었던 것이다.

2 **나라시대** [710년~794년, (신라 33대 성덕왕 8년~38대 원성왕 9년)]
710년이 되자, 야마되 현에서 자생한 저항 세력들이 백제의 '야마되 현'을 공격하기 시작했다. 평화로웠던 '야마되 현'에 칼바람이 일기 시작한 것이다. '나라'의 원래의 뜻은 '우리나라'의 '나라'가 아니다. **'놔라'**라는 뜻이다. 이 백제의 '야마되 현'은 너희들 같은 '졸개'들이 넘볼 '야마되 현'이 아니다. 백제왕의 명을 받들어 나가야만 하는 위대한 '현'이다. **'놔라, 이놈들아!'** 그런 뜻이다.
그러니까 백제본국이 망한(660) 후에도 '야마되 현'은 794년까지도 일본정부가 만든 '나라'라는 이름으로 버티고 살아남아 있었다.
[•• **'사요나라'**의 '나라'도 '놔라'라는 뜻이다.]

3 **헤이안 시대** [794년~1185년,(신라 38대 원성왕 9년~고려 19대 명종 15년)]
일본의 역사서에서 平安宮(평안궁)이라는 말은, 백제의 '야마되 현'이 자생세력들에 의하여 침략을 받다가 결국 **평안궁 → 펴아구 → 뼈아(ㅅ)구 → 빼앗구**, 즉 **'빼앗기고 말았다'**는 뜻이다. 평안궁은 백제 말을 이두로 기록한 말이지 무슨 궁 이름이 아니다. 平安京(평안경)도 수도를 의미하는 말이 아니다. **'뼈아(ㅅ)겨' 즉, '빼앗겨'**라는 뜻이다. 그러니까 백제가 실제로 그 운명을 다한 것은 1185년이라고 할 수 있다. 백제가 망한지 (660년) 실로 525년만 이었다. 일본이 역사서에서 이 시대를 平安시대라고 하여 태평시대였던 것처럼 기술하고 있으나 **사실은 가장 참혹한 칼부림이 있었던 기간이다.** 國風문화라는 말이 시대상을 잘 설명해 주고 있다. 국풍 → 구푸 → **'구뿌'**, 즉 쫓겨난 백제의 관료들을 찾아서 **'구어버리'**라는 뜻이다. 얼마나 무서웠던 나날이었던지 이 시대를 맞아 백제인들은 어디론가 사라져 버렸고 정치, 경제, 사회, 문화, 특히 교육 체계가 무너지는 바람에 신민 간에 대화도 안될 만큼 사회 기반이 흔들리는 사태까지 벌어졌다. 참고로 우리는 이 기간 동안에 '야마되 현'과 신라, 고려와의 관계가 어떠했는지 다시 한 번 돌아볼 필요가 있다.

4 가마꾸라(鎌倉)막부(幕府)
[1185년~1333년, (고려 19대 명종 15년~고려 27대 충숙왕 1년)]

A. 연구하는 교실

앞에서 이미 설명한 것처럼 '야마되 현'이 빼앗기게 되자, 무주공산을 차지하기 위하여 날이면 날마다 밤이면 밤마다 생사를 알 수 없는 칼싸움이 벌어지게 된다. 그러므로 각 지역의 대장들은 언제 죽을지 모르는 극한상황에서 살아남기 위하여, 졸개들에게 자기를 지키도록 명하는 대신 그 지역의 토지를 나누어 주고 주종관계를 맺었다. 'かまくら(가마꾸라)'는 '가, 막거라', 즉 '가서 막어라'라는 뜻인데 일본정부는 백제 말의 띄어 쓰기를 함부로 바꾸어 '가마, 꾸라'라고 했다. 그리고 かま에 해당하는 鎌(겸)자와 くら에 해당하는 倉(창)자를 합하여 鎌倉이라는 한자를 만들었으므로 이 한자의 뜻에는 아무 의미가 없다. 한편 '막부'는 '마그부' 즉 '막어버려'라는 말을 한자를 빌려 이두 식으로 기록한 것이다. 참고로 여기에서 책 한권을 소개 하고자 한다.

御成 敗式目
어성 패식목　　(이두한자의 종성을 없애면)
어서 빼시모　　(한자에는 '빼'자가 없으므로 '패'자로 대용함)
어서 빼시면　　('모'는 '면'의 사투리)

즉 '(칼을) 어서 빼시면'이라는 뜻이 된다. 싸워야 할 때 칼잡이들이 꽁무니를 빼버리므로 이를 규제하기 위하여 만들어 낸 규정이 라는 것을 알 수 있다. 1232년 8월(고려 23대 고종 19년 제정 되었다고 한다.) 이때도 옛 일본에서는 백제 말을 계속 사용하고 있었다.

B. 그렇다면 일어사전에서는 "かまくら"를 어떻게 해체하여 일본말을 만들었는지 알아볼 필요가 있다.

가. かま

(1) '감아 껴서 조아버리면 부어버려요' 이 말을 '야마되 현(=왜)' 사람들은 사투리로 '가마 껴 조부, 부뽀요'라고 했다. 이 말을 현대 일본인들이 주로 사용하는 백제글자와 이두로 써보면 아래와 같다.

  かま 鎌, 竈缶, 釜蒲窯
  가마 겸, 조부, 부포요   (이 이두를 풀어 읽으면)
  가마 겨, 조부, 부포요   (한자에는 '뽀'자가 없으므로 '포'자로 대용)
  가마 겨, 조부, 부뽀요   (현대인이 알기 쉽게 고쳐 쓰면)
  감아 껴, 조아버리면, 부어버려요 (의 뜻이 된다.)

- 가마 : '감다, 감아'의 사투리.
- 겸→ 겨 : '껴'의 이두.
- 조부 : '조아버려'의 사투리.
- 부포요→ 부뽀요 : '부어버려요'의 이두, 사투리.

(2) 초대천황, 명치(1867년 : 고종 15년) 이후 일본정부 산하 조선어 비밀 연구원들이 위의 말을 함부로 갈라서 아래와 같은 사전적 단어를 만들었다. 사실은 여기서 부터가 백제 말(조선 말)과 일본 말?의 경계선이다.

  かま [鎌] : 낫   (鎌 : 낫 겸)
    [竈] : 아궁이, 부뚜막.   (竈 : 부뚜막 조)
    [缶] : 보일러(*정책적으로 만든 뜻.) (缶 : 똥장군 부)
    [釜] : 솥.
    [蒲] : ⇒ がま(부들)   (蒲 : 부들풀 포)
    [窯] : 가마. 도자기를 구워내는 구덩이. (窯 : 기와굽는 가마 요)

이 결과 '감다, 감아'라는 말이 '도자기 굽는 가마, 낫' 등의 뜻으로 바뀌고 말았다.

나. くら

(1) '껴, 차자, 고아, 라고 해.' 이 말을 '야마되' 현 사람들은 사투리로 '껴 차자, 고아구, 라'라고 했다. 이 말을 다시 현대 일본인들이 주로 사용하는 백제글자와 이두로 써보

면 아래와 같다.

競 倉藏, 庫鞍く, ら
경 창장, 고안구, 라?　(이두한자의 종성을 없애면)
겨 차자, 고아구, 라?　(이 말을 현대인이 알기 쉽게 고쳐 쓰면)
껴 차자, 고았다, 고?　(의 뜻이 된다.)

(2) 명치이후 일본정부 산하 조선어 비밀 연구원들이 위의 말을 함부로 갈라서 아래와 같은 사전적 단어를 만들어 내었다. 사실은 여기서 부터가 백제 말(조선말)과 일본말?과의 경계선이다.

くら [競] : 루기, 경쟁.　　　(競 : 다툴 경)
　　[倉. 藏. 庫] : 곳간, 창고　(倉 : 창고 창, 藏 : 창고 장)
　　[鞍] : 안장.　　　　　(鞍 : 안장 안)

- 위에서 보듯이 "く, ら"는 띄어 써야 한다. 그런데도 일본정부는 엉터리 단어를 만들어 내었다.
- 이 결과 競, 倉, 鞍 등을 くら라고 읽는 웃지 못할 꼴이 되었다.

어떻게 '구, 라'라는 말을 '창고, 경쟁, 안장'이라는 뜻으로 바꿀 수 있는가? 원래 일본이 아닌 백제 사람들아! 너무 심하지 않았는가?

 # 일본 역사 ②

5 무로마찌(室町) 막부(幕府)시대
   [1333~1467(고려 27대 충숙왕 1년~이조 세조12년)]

A. 연구하는 교실

① 일본정부는 이 시대를 산간레이(三管領), 야마나(山名), 오우찌(大內) 등 3氏에 의하여 성립되고 유지 되었으므로 재정이 무척 어려웠었다고 기술하고 있다. 산간레이, 야마나, 오우찌 이 3사람의 이름은 명치 식 읽기로 바뀌어져버려 백제 말의 흔적은 남아있지 않다. 그러나 한자를, 이두 식으로 읽으면

   三管領 (삼관령) → 사과려 → 사 가려 (사 가라고 왜치는 소리)
   山名 (산명) → 사며 (물건을 '사며'라는 의미)
   大內 (대내) → 대(신) 내 (막부의 경비를 대신 낸다는 뜻) 이 된다.

••• 앞으로도 "대 내"와 같은 예가 많이 나오겠지만 일본정부는 어떤 말의 중요한 부분을 많이 빠뜨려 놓았다. 일본인들이 말이 서툰 탓도 있지만 일본정부로서는 조선말을 그대로 옮겨 놓을 수 없는 고민도 있었으리라 판단된다.
••• 그리고 '사 과려', '사 가려'처럼 '과'자와 '가'자를 구분 없이 사용하였다. 또한 앞에서 본 바와 같이 언어의 특성상 '나라'와 '놔라'도 구분되지 않는다.

② 일본의 역사 기술자들은 3氏라고 표현하지만, 이름 없는 장사꾼들이 조금씩 갹출하여 칼잡이들에게 주면 칼잡이들은 상인들을 잡배들로부터 보호해 주는 형식으로 존재를 이어나가고 있었다. 오늘날의 깡패집단이 이렇다고 하던가?

••• むろまち(무로마찌) : '뭐 하러 맡지'의 사투리. 즉 '왜 (이런 일을) 맡지'의 뜻이다. 다시 말하면 마땅한 권력도, 이득도 없이 상인들을 잡배들로부터 막아주는 신세를 한탄하면서 '이런 일을 왜 맡아서 고생을 하지'라는 뜻이 내재되어 있다.
••• まち(마찌) : 일본의 시, 구 안의 한 구획(한국의 '동'에 해당)을 책임 맡아 관리한다는 뜻에서 'まち'라고 한다. 우리는 일본에서 온 편지들에서 'ㅇㅇまち (마찌)'라는 주소를

보고, '마찌'가 도대체 무슨 뜻일까? 하고 궁금해 했었다. 이 단어 하나로서, 일본이 지금도 한국말을 사용하고 있다는 것을 깨닫고, 또 실감했을 줄 믿는다. 그들은 백제왕의 신민이었으며 백제의 땅에 살고 있으며, 명치이전까지도 백제 말을 사용 했었다. 明治 자신도 어린 시절, 백제 말을 하면서 자랐다고 판단된다.

B. 그렇다면 일어사전에서는 "むろまち"를 어떻게 해체하여 일본말을 만들었는지 알아볼 필요가 있다.

   가. むろ

(1) 일본말을 만들 때 모델이 된 말은 (3)'뭐 하러 쑈셨소?'이다. 이 사투리를 '야마되 현' 사람들은 심한 사투리로 '무로 시신소?'라고 했다. 이 말을 다시 현대 일본인들이 주로 사용하는 백제글자와 이두로 써보면 아래와 같다.

```
むろ 室 栓 杜松
무로 실 실 두송      (이두한자의 종성을 없애면)
무로 시 시 두소      ("두"자는 "시"자의 종성 역할을 하므로)
뭐 하러 시싣소?      (현대인이 알기 쉽게 고쳐 쓰면)
뭐 하러 쑈셨소?      (의 뜻이 된다.)
```

※ '시시두소'의 '두'자는 '시신소'처럼 이두에서 종성을 표기하기 위한 기법이다.
※ 시신소 : '쑈셨소'의 심한 옛 사투리.
   이런 기법은 자주 등장하는 기법이므로 기억해 둘 필요가 있다.
※ 무로 → 뭐하러 : '무엇 하려고'의 사투리.
   즉, 'why'와 같은 뜻이다.

(2) 일본정부 산하 조선어 비밀 연구원들이 위의 말을 함부로 갈라서 아래와 같은 사전적 단어를 내었다.

   むろ [室] : 옛날에 집안 깊숙한 곳에 마련했던, 벽을 두껍게 바른 방.
     [栓. 杜松] : 두송.　(栓 : 두송 실, 杜 : 막을 두) (*두송 : 노간주 나무)

※ 이 결과 "室. 栓. 杜松"을 むろ(뭐 하러)라고 읽는 웃지 못할 꼴이 되었다.

* "옛날에 벽을 두껍게 바른 방"이라는 단어의 뜻은 지어낸 말이라는 것을 금방 알 수 있다.

나. まち
(1) 일본말을 만들 때 모델이 된 말은 '저 돼지, 다 맡지?'이다. 이 말을 '야마되 현' 사람들은 사투리로 '저 대지, 다 마찌?'라고 했다. 이 말을 다시 현대 일본인들이 주로 사용하는 백제글자와 이두로 써보면 아래와 같다.

 町 待ち, 襠 まち?
 정 대지, 당 마찌? (이두한자의 종성을 없애면)
 저 돼지, 다 맡지? (의 뜻이 된다.)

(2) 일본정부 산하 조선어 비밀 연구원들이 위의 말을 함부로 갈라서 아래와 같은 사전적 단어를 만들어 내었다.

 まち [町] : 시, 구 안의 한 구획.   (町 : 밭 지경 정)
  [待ち] : 기다림.   (待 : 기다릴 대)
  [襠] : 옷감의 천이 모자랄 때 이어대는 천. (襠 : 잠방이 당)

* 이 결과 町(저), 待ち(돼지), 襠(다) 등을 まち(맡지)라고 말하는 웃지 못할 꼴이 되었다. '돼지(待ち)'가 어떻게 まち(맡지)가 되는가? 명치 자신도 어린 시절, 백제 말을 하면서 자란 백제인이면서 이럴 수가 있는가? 이로 인하여, 후일 몰아 칠 태풍을 어떻게 책임질 것인가?

6 전국시대(戰國時代) [1467년~1573년(이조 세조 12년~선조 36년)]

일본은 이 戰國時代뿐만 아니라 아래에 기술한 풍신수길의 '아즈찌 모모야마 시대'까지 포함하면 나라시대 부터 무려 863년간이나 칼싸움을 했다. 정말 사는 것이 사는 것이 아니었다. 그러면서도 이 동안을 특별히 '전국 시대'라고 하는 것은, 주종관계가 무너지고 실력만 있으면 지배자가 되는 하극상의 시대였기 때문이다.

- **戰國(전국)** : '저구'를 이두 식으로 표기한 말이다. 즉 <u>지배하던 장군이</u> '<u>졌다</u>'는 뜻이다. '戰國'을 뜻으로 읽으면 원래의 뜻을 알 수 없다. 그러므로 일본서기, 고사기 만엽집 등 일본의 고서들도 音 즉 이두 식으로 읽어야 본래의 백제 말과 뜻을 알 수 있다. 특히 일본서기는 일본의 역사책이 아니다. 앞에서 이미 수차례 일본서기를 해석해 보인대로 이다.

7 **あづちももやま (安土桃 山) 시대 [1573년~1803년(선조 6년~선조 36년)]**

織田信長이 本能寺에서 불에 뛰어들어 자살하자 豊臣秀吉이 얼떨결에 뒤를 이어 통일된 일본의 수장이 된다. 그러나 풍신수길에게는 두 가지 큰 고민이 있었다. 위의 하극상 시대처럼 織田信長도 부하(明智光秀)의 배신으로 자살하였으므로 자신을 어떻게 지켜나가야 할 것이며, 부하들에게 나누어 줄 영지를 어디서 어떻게 확보할 것이냐, 하는 문제였다.

 安土桃 山
 안토도 산 (이두한자의 종성을 없애면)
 아토도 산 → 마토도 산.

즉, '맡어도 산'이라는 뜻이나, 일본정부는 'ㅁ'에 해당하는 한자를 삭제하고 あづちももやま(*명치식 읽기한 말) 운운하며 무슨 대단한 문화나 평화 시대가 열린 듯 기술하고 있다. 安土桃 山이라는 말은 이 시대를 한 마디로 대변해 주고 있다. **풍신은 덕천처럼 '에도'를 개발할 생각은 못하고, 조선을 침략해야겠다**, 고 결심한다. 그는 그것이 부하를 달래는 일석이조의 해결책이라고 생각했다. 그에게는 鳥銃(x총)이 있었으니까, 틀림없이 승리할 것이라고 믿었다. 그러나 그는 실패하고 말았다. 풍신은 가뜩이나 부하 통솔이 어려웠던 판에 조선 침략마저 실패하자 그의 시대는 끝나고 德川이 정권을 잡게 된다.

 # 애도 막부시대 ③ [1803~1867년(순조3~고종4년)]

백제가 처음 '야마되 현'(=왜)을 개척할 때에는 규슈지방을 차지하여 다스리는 정도였지만 애도 막부시대에는 지금의 동경까지 인구를 분산, 또는 강제 이주시켜 팽창시키다 보니 넓은 땅에 그 땅을 관리할 인재조차 절대부족이었다. 아래에서도 보듯이 '애도'에 오기만 해도 요직을 맡을 정도였으니, 근세까지 국력은 미미 했었다. 그러므로 풍신수길이 조총만 믿고 조선을 침략한 것은 만용이었다. 선조가 좀 더 담대했다면 이순신 장군을 앞세워 일본을 공략할 수도 있었다고 판단된다.

애도 막부시대를 한마디로 정의해 주는 말이 있다.

1 연구하는 교실

'(능력이 부족) 해도 오면 돼! (그러니)가 봐버려!' 이 말을 일본인들은 사투리로 '~애도 오모 돼! 가보뽀!'라고 했다. 이 말을 현대 일본인들이 주로 사용하는 백제글자와 이두(기존 학교 에서 배운 '이두'라는 개념과 뜻이 다르므로 주의를 요함)로 써보면 아래와 같다.

  えど　おも　て, 江戸表
  애도　오모　때, 강호표 (이두한자의 종성을 없애면)
  애도　**오모**　때, 가**호**표 (현대인이 알기 쉽게 고쳐 쓰면)
  ~해도　**오면**　돼, 가**호**표 (한자에는 '뽀'자가 없으므로 '표'자로 대용하고 있음)
            ("호"자는 "보"자를 연음화 한 것)
  ~해도　오면　돼, 가**보뽀** (의 뜻이 된다)

2 역사를 보는 눈

- ~애도 : '~해도'의 일본지방 사투리.
- 오모 : "오면"의 사투리.
- て : 여기에서는 "돼"자 대신에 사용했다.
- '해'자를 '애'로 발음한 다른 예

はんそで [半袖] : 반 소매　　(袖 : 소매 수)

일본인들은 "한 솥 해봤수"를 '<u>한 솓, 애봐수?</u>'라고 했다. 이 말을 "<u>한소대</u>(はんそで)"라고 썼다.

- 강호 → 가호 : '가보' ('가봐'의 사투리)라는 뜻을 이두 식으로 표현한 말.
- 표 → 뽀 → 뼈 : '버려'의 사투리.

3 초대 천황, 명치(1867년 : 고종 15년) 이후 일본정부가 위의 말을 함부로 갈라서 아래와 같은 사전적 단어를 만들어 내었다. 사실은 여기서 부터가 백제 말(조선 말)과 일본 말?의 경계선이다.

　　　えど おもて [江戸表] : 지방에서 정치, 문화의 중심지인 江戸(えど)를 일컫는 말.
　　　(백제 말의 뜻을 알고 있는 우리가 볼 때 이 단어의 뜻이 너무 엉터리다.)

4 언어로 확인한 참 역사

- 위 단어는 이두인 '江戸表'자를 정책적으로 해석하여 백제 말 "~애도 오모 돼"가 "江戸(えど)를 일컫는 말."이라는 뜻이 되었다.
- 위와 같은 방법으로 일본어?의 단어를 만든 결과 '江戸表'자를 'えど おもて'라고 읽는 웃지 못할 꼴이 되었다. 이런 것을 우리는 지금까지 "**명치식 읽기**"라고 명명해 왔다.
- 다행히 백제 말을 한자로 기록해 놓은 '江戸表'자가 없었다면 'えど おもて'가 원래 무엇을 의미했던 백제 말인지 영영 몰랐을 것이다.
- 그리고 꼭 알아 두어야 할 일은, 일본인들이 "おもて"를 어떻게 읽든 간에 어원상으로 보면 "**오모 돼**"라고 발음해야 한다.
- 파생

　　　えど [江戸] : 東京의 옛 일컬음.

おもて [表] : 겉, 표면.
　　　 [面] : 얼굴, 표면.

또 다르게 えど를 한 마디로 정의해 주는 말이 있다.
1 연구하는 교실
'(능력이 부족) 해도 써주므로 가 보자!' 이 말을 일본인들은 사투리로 '애도 스주매, 가보 자!'라고 했다. 이 말을 다시 백제글자와 이두로 써보면 아래와 같다.

　　えど　すずめ　江戸雀
　　애도　스주매　강호작　　(이두한자의 종성을 없애면)
　　애도　스주매　가호자　　(현대인이 알기 쉽게 고쳐 쓰면)
　　~해도, 써주매 가보자!　　(의 뜻이 된다.)

• 스주매 : '써주매'의 일본지방 사투리.

2 초대 천황, 명치(1867년 : 고종 15년) 이후 일본정부 산하 조선어 비밀 연구원들이 이 말을 함부로 갈라서 아래와 같은 사전적 단어를 만들었다. 사실은 여기서 부터가 백제 말(조선말)과 일본 말의 경계선이다.

　　えど すずめ [江戸雀] : 江戸 (えど)에 살며 江戸 시중의 사정에 밝으며, 그것을 자랑삼아
　　　　　　　　　　　　지껄이고 다니는 사람.
　　　　　　　　　　　　　(이 단어의 설명이 궁색을 넘어서서 실소를 금하지 못하게 한다.)

• 파생

　　すずめ [雀] 참새　　(雀 : 참새 작)

이런 말을 만들어 내다니, 명치 그도 어린 시절, 백제 말을 하며 자란 백제인이면서, 너무 심하지 않았는가?

마지막으로 이두문자 하나를 소개하면

雨森　芳洲
우삼　방주 (이두한자의 종성을 없애면)
우사, 바주 (현대인이 알기 쉽게 고치면)
우시어, 봐주 (의 뜻이 된다.)

- 우사 : '우시어'가 줄어서 된 말.

즉, 일본에서 지체 높은 양반들이 조선통신사 (최대) 500명에게(낮 시간에 조선말 강의를 해주었지만, 밤에 다시) 찾아와서 몰랐던 조선말을 가르쳐 달라고 애원하며 우시어, 봐주었다는 뜻이다. 그들이 한시를 배울 목적이었다면 중국 사람들을 초대 했을 것이다. 이때 조선말을 체계 있게 배웠고, 후일 명치가 일본 말?을 만드는데 기초가 되었다고 판단된다. 그때 일본은 조선의 정치, 경제, 사회, 문화 등 모든 것을 배우는 것이 제일 목표였고, 조선을 능가하는 국가가 되기 위하여 총력을 기울였다. 그렇게 하여 1910년, 애도막부가 시작 된지 약 100년 후, 한일합방이 되었을 때는 다른 나라 말을 하는, 낯선 얼굴로 들이닥쳐 무자비한 일제 수탈이 시작된 것이다. 멋도 모르고, 정말 아무 것도 모르고 도와주었는데, 그것이 돌팔매가 되어 돌아왔다.

일본은 이처럼 겉과 속이 달랐다. 누가 애도막부시대를, 임진왜란 후 조선과 일본이 화해의 손을 맞잡은 모범시대였다고 했던가?

지금까지 일본역사를 살펴보면서 이 역사가 한국의 역사라고 보지 않을 수 없을 만큼, 일본인들은 명치 시대 전까지 백제말을 사용해 왔다. **백제는 사라졌지만, 사실상 명치시대까지 살아있었다는 뜻이기도 하다.** 그러므로 여기에서 짚고 넘어가야할 일은 광개토 대왕의 비에 '왜가 바다를 건너와서 백제를 쳐부수었다'고 하는데 그렇다면 백제가 백제를 쳐부수었다는 말이 된다. 이런 것을 망발이라고 하던가? 일본은 오래전부터 비석을, 역사를 조작해 내는데 심혈을 기우려 왔다.

명치(초대천황)시대 ④
[1867~1911년(조선26대고종 1863~1907년)]

지금까지 보아온 것처럼 옛 일본 '야마되 현'(=왜) 사람들은 백제왕의 신민으로서 백제 말을 사용하며 살았었다. 그러다가 백제본국이 망한 후에도 525년을 더 버티다가 자생세력들의 공격을 받아 마침내 통치권을 잃어버리고 만다. 이런 세월을 포함하여 무주공산을 차지하기 위한 칼싸움이 총 863년간이나 지속되었다. 사실 일본역사는 칼싸움을 빼고 나면 남는 것이 별로 없다. 이런 와중에 무슨 천황 같은 것이 있을 수 있었겠는가? 더구나 정통성이 있는 정치체제는 백제국 말고는 존재한 적이 없었으니까. 그리고 그들은 이두로 백제 말을 기록했었다. 그 기록들은 일본서기뿐만 아니라 현대 일본어 사전에도 남아 있다. 천황을 예로 들어 보자.

    天   皇
    천   황   (이두의 종성을 없애면)
    처   화   (한자에는 '빠'자가 없으므로 '화'자로 대용하고 있음)
    처   빠   (이 말을 현대인이 알기 쉽게 고쳐 쓰면)
    처서 빨어   (라는 뜻이 된다.)

그러므로 일본서기에 등장하는 '天皇'이라는 말은 '처서 빨어'라는 말을 표현하기 위하여 써놓은 '이두'에 지나지 않는다. 그러나 근세 일본인들은 '천황'이라는 지도자가 옛날부터 있었다면 얼마나 좋을까, 나라의 권위도 서고, 어디에 내어놓아도 부끄럽지 않은 자랑스러운 역사가 될 것이다. 그렇게 되면, 명치가 비록 초대 천황이라고 할지라도 万世一系의 유서 깊은 천황이 될뿐더러, 오래 전부터 책에 기록되어 있는 사실이나, 과거로 돌아가서 확인할 수도 없는 일이니, 이 비밀은 절대로 밝혀질 수 없는 비밀이 될 것이라는 황당한 계산을 하였다. **명치**는 초대 천황이며, 德川이 조선에서 배워둔 조선말을, 명치가 분해, 시해하여 **일본 말?**을 만들어 내었다.
(德川이 朝鮮에서 조선말을 배운 증거도 수집하여 두었지만 여기에서는 줄인다)

 야꾸자

무로 마찌(뭐 하러 맡지) 막부
[1333년~1467년(고려27대 충숙왕~이조 세조12년)]
앞에서도 언급한 적이 있지만 산하 장군들과 칼잡이들은, 이름 없는 장사꾼들이 조금씩 갹출하여 칼잡이들에게 주면 칼잡이들은 상인들을 보호해 주는 형식으로 존재를 이어나가고 있었다. 칼잡이들은 여기서 그치지 않고 상인들의 장사를 도와주기도 하고, 심지어 장사가 잘되는 업종을 맡아 직접 사업을 하기도 하였다.
아래의 단어들이 그 내막을 잘 설명해 주고 있다.

1 八九者의 유래

팔구자. (이 말은 종성을 없애지 않아도, 우리는 이 백제 말의 뜻을 이해한다.)

- ~구자 : '~고자'의 사투리.
- ~고자 : 소망의 뜻을 나타내는 연결의미. (연구에 도움이 되어드리고자 이 자료를 보내 드립니다.)
- 팔구자 : '팔고자'의 사투리.
- 즉, 무로마찌 막부인들은 직접 상품을 '팔고자' 팔을 걷어 부치고 나서기도 했었다.
- 명치이후 일본정부 산하 조선어 비밀 연구원들이 八자를 'や(야)'로 읽게 하여 "八九者(파구자)"를 'やくざ(야꾸자)'라고 말하게 되었다. "八九者(파구자)"는 바로 조선말인데 그대로 쓸 수는 없는 노릇일 터이니까.

2 더욱 확실한 증거

① ならず者(나라주자) → 날라주자.
즉, '상품을 날라주자'는 뜻이다. 이처럼 칼잡이들은 손이 모자라는 장사꾼들을 도와주기도 하였다.

② 破落戶

파락호　　　　　(이두한자의 종성을 없애면)
　　　파라호　　　　　(한자에는 '빠'자가 없으므로 '파'자로 대용하고 있다)
　　　빠라보　　　　　(현대인이 알기 쉽게 고쳐 쓰면)
　　　빨아먹는 사람　 (의 뜻이 된다.)

• ~보 : 그것을 유달리 즐기거나 그 정도가 심한 사람임을 나타내는 사람. (울보, 떡보)
• 빠라보 → 빨아보 : 빨아먹는 사람.
　즉, 이두로 破落戶는 '빨아먹는 사람'이라는 뜻이다. 이처럼 '야꾸자'의 역사는 오래 되었다.

③ 초대 천황, 명치(1867년 : 고종 15년) 이후 일본정부 산하 조선어 비밀연구원들이 위의 말을 함부로 갈라서 아래와 같은 사전적 단어를 만들어 내었다. 사실은 여기서 부터가 백제말(조선말)과 일본말?과의 경계선이다.

　　　ならず もの [ならず者, 破落戶] : 불량배.
　　　　　　　　　　　(破 : 깨뜨릴 파, 落 : 떨어질 락, 戶 : 지게 호)

④ 언어로 확인한 참 역사
• 위 단어는 이두인 'ならず者, 破落戶'자를 정책적으로 해석하여 백제 말 "날라주자, **빨아보**"가 "**불량배**"라는 뜻으로 바뀌고 말았다. 破落戶를 한자의 뜻으로 해석해 봐도 '불량배'라는 뜻은 없다.
• 위와 같은 방법으로 일본어?의 단어를 만든 결과 'ならず者, 破落戶'자를 'ならず もの'라고 읽는 웃지 못할 꼴이 되었다. 이런 것을 우리는 지금까지 "**명치식 읽기**"라고 명명해 왔다.
• 이와같이 일본정부는 'ならず者(날라주자)'의 者자를 'もの'로 읽으라고 가르치고 있다. 물론 이 말이 백제 말인 줄 모르게 하려는 속셈이다.

⑤ 국어사전의 오류
　　　破落戶 : 지난날 '행세하는 집의 자손으로서 허랑방탕한 사람'을 이르던 말.
　이 단어는 국어사전에서 삭제되어야 한다.

남신웅	
영남대학교	1967년 졸
(67년 입사)삼성 공채 11기	1985년 퇴사

참고서적

成殷九 譯註	日本書紀
노성환 譯註	古事記
권오엽 譯註	古事記
최인호 저	잃어버린 왕국

옛 일본은 백제고을 2

초판인쇄 2011년 1월 26일
초판발행 2011년 2월 10일

저 자 남신웅

발 행 처 제이앤씨
발 행 인 윤석현
책임편집 조성희
등록번호 제7-220호

우편주소 (132-702) 서울시 도봉구 창동 624-1 북한산 현대홈시티 102-1206
대표전화 (02) 992-3253
전 송 (02) 991-1285
홈페이지 http://www.jncbms.co.kr
전자우편 jncbook@hanmail.net

ⓒ 남신웅 2011 All rights reserved. Printed in KOREA

ISBN 978-89-5668-826-2 03910   정가 17,000원
       978-89-5668-826-8 (set)

· 저자 및 출판사의 허락 없이 이 책의 일부 또는 전부를 무단복제·전재·발췌할 수 없습니다.
· 잘못된 책은 바꿔 드립니다.